바울
하이브리드

장로회신학대학교출판부

하이브리드 바울

초판 1쇄 발행 ｜ 2016년 3월 3일
초판 2쇄 발행 ｜ 2019년 10월 31일

저   자 ｜ 천 세 종
발 행 인 ｜ 임 성 빈
발 행 처 ｜ 장로회신학대학교출판부
신고번호 ｜ 제 1979-2호
주   소 ｜ 04965 서울특별시 광진구 광장로5길 25-1(광장동 353)
전   화 ｜ 02-450-0795
팩   스 ｜ 02-450-0797
이 메 일 ｜ ptpress@puts.ac.kr
디 자 인 ｜ 굿모닝 디자인

값 16,000원
ISBN 978-89-7369-383-2 93230
ⓒ 장로회신학대학교출판부 2019

• 이 도서의 국립중앙도서관 출판예정도서목록(CIP)은 서지정보유통지원시스템 홈페이지(http://seoji.nl.go.kr)와
  국가자료공동목록시스템(http://www.nl.go.kr/kolisnet)에서 이용하실 수 있습니다. (CIP제어번호 : CIP2016005383)

하이브리드 바울

천세종 저

장로회신학대학교출판부

머 릿 말

    2005년 8월. 밴드빌트대학교(Vanderbilt University)에서 박사과정을 시작하면서 지도교수님을 만났다. 만남의 주된 이유는 부전공 선택에 관한 것이었다. 학교의 방침에 따라 박사과정 학생들은 부전공을 선택하여 공부해야 한다고 말씀하시면서, 교수님께서는 필자가 신약학을 전공하니 구약학을 부전공으로 선택하면 앞으로 박사학위를 받은 후에 미국 대학에서 교수 자리를 얻는데 유리할 것이라고 조언해 주셨다. 교수님과 일주일 후에 다시 만나 최종 결정을 하기로 하고 기도하며 한 주간을 생각한 후에 다시 교수님을 뵈었다. 필자는 교수님께 설교학을 부전공으로 선택하겠다고 말씀드렸다. 이유를 물어보시는 교수님께 앞으로 한국으로 돌아가서 신학교에서 학생들을 가르칠 계획이며, 한국적인 상황에서는 신약학과 설교학을 함께 연구하는 것이 더 큰 도움이 될 것 같다고 말씀드렸다. 부전공을 마무리 하기 위해서는 최소 네 과목 이상의 박사과정 세미나를 들어야 했고 부전공 시험을 따로 통과해야 했다. 부전공 공부는 박사과정 코스웍과 종합시험을 치르는 삼년 동안 길게 이어졌다. 박사논문을 쓰기 위한 위원회를 구성할 때에도 부전공 교수님을 반드시 포함시켜야 했고, 이에 더해서 신학분야가 아닌 다른 전공분야의 교수를 최소 한 명이상 지도 교수로 선정해야만 했다.

이런 일련의 과정을 거치면서 필자는 학교에서 요구하는 것이 "간학문적연구" 혹은 "학제간 연구"라고 번역되곤 하는 Inter-disciplinary Research라는 것을 배우게 되었다. 신약분야 가운데 신약성경을 전문적으로 연구하지만 공부의 범위를 전공분야로만 한정하지 말고 신학의 다른 분야와 적극적으로 교류하며 폭넓게 공부하라는 의미였다. 신학분야 뿐만 아니라 인접학문인 사회학, 인류학, 언어학 등도 공부하도록 적극적으로 권장하였다. 필자도 언어학과와 고전학과에서 여러 수업을 들었다. 학교의 이런 분위기를 반영하는 것이 복수 전공 제도였다. 예를 들어 목회자가 되기 위해 신학을 전문적으로 공부하는 신학대학원의 M.Div. (Master of Divinity) 과정을 공부하는 학생들은 변호사가 되기 위한 법학 전문대학원 과정인 J.D., 의사가 되기 위한 의학 전문대학원 과정인 M.D., 혹은 전문 경영인을 양성하는 경영대학원의 M.B.A. 과정을 함께 공부하여 두 개의 학위를 동시에 받을 수 있었고 실제로 그렇게 공부하는 학생들을 어렵지 않게 만날 수 있었다. 간학문적 연구는 이 대학이 추구하는 중요한 연구의 방향이라는 것을 깨닫게 되었고, 박사과정 공부를 통해 필자는 간학문적 접근에 관심을 가지게 되었다. 그리고, "하이브리드," "퓨전," "융합"과 같은 단어들과 개념들을 배우게 되었다.

이 책의 제목은 『하이브리드 바울』인데, 지난 2014년 도서출판 케노시스를 통해 출판한 『한국교회에서 읽는 바울』의 수정 증보판이다. 책의 내용을 부분적으로 수정하고 "바울의 목회 리더십"이라는 논문을 첨가했다. 이렇게 수정 증보판을 내면서 새롭게 붙인 제목이 『하이브리드 바울』이다. 박사과정을 통해 경험하였던 간학문적 연구를 앞으로 더 발전시키면 좋겠다는 마음을 가지고 있기 때문이기도 하지만, 바울의 하이브리드적인 측면을 강조하고 싶은 마음에 이렇게 제목을 정했다. 물론 이 책이 앞에서 언급한 것 같이 신약학과 다른 학문이 창조적으로 융합된 새로운 형태의 어떤 것을 담고 있는 것은 아니다. 하지만 학문으로서의 신약성경 해석과 신앙생활 속에서 하나님의 말씀으로 성경을 읽는 행위를 창조적으로 연결해 보려고 시도한 것은 사실이다. 어떻게 보면 우리의 삶 자체가 하이브리드적 성격을 가지고 있다. 대한민국의 시민이면서 동시에 하나님 나라의 시민으로 살고 있고, 과거와 미래가 공존하는 현재에서 살고 있으며, 가정과 직장 그리고 신앙생활이 함께 어루러져 새로운 모습의 우리로 끊임없이 변화되어 가고 있다. 두가지 이상의 삶의 영역들을 넘나들며 살아가는 우리들은 이미 하이브리드적 삶을 살고 있다.

이 책은 크게 세 부분으로 나누어진다. 1부에서는 대한민국 이라는 사회속에 있는 한국교회에서 성경을 읽는다는 것이 무엇인가를 생각해 보았다. 하나님의 말씀인 성경을 우리는 어떻게 읽고 있으며, 또 어떻게 읽어야 하는가에 대한 고민을 나누면서 욥기 23장에 대한 이야기를 비중있게 다루어 보았다. 특히 성경 해석의 다양성을 설명하면서 저자 중심적, 본문 중심적, 그리고 독자 중심적 해석 방법을 소개하고 있는데 이는 한국교회에서 하나님의 말씀을 읽고 해석할 때 사용할 수 있는 구체적인 방식으로 필자가 제안하는 것이다. 2부에서는 사도 바울의 생애를 간략히 소개하면서 학자들의 다양한 견해들을 정리하였다. 이와 함께 바울에 대한 최근연구의 동향을 소개하고, 바울이 보여주고 있는 목회 리더십을 통해 한국교회의 목회자상을 고민해 보았다. 3부에서는 바울이 이해한 창조와 새 창조에 대한 연구와 그의 성경 해석에 대한 논문을 통해 바울 신학에 대한 필자의 견해를 소개하였다. 정리한다면, 이 책은 바울의 생애를 중심으로 앞부분은 성경 해석의 고민과 이론을 정리하고 뒷부분은 바울 신학과 목회적 측면에 대한 실제적인 해석을 제공하고 있다.

이 책이 나오기 까지 많은 분들의 사랑과 은혜를 입었다. 늘 부족한 아들을 위해서 기도해 주시는 어머님, 천국에서 아들을 바라보시며 응원하시는 아버님, 격려와 칭찬을 잊지 않으시는 장인어른과 장모님, 세 분의 누님들과 가족들께 감사드린다. 한결같이 사랑해 주는 지혜로운 조언자요 내 인생의 귀중한 동역자인 아내 김지은과 내 삶의 에너지요 하나님께서 허락하신 위로의 선물인 사랑하는 아들 예준이와 준민이에게 감사의 마음을 표한다. 이 책이 만들어지기까지 도와 주신 장신대 교수님들과 가르침의 보람과 배움의 즐거움을 깨닫게 해주는 학생들, 그리고 많은 수고를 아끼지 않으신 장신대 출판부의 모든분들께 감사드린다.

2016년 2월 17일
광나루 연구실에서

하이브리드 바울

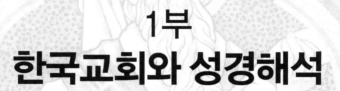

1부
한국교회와 성경해석

1^장
21세기 목회현장과 바울

I. 21세기 목회현장: 신유목문화와 하이브리드

21세기 대한민국이라는 사회 속에서 살고 있는 사람들, 특별히 이 땅에서 살고 있는 기독교인들의 삶은 어떤 모습일까 고민해 보게 된다. 그런 고민을 하면서 생각난 단어가 있는데, 그것은 신유목민 (Neo Nomad)이다. 유목민(Nomad)이라는 말은 구약성경에 나타나는 유대인들, 특히 처음 하나님의 부르심과 은혜를 입었던 아브라함과 그의 자녀들의 생활 모습을 연상시킨다. 양과 염소와 같은 동물들을 키우면서 천막에서 생활하고, 풀과 물이 있는 곳을 따라 계절별로 이동하는 사람들이 믿음의 조상으로 불린 아브라함과 그의 자녀들이었다. 사전적인 의미에서 유목민이란 "일정한 거처가 없이 풀과 양식이 있는 곳을 따라 이곳저곳으로 옮겨다니는 사람들"[1]이다. 하지만 믿음의 조상들이 그 당시 다른 유목민들과 달랐던 것은 하나님의 인도하심을 받는 사람들이었다는 사실이다. 그저 양과 염소들

---

1) http://dictionary.reference.com/browse/nomad?s=t

을 먹일 수 있는 풀과 물이 있는 곳을 찾아 헤매면서 살았던 사람들이 아니라, 하나님의 인도하심을 따라 가는 사람들이었다. 하나님의 거대한 구원의 계획과 세상을 운행하시는 섭리의 신비 속에서 그들은 이동했고, 어느 한 곳을 거처로 삼아 생활하기도 하였다. 그렇게 살다가 다시 하나님의 말씀이 임하면 또다시 이동하는 삶을 살아갔다.

물론 21세기를 살아가고 있는 한국의 기독교인들이 일정한 거처가 없는 사람들이거나, 물과 풀을 따라 이곳저곳을 이동하며 살아가는 사람들은 분명 아니다. 오히려 물과 풀을 따라갈 필요를 전혀 느끼지 않고 살아가는 사람들이다. 어떤 측면에서 보면 유목민이었던 이스라엘 백성보다는 농사를 지으며 한 지역에 정착해서 살았던 가나안 족속과 비슷한 농경문화를 형성하고 있던 조상들의 전통을 이어받아 살고 있다. 오히려 전통적으로는 한 곳에 정착해서 살지 않고 이곳저곳을 떠돌아다니는 사람들을 부정적으로 여기는 관례를 가지고 있다. 그래서 각 고을마다 열리는 5일장을 찾아다니면서 장사를 하는 사람들을 "장돌뱅이"라 불렀고, 한 곳에 정착해 살지 않고 여러 곳을 이동하며 살아가는 사람들을 가리켜 "역마살이 꼈다"라고 표현하면서 부정적인 이미지와 연결하기도 한 것이 사실이다. 그런데 21세기를 살아가는 한국인들의 삶을 찬찬히 살펴보면 유목민적인 모습을 참 많이 가지고 있다는 것을 알게 된다.

21세기 대한민국 사회를 이해할 수 있는 단어 중의 하나가 "신유목문화"라 할 수 있다. 고속도로의 발달은 대한민국을 일일생활권으로 만들었다. 비행기와 같은 항공 교통수단의 발달로 서울에서 아침밥을 먹고 뉴욕에서 저녁식사를 하는 일들이 가능해졌을 뿐만 아니라 적지 않은 사람들이 실제로 그렇게 살고 있다. 국경이라는 이름으로 서로를 갈라놓았던 장벽들이 허물어지고 있다. 옛날 시골동네에서는 이웃집에 놀러가는 것을 "마실 나간다"라고 하였는데, 21세기 한국인들은 가까이에 있는 이웃나라들로, 때론 멀리 있는 나라들까지도 "마실 나가며" 살아가고 있다. 사업, 유학, 관광이라는 이름으로 세계의 많은 나라들을 옆집 드나들듯 다니는 한국인들을 우리는 쉽게 만나며 살아가고 있다. 삼성전자와 현대자동차와 같은 기업들을 우리는 흔히 "한국 기업"이라고 부르곤 한다. 대한민국에서 생겨났고 여전히 한국인들이 최고 경영자의 위치에 있으며 수많은 직원들이 한국국적을 가진 사람들이라는 측면에서 그렇게 불릴 수 있다. 하지만, 많은 사람들, 특히 대한민국 국민이 아닌 많은 사람들은 이런 기업들을 "한국 기업"이라고 부르는 것보다 "한국에 본사를 둔 다국적 기업"이라고 부르는 것이 좀 더 자연스럽다고 생각한다. 필자가 미국에서 박사과정 공부를 하는 동안 거주하였던 곳은 네쉬빌(Nashville)이라는 도시였다. 이 도시는 미국 중남부에 자리하고 있는 테네시 주의 중심도시, 즉 주도(State capital)이다. 이곳에서 바다를 보기 위해서는 남쪽으로 7시간 이상을 운전해서 내려가야 하는데, 그 내려가는 길에 알라바마 주의 주도인 몽고메리(Montgomery)라는 도시를 지나가야 한다. 이 도시에서 가장 큰 공장 가운데 하나가 현대자동차 조립공장이었는데, 그 규모가 얼마나 큰지 깜짝 놀란 적이 있었다. 수많은 미국 현지인들을 직원으로 채용하고 있는 이 거대한 공장을 그 지역사람들은 자랑스럽게 생각하면서 이 공장을 "알라바마의 미래"라고 부른다는 말을 들었다. 3천명이 넘는 공장직원들 가운데 소수의 경영진과 관리인들을 제외하고 직원의 절대 다수가 알라바마에 거주하는 미국인들인 이 공장을 현대 자동차에서 운영하는 공장이라고 해서 "한국 공장"이라고 부르는 것은 뭔가 어색할 수 밖에 없다. 앞으로 더 많은 다국적 기업들이 대한민국에서 생겨나고 이곳을 기반으로 세계로 나아갈 것으로 예상되고, 또 그렇게 되기를 바란다. 이렇듯 이제 "대한민국"와 "외국"을 철저하게 나누었던 단어인 "국경"이라는 개념과 경계가 점점 희석되고 있는 것이 오늘날의 현실이다.

특히 인터넷과 스마트폰으로 대표되는 통신기술의 발달은 이런 "장벽 파괴"의 속도를 훨씬 높여 놓았다. 이제는 자신의 방 안에 앉아 있으면서도 세계 곳곳에서 일어나는 일을 실시간으로 보고 듣고 느낄 수 있게 되었다. 전 세계가 인터넷을 통해 연결되어 있어 마치 한 마을에서 일어나는 일들을 같은 마을의 사람들이 듣는 것처럼 알게 되었다. 대한민국을 대표하는 대중 음악계의 월드스타인 "싸이"가 지금의 인기를 얻을 수 있었던 것은 유튜브(youtube.com)라는 인터넷 공간에 자신의 뮤직비디오를 올렸기 때문이다. 재미있는 가사와 독특하면서도 경쾌한 "말 춤"으로 무장한 이 뮤직비디오는 국경을 초월하여 전 세계 젊은이들의 사랑을 받았고, 또 한 명의 월드스타를 탄생시켰다. 페이스타임(Face-time)과 스카이프(Skype)와 같은 온라인 도구를 통해 전 세계에 흩어져 있는 가족들, 친구들과 얼굴을 마주보며 실시간으로 대화하는 것이 가능해졌고, "깨톡, 깨톡"하는 소리와 함께 전 세계에 있는 사람들과 문자와 영상을 실시간으로 주고받는 것은 이제 일상화된 모습이다. 젊은이들이 이미 알고 있던 친구들과 서로의 소식을 주고 받으며 교제하거나 새로운 사람을 만나는 통로 역할을 하였던 SNS(Social Networking Service)는 이

제 새로운 형태의 문화를 창조할 뿐만 아니라 새로운 직업과 사업을 만들어내는 공간으로 발전해가고 있다. 자유로운 왕래와 인터넷이라는 가상의 공간을 통해 온 세상이 마치 작은 마을처럼 정보를 주고받는 현상은 우리가 경험하고 있는 또 다른 형태의 유목문화라 할 수 있을 것이다. 21세기 한국교회가 경험하고 있는 세상은 바로 이런 신유목문화로 급변해 가고 있는 사회이다.

이런 신유목문화를 대표할 수 있는 특징 중의 하나가 "하이브리드"(Hybrid)이다. 이 단어는 운전하고 다니면서 어렵지 않게 마주칠 수 있게 되었는데, 최근 출시된 일부 자동차의 엉덩이에 붙어 있는 엠블럼(Emblem)에 쓰이고 있기 때문이다. "Hybrid"라는 엠블럼이 붙어 있는 자동차는 두 가지 이상의 동력원에 의해 구동되는 차량을 가리키는데, 보통은 가솔린을 연료로 사용하는 내연기관과 전기모터를 번갈아 가면서 사용하게 된다. 하이브리드라는 말은 자동차에만 사용되는 것은 아니다. 최근에는 하이브리드 자전거도 계발되었는데, 산악이나 비포장도로를 달릴 수 있는 마운틴 자전거(MTB)의 기능과 포장이 잘 된 도로에서 속도를 내면서 달리도록 설계된 로드바이크의 기능을 함께 가진 자전거를 일컫는 말이다. 이렇게 두 가지 이상의 서로 다른 것을 결합해서 새로운 형태를 만들어내는 것은 우리 사회에서 빈번하게 이루어지고 있는 사회현상 중의 하나라 할 수 있다.

하이브리드라는 말이 자동차와 자전거와 같은 차량, 기계에 많이 쓰이고 있다면, 음식이나 음악과 같은 문화적인 분야에서는 "퓨전"(Fusion)이라는 말이 자주 사용된다. 젊은이들이 자주 먹는 "라볶

이"는 익숙한 퓨전음식이다. 라면과 떡볶이를 섞어서 만들면서 여기에 야채나 어묵 등을 넣어서 만든 대표적인 퓨전음식이다. 미국 뉴욕의 어느 식당에서 개발한 "비빔밥버거"가 미국의 음식전문 온라인 매체(eater.com)에서 주관한 "미국 최고의 버거콘테스트"에서 "2011년 미국 최고의 햄버거"로 탄생했다는 기사[2]와 함께 "김치버거"가 영국인들의 입맛을 사로잡았다는 기사[3]는 퓨전이라는 21세기 문화 코드(Code)를 통해 한국적인 것이 세상의 다른 곳에서도 소통할 수 있다는 것을 보여주는 예라고 할 수 있겠다. 음식 분야뿐 아니라 음악에 있어서도 퓨전은 주목받는 코드이다. 국악과 클래식 그리고 판소리와 팝을 함께 묶어서 새로운 소리를 만들어내는 시도들이 계속되고 있으며 퓨전음악은 사람들의 긍정적인 반응들에 힘입어 새로운 장르로서 자리 잡아가고 있다.

퓨전이라는 말이 문화분야에서 주로 사용되고 있다면, 학교 혹은 학문분야에서는 "융합"(Convergence)이라는 단어를 자주 사용하고 있다. "IT 융합 연구소," "나노 융합 연구원," "지식 융합 연구소," "융합 과학기술 대학원"과 같이 "융합"이라는 단어가 들어간 연구소와 대학원의 이름을 최근 들어 더욱 쉽게 듣게 되었다. 요즈음 많은 대학에서 언급하고 있는 것은 "학제간 연구"(Interdisciplinary)라는 단어이다. "학제간 연구란 전혀 다른 것으로 간주됐던 분야의 학문들이 서로의 연구성과를 공유하며 각 분야에 대해 새로운 시각으로 접근하려는 연구방식"을 일컫는 것으로 세계의 주요 대학들이 관심을 가지고 추진하고 있

---

2) 박병철, "뉴욕은 '비빔밥버거' 먹는 중," http://biz.chosun.com/site/data/html_dir/2011/ 07/23/2011072300142.html. 2011년 7월 23일 접속.

3) 이상언, "영국서 '김치버거' 인기… 하루 100여 개씩 팔려나가," http://article.joins.com/news/article/article.asp?total_id=9407529. 2012년 9월 24일 접속.

는 중요한 연구의 방향이다.[4] 머릿말에서도 언급한 것처럼 필자가 신학을 공부했던 미국의 대학들에서는 교역학 석사과정(M.Div.)과 함께 법학 박사과정(J.D.), 혹은 의학 박사과정(M.D.)을 함께 공부할 수 있도록 기회를 제공할 뿐만 아니라, 신학을 공부하는 학생들이 전혀 다른 분야와 신학적 연구를 함께 진행하도록 격려하고 있는 모습을 보았다. 좀더 전문 분야를 깊이 있게 연구하는 과정인 신학 박사과정에 입학 했을 때 학교에서 요구한 것 중의 하나는 필자의 전문 분야인 신약성경 이외의 다른 분야 하나를 선택해서 부전공으로 공부를 하는 것이었다. 그래서 필자는 설교학을 선택해서 박사과정 세미나 네 과목을 수강한 후에 부전공 시험을 통과해야만 했다. 이렇게 학제간 연구를 강조하는 것은 많은 대학들이 오랜 경험을 통해서 얻게 된 나름대로의 지혜가 아닌가 생각한다. 유럽에 비해 상대적으로 학문의 역사가 짧은 미국의 대학들이 세계적인 학문적 성과를 낼 수 있었던 주요한 요인 중의 하나가 이런 학제 간 연구를 통해서 이루어진 창조성이 극대화된 결과가 아닌가 생각해본다.

하이브리드, 퓨전, 융합이라는 단어가 모두 똑같은 의미로 사용될 수는 없음에도 불구하고, 이 단어들은 서로 다른 것이 합해지고 어우러져서 새로운 것을 창조해낸다고 하는 기본적인 아이디어를 공유하고 있다. 이런 하이브리드적인 접근을 통해 생겨나는 가장 큰 장점은 수용을 통한 융통성과 창조성이다. 하이브리드 문화 속에서는 전혀 다른 것들이 함께 어울리는 것을 강조하기 때문에, 서로의 다름을 받아들일 수 있는 수용성이 커지게 되고 이를 바탕으로 한 융통성이

---

4) 표정의, 한주희, "세계 대학들, 학제간 연구에 주목하다." http://inews.ewha.ac.kr/
   news/articleView.html?idxno=15669. 2010년 9월 13일 접속.

생겨나게 되었다. 이렇게 생겨난 융통성은 어떤 하나에 얽매이지 않는 신축성 있는 사고와 문화를 만들어내게 되었으며, 결과적으로 전혀 다른 것들을 통합함으로써 지금까지 존재하지 않았던 새로운 것을 만들어내는 창조성이 계발되었다. 이런 신축적인 융통성과 새로운 것을 만들어내는 창조의 정신은 현대사회를 형성하고 있는 중요한 면모인 동시에 내일을 열어가는 중요한 가치라고 말할 수 있다

한국 목회자들이 섬기고 있는 목회현장으로서의 21세기 대한민국 사회는 이런 하이브리드적 문화와 전통적인 문화가 혼재하고 있는 상황이라고 평가할 수 있겠다. 스마트폰과 태블릿 PC로 대변되는 21세기 기술문명의 거대한 물결을 선도하는 있는 IT 강국으로서 대한민국 사회는 현대사회의 주요한 정신인 신유목적 문화와 하이브리드 사고방식을 적극적으로 수용하고 있는데, 이런 현상은 특히 과학기술과 문화분야에서 급속하게 이루어지고 있다. 젊은 세대를 중심으로 이런 시대적 흐름을 쉽게 수용할 뿐만 아니라 적극적으로 활용하고 있다고 평가할 수 있는데, "한류"로 이름 붙여진 하이브리드적 한국문화는 이제는 아시아의 벽을 넘어 전세계로 퍼져 나가고 있다. 그리고 "다문화" 가정의 급증은 "단일민족," "단일언어"라는 단어들로 한국사회를 표현하곤 했던 것이 이제는 더 이상 적합하지 않다는 것을 알게 한다. 문화적, 언어적, 인종적 다양성을 자연스럽게 수용함을 통해 하이브리드적 문화를 적극적으로 발전시켜 나가야 하는 것이 21세기 한국사회가 당면한 중요한 도전이라 할 수 있겠다. 한복을 입고 포옹하는 것이 어색하지 않고, 김치버거에 매실차를 마시는 모습이 자연스러운 것이 한국교회가 섬기고 있는 대한민국 사회의 중요한 변화의 단면이다.

II. 하이브리드 바울

그렇다면 기독교가 유대 팔레스틴이라는 지형적, 문화적 한계를 벗어나서 로마제국의 광활한 지역으로 확장되어 가는 데 가장 큰 공헌을 한 사도 바울이 살던 시대는 어떠했으며, 바울은 그 시대에서 어떻게 하나님의 교회를 세워나갔던 것일까? 바울이 태어나서 활동했던 시기는 지중해를 중심으로 광대한 땅을 차지하고 있었던 로마제국의 시대였다. 로마의 위대한 장군이었던 율리어스 시저 (Julius Caesar, "카이사르"라고 불리기도 한다)의 입양아들이었던 옥타비안 (Octavian)은 주전 31년 악티움 해전에서 클레오파트라와 마크 안토니의 연합군을 섬멸하고, 로마 최고의 권력자로 부상하게 된다. 로마 원로원은 이런 옥타비안에게 주전 27년 아우구스투스(Augustus)[5] 라는 새로운 칭호를 하사하게 되는데, 이를 기점으로 로마는 원로원 중심의 공화정(Republic)에서 황제의 일인 독재체제인 제국(Empire)으로 변화하게 된다. 강력한 군대의 힘을 바탕으로 한 거침없는 정복의 결과로 로마제국은 북으로는 영국, 서쪽은 스페인, 동쪽은 시리아와 팔레스타인 지역, 남쪽으로는 이집트에 이르는 광대한 제국을 건설하였다. 지중해를 중심으로 광활한 땅 전체가 아우구스투스의 지배를 받는 로마제국의 영토가 되었다.

우리가 흔히 말하는 "로마의 평화," 즉 팍스 로마나(Pax Romana)

---

5) 아우구스투스라는 말은 "거룩한 호의를 받고 있는 자"라는 뜻이다. Christopher Kelly, *The Ro-man Empire: A Very Short Introduction* (Oxford: Oxford University Press, 2006), 9.

는 아우구스투스의 황제 등극(주전 27년)으로부터 마르쿠스 아우렐리우스의 죽음(주후 180년)까지 이어지는 거의 200년 동안의 로마제국의 절대권력 시대를 일컫는 말이다. 강력한 로마군대의 힘에 의해 유지되었던 평화, 즉 로마황제에 복종하고 로마정부에 협력하는 세력은 영화를 누리고, 반항하는 세력은 무참하게 응징됨을 통해 유지되었던 평화의 시대가 이 팍스 로마나였다. 이 시대는 고대 그리스의 건축과 문학, 예술 등이 로마제국의 광대한 영역 내에서 새로운 형태로 발전하게 되었는데, 이를 흔히 그레코 로마(Graeco-Roman) 문화라고 부른다.

바울은 그레코 로마 문화가 찬란하게 꽃피우고 있었던 로마의 대표적 식민도시였던 길리기아 다소에서 디아스포라 유대인의 가정에서 태어나 자랐다. 바울은 부모님으로부터 유대적 혈통과 전통에 대한 교육을 철저하게 받는 동시에 전형적인 로마도시였던 다소가 베풀어주는 헬라적 문화와 교육의 영향을 깊이 받았다. 이런 환경에서 자란 바울은 다메섹 도상에서 부활하신 예수님을 체험하면서, 복음을 위하여 하나님께서 자신을 택정하셨으며(롬 1:1) 이방인들에게 복음을 전파하는 사명을 주셨다는 것을(갈 1:16) 깨달았다. 그 이후에 바울은 로마제국의 광대한 지역을 다니면서 특히 지중해 연안의 중요 도시들을 거점으로 삼아 복음을 전파하고, 믿는 자들의 공동체인 교회들을 세워나감을 통해 하나님 나라를 세워가는 삶을 살았다. 한 지역에 오랫동안 정착하지는 않았지만, 열정적으로 복음을 전파하였고 그 복음을 듣고 마음이 움직였던 사람들을 중심으로 교회를 세워나갔다. 그렇게 세운 교회에서[6] 바울은 직접 목회하였다.

바울은 하나님의 말씀을 선포하고 가르쳤을 뿐만 아니라 제자들을 세워서(행 19:9) 가르쳤으며, 밤낮을 수고하여 사람들을 훈계하고(행 20:31) 교육하면서 믿는 자들을 섬기는 목회를 하였다. 때로는 브리스가와 아굴라(고전 16:19), 디모데와 에바브로디도 같은 동역자들(빌 2:22, 25)과 함께 교회를 섬기기도 하였다. 그렇게 어느 정도 목회한 후에는 다른 목회자를 세우고 자신은 또다시 다른 거점도시로 이동하여 복음을 전하고 교회를 세우고 목회하는 일을 반복하였다. 그리고 자신이 세웠던 여러 교회들과 자신이 직접 개척하여 세우지는 않았지만 선교적 측면에서 중요하다고 판단했던 로마교회에 편지를 써서 복음의 내용과 그리스도인의 삶의 자세를 가르쳤고, 교회들이 직면하고 있었던 여러 문제와 질문들에 대응하고 대답하였다. 바울은 예수 그리스도를 통해 이 땅에 도래한 하나님 나라의 종말론적인 질서를 교회를 통해서 구체적으로 실현해 나가려고 몸부림치며 살았던 사람이다. 이런 측면에서 볼 때 바울은 복음 중심적이며 교회 중심적인 삶을 살았다고 말할 수 있다.

사도 바울은 신학자인가? 선교사인가? 목회자인가? 학자들은 이런 질문을 던지며 바울을 연구해왔다.[7] 그중에서도 가장 많이 강조되어 온 것이 신학자로서의 바울이다. 바울을 신학자로 이해하면

---

6) 바울이 개척하여 세웠던 교회들은 우리가 경험하고 있는 것과 같이 따로 큰 예배당 건물이 있는 교회라기보다는 가정집에서 모였던 가정교회의 형태였던 것으로 생각된다.

7) 이런 논의에 대한 설명은 Timothy G. Gombis, *Paul: A Guide for the Perplexed* (London: T&T Clark International, 2010), 22-40을 참고하라.

서 그의 신학적 사고에 대해 설명하고 있는 책은 수없이 많다. 바울은 자신의 서신을 조직신학이나 기독교 교리를 설명하기 위한 교과서로 쓰지 않았음에도 불구하고, 많은 성경학자들은 바울이 가지고 있었던 유대적, 헬라적, 종말론적 사상의 배경 속에서 기독교 교리의 중요한 주제들인 인간론, 구원론, 교회론 등을 설명하려고 노력한다.[8] 또 많은 학자들은 사도행전에 나와 있는 바울의 전도여행에 대한 구체적인 기록들에 주목하면서, 사도 바울을 초대교회에서 파송한 가장 중요한 선교사 중의 한 명으로 간주하고 바울의 선교적인 활동에 초점을 맞추고 바울을 이해한다.[9] 하지만 바울의 목회적인 측면을 강조하면서 목회자로서의 바울의 모습에 대해 구체적으로 서술하고 있는 책은 별로 많지 않다.[10] 필자는 이런 현실에 주목하면서 바울이 그의 서신서를 통해 보여주고 있는 목회자로서의 면모는 무엇이며, 또한 목회자들의 시각으로 바울을 바라본다면 어떻게 이해할 수 있을까를 생각해보았다. 오랜 생각 끝에 도달한 것은 바울을 목회자로만 이해하기는 쉽지 않다는 것이다. 바울의 목회적 사역은 그의 신학적 이해의 바탕에서 이루어진 것이며, 바울의 신학적 사고와 목회적 행동은 서로 깊이 연결되어 있다는 것이다. 마치 하

---

8) 이런 시도들 가운데 하나가 James D. G. Dunn, *The Theology of Paul the Apostle* (Grand Rapids, MI: Wm. B. Eerdmans, 1998)이라고 할 수 있다.

9) 이런 연구방향에 대해서는 Trevor J. Burke and Brian S. Rosner, eds., *Paul as Missionary: Identity, Activity, Theology, and Practice* (LNTS 420; London: T & T Clark International, 2011)을 참고하라.

10) 최근에 "목회자 바울"이라는 제목으로 책이 번역 출간되었다. 하지만 이 책의 원제목은 "A Portrait of Paul"로 문자 그대로 번역한다면 "바울에 대한 묘사"가 되어야 할 것인데, 번역자는 이를 "목회자 바울"이라는 제목으로 번역하였다. 이 책은 랍 벤투라와 제러미 워커라는 두 명의 침례교 목회자가 골로새서를 연구하면서 느끼게 된 바울의 모습을 자신들의 목회적인 고민과 함께 묵상한 것을 적은 것으로, 바울의 목회적인 측면에 대한 전문적인 견해가 들어 있다기보다는 후기 바울서신 일부분을 묵상하며 자신들의 목회를 나누는 형식으로 기술되어 있다. Rob Ventural and Jeremy Walker, 이 스데반 역, 『목회자 바울』(서울: 부흥과 개혁사, 2012).

이브리드 자동차에 두 개의 동력원이 있어 상호 보완적인 작용을 하 듯이, 바울을 이해함에 있어 그의 신학적 사고와 목회적 실천은 함 께 갈 수밖에 없다는 것을 깨닫게 된다.

이 책을 통해 필자는 "한국교회에서 바울을 읽는다"는 것이 무 엇인가를 고민해 보고자 한다. 21세기 대한민국이라는 역사적, 시 간적, 정치적, 문화적, 종교적 상황 속에 존재하고 있는 교회에서 바 울을 이해하고 그의 서신을 읽고 해석한다는 것이 무엇을 의미하는 가를 함께 생각해 보고자 한다. 성경을 읽고 이해한다는 것이 무엇 이며, 우리는 어떻게 성경을 읽어야 하는지, 그리고 의미는 어떻게 형성되는가에 대한 생각을 나누고자 한다. 그리고 이런 고민을 통해 "하이브리드 바울"을 이해해 보려고 한다. 바울의 목회적 측면과 신 학적 측면을 통합적으로 살펴보려는 것이다. 즉 초대교회라고 하는 목회의 현장 속에서, 특별히 로마제국의 거점도시들에 교회를 개척 하고 사람들을 전도하고 양육하며 하나님 나라의 비전을 공유하는 목회자로서의 바울의 모습은 어떠했는지를 살펴보고, 이런 목회적 실천을 가능하게 했던 바울의 신학적 사고의 중심에는 무엇이 있었 는지를 묵상해 보려 한다. 날아오르는 새의 양 날개처럼, 바울의 목 회적 측면과 신학적 측면을 함께 고찰함을 통해서 21세기 한국교회 의 목회적 상황을 살펴보려 한다. 즉 신유목민적이며 하이브리드적 인 대한민국의 상황 속에서 교회를 섬기고 있는 목회자들과 위기의 한국교회의 형국을 바울의 서신을 통해 돌아보고, 바울과의 건설적 인 대화를 통해서 위기를 극복하고 새로운 가능성을 열 수 있는 방 향을 찾아보고자 한다.

2장
설교자와 성경해석

I. 신학교육과 목회현장간의 거리감

신학을 공부하고 가르치는 신학교와 교회는 어떤 관계일까? 신학교와 교회는 참으로 가까운 관계이다. 교회에서 신앙생활을 하다가 하나님의 소명을 받은 사람들이 전문적인 신학공부를 하기 위해 문을 두드리는 곳이 신학교이다. 신학교에서 공부를 마친 대부분의 졸업생들은 교회라는 목회현장으로 가는 것이 한국의 현실이다. 필자도 교회에서 열심히 신앙생활을 하였고 하나님의 부르심을 경험한 후에 신학교에 입학하였다. 신학교를 졸업한 후 목회현장에서 목회하고, 유학한 후에 다시 신학교에 돌아와서 학생들을 가르치는 일을 하고 있다. 이런 과정들을 거치면서 밀접해 보이는 신학교육과 목회현장 사이에는 사실은 거리가 있고, 때로는 그 온도 차가 상당하다는 것을 느끼게 된다. 이것은 목회현장과 신학교에서의 교육을 모두 경험해본 여러 목회자와 신학자들의 의견이기도 하다.

30여 년을 목회현장인 교회에서, 그리고 10여 년을 신학교육의 현장인 신학교에서 일한 정행업은 한국 기독교계가 당면하고 있는 중요한 문제 중의 하나로 "신학교육과 목회현장 간의 괴리현상" [11] 을 지적한다. 정행업은 이런 "괴리현상"을 나름대로의 시각으로 분석하고 있는데, 먼저 지적하고 있는 것은 서양의 철학과 논리적 체계 속에서 발전한 서구신학 중심의 신학교육이다. 그는 "서구적 사고와 이론전개로 형성된 신학이 그대로 한국인에게 소개됨으로 한국 목회현장에 적용되는 데 많은 문제가 야기되는 것은 당연한 귀결"이라고 주장하면서, 이성적이며 분석적인 서구신학 중심의 신학교육과 지극히 한국적인 사고와 종교문화가 형성되어 있는 목회현장 사이에는 거리감이 있을 수밖에 없다는 것을 지적한다. 정행업은 이런 현상을 극복하는 방법으로 서구의 신학을 수입해서 바로 목회현장에 적용하는 것이 아니라 한국인의 삶의 자리에서 실천할 수 있는 신학, 즉 "한국적 신학"을 수립하는 것이라고 주장한다. 한국인의 정서와 문화 속에서 형성되는 신학을 통해 신학교와 목회현장 사이의 거리감을 줄일 수 있다고 말한다.

"한국적 신학"의 수립과 함께 정행업이 주장하는 것은 "교회를 위한 신학"이다. 정행업은 신학교에서 연구되고 학생들에게 가르쳐지는 신학이 "학문으로 신학 자체를 위한 신학"으로 남아 있음으로써 목회현장인 교회와 분리되어 있다고 주장한다. 그는 "신학은 목회현장에 뿌리를 두고 교회로부터 경험된 신학이어야 하고 교회를 위한 신학이어야 한다"라고 주장한다. 정행업은 자신의 주장을 뒷받침하기 위해 유명한 신학자인 칼 바르트를 예로 들면서, 바르트가

---

11) 정행업, "신학교육과 목회현장의 괴리," 기독공보 2000년 7월 1일. http://www.pckworld.com/news/articleView.html?idxno=12170. 2013년 9월 10일 접속.

스위스의 자펜빌에서 목회하면서 자유주의 신학자에서 신정통주의 신학자로 바뀌게 되었으며 "신학의 과제는 교회의 필요에 봉사하기 위한 것으로 인식"하게 되었다고 설명한다. 그리고 결론적으로 신학자들이 교회와 긴밀하게 연결될 뿐만 아니라 목회의 현장에서 실천해보고 검증된 신학을 신학생들에게 가르치는 것이 교회와 신학교육 사이의 괴리현상을 극복할 수 있는 길이라고 주장한다.

정행업의 이런 주장은 신학교에서 하나님의 말씀을 배우며 목회자가 지녀야 할 자세를 익히고 있는 신학생들과 이들을 지도하는 교수들뿐만 아니라 치열한 목회의 현장에서 하나님의 말씀을 선포하고 가르치는 목회자들 모두가 깊이 고민해야 하는 중요한 지적이라고 평가할 수 있다. 정행업의 주장은 신학교육이 이루어지고 있는 신학교의 현실과 목회현장 사이에 존재하고 있는 거리감을 인식하게 하며, 이런 거리감을 좁히려는 노력은 신학교에서 교육을 담당하는 교수들과 교회라는 현장 속에서 목회를 감당하고 있는 교역자들 모두가 감당해야 하는 부분임을 잘 지적하고 있다. 또한 그의 주장은 이런 "괴리현상"에 대한 나름대로의 해결방안을 제시하고 있는데, 그것은 "목회현장의 입장(관점)에서 성서를 해석하고 적용하며 삶으로 이어지는 신학"을 하는 것이라고 말하고 있다. 이런 장점에도 불구하고 정행업의 주장은 한계를 분명하게 보여주고 있는데, 그것은 한국인들의 정서와 문화를 담아낼 수 있는 "한국적 신학"이 무엇이며, 대안으로 제시하고 있는 "목회적 관점으로 성경을 해석하고 적용하는 것"이 어떤 것인가에 대한 구체적인 언급이 없다는 것이다. 하지만 정행업의 "괴리현상"에 대한 지적은 우리 모두가 심각하게 생각해 보아야 하는 당면과제이다.

신학교육 전반에 대한 논의를 신약성경 연구라는 좀더 구체적인 분야로 한정해서 생각해 본다면, 오랫동안 신학교에서는 "학문으로서의 신학"을 발전시키기 위해 노력했기 때문에, 목회적인 관점이 아니라 학문적인 입장에서 신약성경을 읽고 이해하려 하였고, 또한 그렇게 생각하고 받아들이는 것이 당연하였다. 신약성경은 기독교 교리의 근간이 되는 중요한 신학적/교리적 가르침들을 담고 있다는 측면에서 이해할 때 대단히 철학적이며 신학적인 문서라고 할 수 있다. 또한 예수님과 초대교회의 사도들이 활동하였던 시대적 상황을 반영하고 있기 때문에 역사적인 성격을 강하게 가지고 있는 문헌이라는 것도 부인하기 어렵다. 그래서 신약성경은 철학적이며 형이상학적인 논의들을 이해할 수 있는 고도의 신학적 사고훈련, 헬라어와 같은 고전언어를 이해할 수 있는 언어적 훈련, 그리고 역사적인 배경들을 충분히 이해할 수 있는 역사적 시각을 가져야 비로소 그 깊이를 이해할 수 있다. 즉, 신약성경은 헬라어라고 하는 고대어로 기록된 역사적 문서이기 때문에 객관성을 전제하는 신학적인 분석을 통해서 해석되고 이해되어야 한다고 생각되어 왔고, 이런 사고는 자연스럽게 역사 비평적 혹은 본문 중심적 성경해석이라는 구체적인 형태로 발전되어 왔다. 이런 역사적이며 분석적인 해석은 앞에서 언급된 "서구신학"의 기본적인 모습이다. 그렇다면 이런 "서구신학"의 역사 비평적이며 분석적인 성경해석 방법론을 배우고 훈련하고 있는 신학교의 현실 속에서 "목회현장의 관점"으로 성경을 읽고 해석한다는 것은 무엇을 의미하는가를 우리는 고민해 보아야 한다.

II. 설교자의 하이브리드적 사역과 성경해석

　　신학교에서 "이성적이며 서구적인" 신학교육을 받은 목회자들이 교회라고 하는 목회현장에서 요구받는 사역들은 참으로 다양하다. 예배인도와 설교, 기도회 인도, 장례식과 결혼식, 가정과 병원 심방, 성경공부, 제자훈련, 그리고 당회와 제직회를 비롯한 각종 회의와 남녀 선교회 등의 소그룹 모임을 인도해야 한다. 교인들을 상담해야 하고 교회의 재정과 행정도 담당해야 한다. 신학교에서 배운 이성적이면서도 논리적인 교육으로 무장한 많은 "새내기" 목회자들은 교회 내에 널리 퍼져 있는 한국의 전통적이면서도 유교적 문화, 즉 "정"과 "체면"을 중시하고 상하적 위계질서를 세우며 학연과 지연을 중심으로 뭉치고 전통을 지켜나가려는 보수적인 문화를 경험하면서 쉽게 지치고 좌절할 수 있다. 또 신학교에서의 공부가 계획표에 의해서 돌아가는 예측 가능한 일상이었다면, 목회현장에서의 사역은 늘 예정된 일정으로 움직이는 것은 아니다. 예상치 못한 사고, 위기상황, 목회적 도전들이 언제나 발생할 수 있으며, 이런 예측 불가능한 환경들 속에서 효과적이면서도 목회적인 결단과 행동이 요구된다.

　　특히 주일 낮예배와 저녁예배, 새벽기도회와 수요기도회, 그리고 많은 경우 금요심야집회까지 이어지는 여러 예배와 기도회를 통해 하나님의 말씀을 선포하는 설교사역은 목회자들이 말씀의 일꾼으로 쓰임받는 복된 자리인 동시에, 중요한 목회적 도전의 순간이다. 신학교에서 배운 성경해석 방법과 설교학의 모든 지식을 총동원해야 하는 것이 설교사역인데, 학문적인 부분에 너무 초점을 두면 교인들이 어렵고 무겁게 느낄 수 있고, 학문적인 부분을 무시하면 너무 가볍다는 불평을 들을 수 있다. 학문적이면서도 목회적이고, 무게감이 있으면서도 듣기 쉬운 설교를 해야 하는 부담을 평생 가지고 살아가야 하는 존재가 설교자들이다.

이런 측면에서 보면 설교자는 하나님의 말씀인 성경을 깊이 연구하는 학자로서의 삶과 그 말씀을 성도들이 알아듣기 쉽게 전달하는 친근한 이야기꾼으로 삶을 함께 살아야 하는 존재, 즉 하이브리드적 사고와 행동을 해야 하는 사람들이다. 논리적이고 이성적인 학자인 동시에 친근하고 인간미가 넘치는 이야기꾼의 역할을 동시에 요구받고 있는 사역자들이다. 하나님께서 자신을 계시하시는 최고의 통로인 성경을 읽고 연구함을 통해 하나님의 음성을 듣고, 이 시대를 향한 그분의 뜻을 깨닫는 작업을 진행함에 있어 설교자는 성서학자들과 같은 치밀함과 객관성을 요구받는다. 자신의 생각을 성경에 주입하거나 특정 성경 구절을 자신의 주장을 뒷받침하는 도구로 사용해서는 안되며 자신이 가지고 있는 언어적, 문학적, 역사적, 논리적 지식과 사고를 총 동원하여서 하나님의 말씀을 읽고 연구하며, 그 깊은 뜻을 이해하기 위해 몸부림쳐야 한다. 마치 성경학자들이 한 편의 논문을 쓰듯이 이성적인 논리전개와 객관적인 증거를 찾으면서 본문을 읽고 해석해야 한다. 하지만 성서학 논문이 곧바로 설교가 될 수 없듯이, 학자적인 치밀함과 논리성만으로는 귀에 들리는 설교를 전달하기는 쉽지 않다. 설교를 듣는 회중들 가운데는 논리적이며 객관적인 사고에 익숙치 않은 분들, 학문적인 언어와 표현들에 익숙치 않은 분들이 많이 있을 수 있기 때문에 설교자는 보통의 사람들이 일상생활속에서 사용하는 언어로 하나님의 말씀을 전달해야 한다. 할아버지, 할머니께서 손자 손녀들을 무릎위에 뉘여 놓으신 채로 구수한 옛날 이야기를 들려 주며 자녀들과 공감하듯이 청중들의 귀에 들리는 언어와 일상적인 표현으로 하나님의 구원의 이야기를 들려 주어야 하는 것이 설교자들의 역할이다. 이런 측면에서 설교자는 신학자의 치밀함과 이야기꾼의 친근함을 동시에 가져야 하는 하이브리드적 사고와 행동을 요구받고 또한 그렇게 살아야 하는 사람들이다.

유명한 종교개혁자인 마틴 루터는 대학에서 성경을 연구하고 가르치고 논문들을 작성하여 출판하는 학자로서의 삶을 살았지만, 교회에서 말씀을 선포하는 설교자로서의 삶도 성실하게 살았다. 그는 평생 4천 편 정도의 설교를 하였고 그중에 2천 3백 편 정도의 설교가 남아있다고 한다.[12] 루터는 대학에서 성경을 가르치면서 목회 현장에서 설교하였고, 하나님의 말씀에 대한 연구와 그것을 효과적으로 전달하는 것에 대한 고민을 깊이 하였다. 루터는 학자로 또 설교가로 살아가면서 몇 가지를 고민하였는데, 첫째 고민은 설교자로서 어떻게 성경 본문 중심의 설교를 할 것인가에 관한 것이다. 그는 학자로서 성경을 깊이 읽고 연구하듯이 설교자들도 본문에 집중해야 한다고 말한다: "설교자는 본문에서 벗어나지 않고 자기 앞에 있는 본문에 주목하여 그것을 청중에게 이해시키도록 해야 한다. 입에서 나오는대로 지껄이는 설교자는 마치 시장에 간 어떤 여인을 생각게 해준다. 그녀는 다른 여인을 만나서 멈춰서서 잠시 수다를 떨고

---

12) 김주한, "마르틴 루터의 설교 신학 이해," 『대학과 선교』 17집(2009.12), 40. 39-67.

또 다른 여인을 만나서 말하고 계속해서 이야기만 하고 있으니 시장에 늦게 도착할 수밖에 없다. 본문을 떠나서 헤매고 있는 설교자도 꼭 이와 같다."[13] 설교자로서 루터는 어떻게 성경 본문을 중심으로 설교를 진행할 것인가를 늘 고민하였다.

둘째 고민은 어떻게 청중들과 효과적인 소통을 이루며, 교인들의 귀에 들리는 설교를 할 것인가에 관한 것이다. 루터는 자신의 고민을 이렇게 표현한다: "신앙과 복음이 단순한 설교자에 의하여 말솜씨 없이 선포될 수는 있지만 그런 설교는 단조롭고 힘이 없어서 사람들은 지치고 싫어하게 되며 결국 땅에 떨어지고 만다."[14] 이런 학자적, 목회적 고민을 한 후에 루터는 설교가 성경본문에 충실해야 하지만 평이하고 이해하기 쉬운 언어로 전달되어야 함을 강조한다. 루터는 자신이 속해 있었던 어거스틴 수도회의 원장이었고 후에 비텐베르크 대학을 책임졌던[15] 유명한 신학자이면서 자신의 삶에 깊은 영향을 끼친 요한 폰 슈타우피츠(John von Staupitz) 박사의 설교에 대해서 말하면서, "슈타우피츠 박사는 매우 학식이 높은 사람이지만 그의 설교는 매우 지루하기 때문에 사람들은 그의 설교보다도 이해하기 쉬운 말로써 설교하는 그저 평범한 형제의 설교 듣기를 더 좋아한다"[16]고 말한다. 설교자로서 본문을 충실하게 따라야 하면 본문의 의미를 자세히 알고 전달해야 한다는 것과 듣는 청중들을 고려하여서 그들이 편안하게 듣고 깨닫고 느낄 수 있도록 배려해야 한다는

---

13) 휴 T. 커어, 김영한 역, 『루터 신학 개요』(서울: 한국장로교출판사, 2007), 205.
14) 위의 책, 206.
15) W. 뢰베니히, 박호용 역, 『마르틴 루터: 그 인간과 그의 업적』(서울: 성지 출판사, 2002), 97.
16) 휴 T. 커어, 『루터 신학 개요』, 206.

것을 루터는 설교의 현장을 통해서 깊이 깨닫고 있었다.

21세기 대한민국 사회 속에서 교회를 이끌어가고 있는 많은 목회자들의 고민도 루터의 고민과 많이 다르지 않다. 목회자들은 교회라는 목회의 현장에서 생겨나는 많은 목회적 요구들과 어려움을 해결해 나가야 할 뿐만 아니라 교회 공동체가 나아가야 할 방향을 제시하는 일을 감당한다. 이런 목회적 사역을 진행하면서 동시에 하나님의 말씀을 연구하고 해석하고 묵상하고 강단에서 선포해야 하는 일을 감당하고 있다. 교회에서 목회하는 목회자들의 최고의 기쁨이면서 동시에 가장 무거운 부담은 설교이다. 이런 현실 속에서 설교는 많은 목회자들이 늘 고민하는 가장 중요한 목회영역 중의 하나이다. 매 주일 설교를 해야 하는 목회자들은 여러 가지 고민을 하게 되는데, 그중에는 "어떻게 하나님의 말씀을 바르게 가르칠 것인가?" 하는 것과 "어떻게 감동 있는 설교를 할 것인가?" 하는 고민이 함께 있기 마련이다. 바르게 가르치는 것이 성경에 대한 깊이 있는 연구와 관련된다면, 교인들이 알아들을 수 있는 언어를 사용해서 감동 있는 설교를 준비하는 것은 교인들과 소통하고 마음을 나누는 일과 연결되어 있다. 어느 기독교 신문사에 기고한 글에서 김동호는 설교자로서의 나름대로 고민과 자신의 실수를 이렇게 기록하고 있는데, 그 기사를 인용해보면 다음과 같다.

> 많은 목회자들에게 있어서 설교는 평생 짊어지고 살아야 하는 멍에(?)와 같은 것이다. 물론 나에게도 설교는 힘들고 어려운 것이지만 그럼에도 불구하고 할 수 있는 대로 나는 설교를 쉽게 준비하려고 한다. 왜냐하면 너무 힘들게 설교

를 준비하다보면 억지로 설교가 만들어지는 경우가 있고 그렇게 되면 결국 교인들도 이해하기 힘든 설교가 되는 경우가 많기 때문이다. 설교에는 두 종류의 설교가 있다고 생각한다. 하나는 억지로 만든 설교요 둘째는 자연스럽게 만들어진 설교이다. 나는 할 수 있는대로 설교를 억지로 만들려고 하지 않는다. 설교가 자연스럽게 만들어지기를 소원하며 자연스럽게 만들어진 설교로 설교하기 위하여 나름대로 최선을 다하고 있다.... 주석보다 감동을 더 믿고 설교를 하다가 실수를 한 적이 여러 번 있다. 출애굽기에 보면 「조각목」으로 상과 궤를 만들라는 말씀이 있는데 나는 그것을 조각 조각난 나무로 궤와 상을 만들라는 것으로 이해하고 우리 한 사람 한 사람은 하나님 보시기에 다 조각목과 같지만 그것이 합쳐져서 하나가 될 때 아름다운 하나님의 궤와 상이 될 것이라고 그럴 듯하게 설교를 하였다. 그런데 나중에 알고 보니 출애굽기의 조각목은 그게 아니라 아카시아 나무를 말하는 것이었다. 주석보다 감동이 앞서서 실수한 대표적인 케이스라고 할 수 있다. 주석은 완벽한데 감동과 삶이 따르지 못하는 설교도 문제이지만 감동과 삶은 어느 정도 뒷받침이 되는데 주석에 게을러서 엉뚱한 복음(?)을 전하는 것도 큰 문제가 아닐 수 없다.... 은혜와 감동이 선행하면서도 철저한 주석과 연구가 뒷받침이 되는 좋은 설교를 하고 싶다.[17]

---

17) 김동호, "「만든 설교」와 「만들어지는 설교」," http://pckworld.com/news/articleView. html?idxno=518. 기독공보 1999년 1월 30일, 2013년 5월 12일 접속.

이 글에서 김동호는 설교자로서 자신의 실수를 나누고 있다. "조각목"이라는 말은 "싯딤"이라고 불렸던 아카시아 나무를 가리키는 것으로 법궤와 성막을 만드는 재료로 중요하게 사용되었다 (출 25:10, 13; 36:36; 37:4, 28; 38:6). 하지만 자신은 이 "조각목"을 조각난 나무들로 이해하고는 하나님 보시기에 조각난 나무 같은 교인들이 합쳐질 때 하나님께서 쓰시는 도구가 된다고 설교했다는 것이다. 이런 모습을 그는 "주석보다 감동이 앞서서 실수한 대표적인 케이스"라고 말하면서, 철저한 주석과 연구가 있어야 한다고 말한다. 하지만 목회현장에서 설교해본 목회자들, 특히 한국교회처럼 일주일에 열 번 이상의 설교를 해야 하는 목회자들은 깊이 성경연구를 하지 못한 상황에서도 설교해야만 하는 경우를 경험할 때가 자주 있고, 이런 과정에서 김동호가 언급하고 있는 실수를 하게 될 때가 있다. 김동호는 주석과 본문에 대한 연구가 선행되지 않았기 때문에 감동이 없었다고 말하지는 않는다. 다만 "엉뚱한 복음"을 전했다고 말한다. 이것이 한국교회 설교자들이 가끔 경험하는 현실이다.

III. 목회현장과 성경해석: 욥기 23장 10절 문제

1. 한국교회에서 일반적으로 받아들여지고 있는 해석

한국교회 강단에서 선포되는 말씀 가운데 "은혜와 감동"이 "철저한 주석과 연구"보다 선행하는 대표적인 성경구절은 욥기 23장

10절이다: "나의 가는 길을 오직 그가 아시나니 그가 나를 단련하신 후에는 내가 정금같이 나오리라." 이 구절은 한국교회의 많은 설교자들이 고난과 고통 가운데 있는 성도들을 위로하기 위해서 자주 설교하는 본문이다. 병원에 입원해 있거나 수술을 앞둔 환자들을 위해서 목회자들이 자주 선택하여 읽어주는 본문 중의 하나이다. 이 구절이 한국교회에 많이 알려지고 사랑받는 구절이 되도록 하는 일에 공헌을 한 책 중의 하나가 1987년에 출판된 김진홍의 "정금같이 나오리라"는 책일 것이다. 청계천에 거주하던 사람들을 상대로 목회하였던 김진홍은 그의 책 제목을 욥기 23장 10절에서 인용하였다. 왜냐하면 이 성경구절이 죽어가던 자신을 살렸기 때문이다. 이 책에 의하면, 감옥 속에서 심하게 다쳐 서서히 죽음으로 향하고 있던 자신을 완전히 살린 성경구절이 이 욥기의 말씀이었다고 한다. 그의 책 내용을 인용해보자.

그 때에 제가 의인이 고난 중에 있을 때 읽는 성경말씀을 읽었습니다. 의인이 왜 고난을 당하게 되느냐? 그 해답이 있는 책이 욥기가 아니겠습니까? 그래서 제가 그 고통스러움 속에서 욥기를 묵상하게 되었는데, 욥기 23장 10절 말씀을 읽고 그 한 구절 성경말씀이 제 건강을 회복시켜 주었습니다.... 이 말씀을 통해 건강을 완전히 회복하는 역사가 일어났습니다. 제가 감옥 독방에서 죽게 된 것을 부모, 형제도 모르고 교인들도 모르고… 아무도 모르지만, 그러나 저를 구원하신 주님께서는 알고 계십니다. 순탄한 인생 환경 속에서 얻어진 믿음은 '정금 같은 믿음'이라 부르지 않습니다. 역경 속에서, 실패와 좌절 속에서 다져지고 걸러진 믿음을

'정금같은 믿음'이라고 부릅니다.... '내 믿음이, 영적 수준이 너무 부족하므로 지금 이 상태로 있게 되면 도저히 하나님의 일을 이룰 수 없으니, 주님께서는 나를 좀더 하나님의 일을 담당케 하시기 위하여 내게 이런 시련을 주셨구나, 이것은 죽을병이 아니라 하나님의 일에 쓰임 받는 단련이구나' 하고 깨달았습니다.... 이와 같은 말씀은 우리를 강하게 하고 역경을 이기게 하는 능력이 있습니다.[18]

김진홍의 이 책은 스테디셀러로 많은 기독교인의 사랑을 받았다. 이 책이 출판되어 많이 읽힌 이후로 김진홍이 인기강사로 전국과 해외를 다니면서 감동 있게 설교하여 이 욥기의 구절이 더욱 유명해진 것은 사실이다. 이후로 이 욥기의 구절은 여러 음악가에 의해서 찬양으로, 복음송으로도 만들어졌고, 많은 사람이 이 구절로 된 찬양을 부르고 있다.[19] 이 욥기의 구절로 행해지는 설교와 작곡된 복음성가의 주제는 거의 비슷하다. 그것은 고난과 고통의 시간을 통해 하나님께서는 우리의 믿음을 단련하고 계시고 우리도 그 고난을 믿음으로 잘 극복하게 되면, 정금같이 쓰임 받게 될 것이라는 내용이다. 위에서 인용한 것처럼, 김진홍은 자신의 고난과 욥의 고난을 연결함으로 위로를 받고 있으며 자신이 당하는 고통을 단련으로 해석하고 있는데, 이는 욥기 23장 10절에서 "단련"이라는 단어를 찾았기 때문이다. 그래서 고난을 단련의 과정으로 생각하게 된다. 다시 말해 이 고난은 금이 뜨거운 용광로를 통과함으로 불순물이 제거

---

18) 김진홍, 『정금같이 나오리라』(서울: 두레시대, 1987), 26-28.
19) 예를 든다면, 박정은이 만든 "주가 보이신 생명의 길"이라는 찬양곡의 후렴구는 "나의 길 오직 그가 아시나니 나를 단련하신 후에 내가 정금같이 나아오리라"이다.

되는 과정을 거쳐 "정금"이 되는 것처럼, 우리 그리스도인들은 고난을 통과함으로 "정금 같은 믿음"을 소유하게 되고 하나님 앞에 쓰임 받는 인생이 된다는 것이다. 이 욥기 구절에 대한 이런 이해는 많은 목회자들의 설교에도 그대로 나타나 있다.

한국 장로교회의 대표적인 설교가로 활동했던 박조준의 설교를 예로 들어보자. 박조준은 "하나님은 우리의 길을 다 아시고 계십니다"라고 10절 전반부를 설명하면서 이 구절의 후반절에 주목한다. 한글개역성경에서 "그가 나를 단련하신 후에는 내가 정금같이 나오리라"고 번역하고 있는데, 그중에서 "단련"과 "정금"이라는 단어를 중심으로 그 의미를 설명하고 있다. 그의 설명을 인용해보자:

> 하나님께서는 내가 때로 잘못된 길로 갈지라도 계속 선한 길로 인도하시며 진리의 길을 좇고 있다는 것을 알고 계시므로 욥은 "그가 나를 단련하신 후에는 내가 정금같이 나오리라"고 했습니다. 주님의 길을 걷는 사람들은 그들이 환난 가운데 있을때 위로를 받을 수가 있습니다. 주 안에 있는 사람들에게는 당하는 고난이 그를 해하는 것이 아니라 단련하는 과정으로 여기기 때문에 영예롭고 유익하게 하는 일인 것입니다...단련하는 기간이 정해져 있습니다. 단련의 기간이 무한한 것은 아닙니다. 단련은 끝이 있을 것입니다. 이 기간이 끝나면 정금처럼 깨끗하고 귀한 것으로 되어 나옵니다. 우리에게 닥치는 환난도 그런 것입니다. 금광석은 광석 안에 몇 퍼센트 밖에 안 되는 적은 양의 금의 성분이 있으면 금광석이라고 한다고 합니다. 그런

데 그 금광석을 용광로에 넣어서 <u>단련</u>을 받는 동안에 금이 아닌 성분은 다 타버리게 되고 순수한 금만 남아서 나에게 되는 것입니다. 광석 편에서 말하면 용광로를 거치는 일이 얼마나 어려운 일입니까? 이해할 수도 없는 일입니다. 그러나 이런 과정을 거치는 동안에 정금이 나오게 되는 것입니다. 우리 성도의 생활도 마찬가지라고 말할 수가 있습니다... 우리가 원하는 것은 아니지마는 <u>환난</u>의 용광로, 고통의 용광로, <u>시련</u>의 용광로를 거치는 동안에 괴롭긴 해도 믿음 아닌 부분이 타버리게 되고 정금보다 더 귀한 믿음이 남게 되는 것입니다. 그러므로 환난을 우리가 원하는 것은 아니지마는 이 <u>환난</u>이 우리의 믿음을 더욱 아름답게 완전하게 하는 것이므로 우리에게는 축복이 되는 것입니다.[20]

박조준의 이 설교는 참으로 은혜로운 내용으로 전개되고 있다. 개역성경에서 "단련"이라고 번역하고 있는 부분에 특히 주목하면서, 이 "단련"이라는 단어를 금 성분을 포함하고 있는 광석인 금광석이 용광로에서 정제되는 과정과 연결해서 설명하고 있다. 이런 "단련"의 과정을 거쳐서 불순물이 제거되고 "정금"이 생산되듯이, 믿는 자들도 "고난," "환난," "고통," "시련"이라고 표현될 수 있는 "단련"의 과정을 통해 순전하고 아름다운 믿음을 소유하게 되고 이렇게 되는 것이 "축복"이라고 설교한다. 참으로 은혜로운 설교이다. 고난과 어려움이 많은 삶을 살아온, 또 지금도 그런 환난을 경험하고 있는 교인들에게 많은 위로와 힘을 주는 설교라고 평가할 수 있

---

20) 박조준, 『욥기강해』(서울: 도서출판 한.아래아.길, 1988), 230-31. 밑줄 첨가.

다. 이 설교를 듣는 사람들 중에는 하나님의 위로의 말씀으로 듣고 감격한 사람들도 참 많았으리라고 생각된다. 이런 박조준의 설교는 이 욥기 23장 10절을 본문으로 설교하는 한국의 수많은 설교자들이 전달하는 메시지를 구체적으로 잘 표현하고 있는 대표적인 설교라고 할 수 있다.

이 욥기 본문에 대해 다른 목회자들의 설교 혹은 주해의 내용을 조금 더 살펴보자. 유도순도 박조준과 비슷한 맥락에서 욥기 23장 10절을 설명하고 있는데, 그의 의하면 10절에서 욥은 하나님께서 자신에게 왜 이런 고난을 허락하셨는지 모른다고 고백하고 있을 뿐만 아니라 고난을 단련으로 이해하고 있다고 설명한다: "[욥은] 자신이 당면하고 있는 고난을 단련으로 보고 있습니다. 즉 이스라엘 백성들이 약속의 땅 가나안에 들어가기 위해서 광야를 통과해야 했듯이 어떤 목적지로 인도하기 위하여 통과해야 할 '과정'으로 보고 있다는 것입니다.... 현재의 고난을 '연단의 과정'으로 본다는 이 점이 중요합니다."[21] 유도순은 이러한 욥의 "고난"에 대한 이해가 그의 경건성을 나타내주는 것으로 설명한다.[22]

많은 한국교회 목회자들에게 이 욥기 본문은 현재 어려움을 겪고 있는 교인들에게 위로와 희망을 제시하는 본문으로 자주 이해된다. 믿음으로 이 훈련의 과정을 잘 이겨나감으로 정금과 같이 쓰임 받는 인생이 될 것이라고 하는 은혜와 감동을 전해주는 구절로 이해

---

21) 유도순, 『욥기 파노라마: 번제로 시작하여 번제로 마치는 욥기』(서울: 머릿돌, 2009), 206.
22) 위의 책, 207.

되고 있다. 하지만 이런 은혜롭고 위로가 되는 말씀이 선포됨을 통해 나누어진 감동은 이 구절을 자세하게 연구하게 되면 쉽게 사라져 버릴 수도 있다. 왜냐하면 이 욥기 23장 10절은 수많은 설교자들이 행한 설교의 내용처럼, 하나님께서 고난과 고통을 통해 우리를 단련하신다는 내용도, 믿음으로 우리가 그 어려움을 극복하고 나면 정금과 같이 쓰임 받는 사람들이 된다는 내용이 아니기 때문이다. 정말 그런가? 욥기 23장의 문맥 속에서 10절의 내용을 이해해보기 위해서 여러 한글과 영어 번역본을 비교해보고, 히브리어 원문을 풀이하는 성경학자들의 의견도 살펴보자.

2. 성경번역 살펴보기

먼저 한글로 출판된 주요 성경책의 번역본을 살펴보자.

개역한글: 나의 가는 길을 오직 그가 아시나니 <u>그가 나를 단련하신 후에는 내가 정금 같이 나오리라</u>

개역개정: 그러나 내가 가는 길을 그가 아시나니 <u>그가 나를 단련하신 후에는 내가 순금 같이 되어 나오리라</u>

공동번역: 그런데도 그는 나의 걸음을 낱낱이 아시다니. <u>털고 또 털어도 나는 순금처럼 깨끗하리라.</u>

표준새번역: 하나님은 내가 발 한 번 옮기는 것을 다 알고 계실 터이니, <u>나를 시험해 보시면 내게 흠이 없다는 것을 아실 수 있으련만!</u>

현대인의 성경: 그러나 하나님은 내가 가는 길을 다 알고 계신다. <u>그가 나를 단련하신 후에는 내가 순금처럼 깨끗할 것이다.</u>

이런 번역들을 살펴보면 욥기 23장 10절에 대한 번역이 비슷하게 전개되지만, 중반부 이후를 어떻게 번역하느냐에 따라 크게 두 가지의 번역으로 나누어진다는 것을 알 수 있다. 먼저 개역한글, 개역개정, 현대인의 성경은 "단련"이라는 단어를 선택함으로써 우리가 쉽게 "체력단련"과 같은 훈련의 이미지를 떠올릴 수 있는 가능성을 열어주고 있는데 반해, 공동번역은 "털고 또 털어도"라고 번역함으로써 우리가 묻은 먼지를 털어내기 위해서 옷이나 이불을 들고 터는 이미지를 연상시키고, 표준새번역은 "시험해 보시면"이라고 번역하여서 어떤 시험대 위에 올라가 있는 것을 연상케 한다. 더욱 중요한 부분은 마지막 부분인데, 개역한글은 "정금같이 나오리라," 개역개정은 "순금같이 되어 나오리라"라고 비슷하게 번역하고 있는데, 불순물이 섞인 금이 풀무불을 통과함을 통해 그 불순물이 제거된 깨끗한 금이라는 의미의 정금이라고 이해될 수 있는 표현이다. 이에 반해 공동번역은 "순금처럼 깨끗하리라" 그리고 현대인의 성경은 "순금처럼 깨끗할 것이다"라고 번역함을 통해 욥이 자신이 깨끗한데 그 깨끗한 정도가 순금과 같다고 이야기하고 있다는 것을 알게 한다. 표준새번역의 번역은 개역한글과 개역개정판에 익숙한 많은 사람이 의아해할 수 있는 번역일 수 있는데, "내게 흠이 없다는 것을 아실 수 있으련만!"이다. 이 번역에 의하면 욥은 하나님께서 자신을 시험해 보신다면 자신이 흠 없이 깨끗하다는 것을 아실 것이라고 말하고 있다.

그렇다면 개역한글이나 개역개정 성경을 주로 읽음으로써 많은 목회자들과 성경을 읽는 이들이 이 구절을 읽으면서 이해하는 의미, 즉 하나님께서 풀무불을 통해 불순물을 걸러내심으로 정금을 만드시듯이 우리 인간들을 여러 고난과 어려움을 통해 훈련하시고, 쓰실 만한 그릇으로 만들어 가신다는 의미는 어떻게 이해해야 할 것인가? 이 본문이 정말 표준새번역이 말하고 있는 것처럼, 하나님께서 "나를 시험해 보시면 내게 흠이 없다는 것을 알 수 있으시련만"이라고 욥이 주장하고 있는 것일까? 인내의 사람이요 믿음의 사람으로 정평이 나있는 욥이 하나님 앞에서 무엄하게도 자신의 결백함을 주장하고 있는 것일까? "하나님, 당신께서 나를 털고 또 털어 보신다면 제가 잘못한 것이 없다는 것을 분명히 알게 되실 것입니다"라고 주장하고 있다고 이해할 수 있는 여지가 있는 것일까?

다음으로 영어성경으로 눈을 돌려 보자. 결론적으로는 영어번역도 비슷한 경우라고 말할 수 있다. 즉 영어성경도 번역본에 따라 조금씩 다른 해석의 가능성을 보여준다. 많은 영어 번역성경 가운데 전통적 권위를 인정받는 킹제임스(KJV, King James Version), 가장 많은 독자가 읽는 NIV(New International Version), 그리고 신학교에서 많이 사용하는 NRSV(New Revised Standard Version) 성경은 비슷한 번역을 보여주는데 구절의 후반부만 번역해 본다면, "하나님께서 나를 시험해 보실 때 내가 금처럼 나아갈 것이다"라고 번역해 볼 수 있다. 이런 번역은 "단련"이라는 단어를 "시험"으로만 대체한다면, 개역한글과 개정개역의 번역과 비슷하다.

> KJV: But he knoweth the way that I take: <u>when he hath tried me, I shall come forth as gold.</u>
> NIV: But he knows the way that I take; <u>when he has tested me, I will come forth as gold.</u>

NRSV: But he knows the way that I take; <u>when he has tested me, I shall come out like gold.</u>

이런 번역과 상당히 다른 이해를 보여주는 번역은 NLT(New Living Translation)이다.

NLT: But he knows where I am going. <u>And when he has tested me like gold in a fire, he will pronounce me innocent.</u>

이 성경구절의 후반절은 "그가 나를 불 속의 금처럼 시험해 보신다면 나를 죄 없다고 선언하실 것이다"라고 번역하고 있다. 이 NLT 성경의 번역은 앞에서 살펴본 표준새번역의 후반절 번역— "나를 시험해 보시면 내게 흠이 없다는 것을 아실 수 있으련만!" —과 일맥상통하는 것으로, 욥이 자신의 결백을 주장하고 있는 부분으로 이해할 수 있도록 돕고 있다. 다시 말해 욥은 이 구절을 통해 하나님께서 자신을 시험해 보시되 불 속에 들어가 있는 금처럼 시험해 보신다면, 자신을 결백한 사람 즉 죄가 없는 사람이라고 선포하실 것이라고 말한다.

3. 문맥과 히브리어 원문 살펴보기

그렇다면, 히브리어 원문은 어떤 의미를 담고 있을까? 원문의 의미를 구체적으로 살펴보기 위해서 필요한 것은 이 원문을 담고 있는 욥기 23장이 욥기 전체에서 어떤 문맥적인 흐름에 위치하고 있는가를 살펴보는 것이다. 욥기 전체에 대한 구체적인 개관은 이 책의 목적과는 거리가 있기 때문에, 23장이 등장하고 있는 부분을 중심으로 간략히 살펴보자. 본문인 23장 10절은 4장 부터 시작되는 욥과 욥의 세 친구인, 엘리바스, 빌닷, 그리고 소발 사이의 연속적인 대화의 일부로 이해할 수 있다. 이런 연속적인 대화는 3번에 걸쳐 비슷한 형식으로 나타나고 있는데, 4장-14장; 15장-21장; 그리고 22장-27장에 걸쳐 나타난다.[23] 엘리바스-욥-빌닷-욥-소발-욥 이런 순서로 대화를 나누며, 23장이 속해 있는 3번째 연속 대화 부분은 22장에서 엘리바스가 욥에게 질문을 하고, 23-24장에서 욥이 대답하는 형태를 가지고 있다. 이 세번째 연속대화에서 소발-욥의 대화는 생략되어 있다. 엘리바스는 욥에게 하나님 앞에 자신의 잘못을 시인하라고 도전하고, 욥은 이런 엘리바스를 향해 말하기를 "자신은 잘못이 없으며 하나님께서도 이것을 알고 있다"[24]는 주장을 전개하면서 대화를 계속 이어가고 있다. 이러한 문맥적 흐름을 마음에 가지고 23장 10절을 구체적으로 살펴보자.

כִּי־יָדַע דֶּרֶךְ עִמָּדִי בְּחָנַנִי כַּזָּהָב אֵצֵא :23:10
(키-야다 떼레크 임마디 뻬하나니 카자하브 에체)

이 구절의 전반부를 영어로 번역해 본다면, "He knows the way with me,"[25] 즉 "그분께서 나와 함께 하는 길을 아신다," 혹은

---

23) John H. Walton, *The NIV Application Commentary: Job*(Grand Rapids: Zondervan, 2012), 28–29.
24) 위의 책, 263.
25) 유대인들을 위해 유대인들에 의해 운영되고 있는 한 웹페이지에서는 본문인 욥 23장

"그분께서 나의 나아가는 길을 아신다"이라고 번역할 수 있겠다. 이 전반부 표현을 번역하는 것은 그렇게 어렵지도 않을 뿐 더러, 해석에 큰 영향을 미치지도 않는다고 판단할 수 있다. 중요한 것은 후반부를 어떻게 번역할 것인가 인데, 이 후반부는 두 가지의 번역이 가능할 것이다. 첫째 가능성은 "금 처럼"이라는 표현인 카차하브를 바로 앞의 단어, 즉 "시험하다/조사하다"라고 번역될 수 있는 단어인 빠하나니와 연결하여서 번역하는 것인데, 그렇게 하면, "When/if he examined/tested me like gold, I will go out"이라고 이해할 수 있다. 즉 "만약 그가 나를 금과 같이 자세히 살펴보신다면, 내가 나아갈 것이다" 혹은 "만약 그가 나를 금과 같이 시험해 보신다면, 내가 나아갈 것이다"이라고 번역할 수 있을 것이다. 둘째 가능성은 "금처럼"이라는 표현을 뒤에 따르는 단어인 에체와 연결시키는 것인데, 그렇게 된다면, "When/if he examined/tested me, like gold I will go out," 즉 "그분께서 나를 자세히 살펴보신다면/시험해 보신다면, 나는 금처럼 나아갈 것이다"라고 번역하는 것이다. 어떤 이들은 "금"이라고 하는 단어의 의미를 좀 더 구체화 시키기 위해서 순수하고 깨끗하다는 의미로 "정금"(개역한글) 혹은 "순금"(개역개정, 공동번역, 현대인의 성경)이라는 단어를 선택하기도 하고, 히브리어 원문에는 없는 표현이지만 표준 새번역처럼, "흠이 없다"[26] 는 단어를 넣기도 하고, 공동번역이나 현대인의 성경처럼, "깨끗하다"는 단어를 첨가해서 번역하기도 한다.

10절을, Because He knows the way that is with me; He has tested me that I will emerge like gold." 라고 번역해 주고 있다. http://www.chabad.org/library/bible_cdo/aid/16425/jewish/Chapter-23.htm. 2014년 8월 10일 접속.

26) 김기령은 이 부분을 "그가 나를 단련해 보신 후에는 내가 흠이 없는 정금같이 나올 것이다"라고 번역하여서, "흠이 없는"이라는 말을 첨가한다. 김기령, 『평신도를 위한 욥기 주석』(서울: 한들출판사, 2004), 190.

이렇게 히브리어 원문을 직접 번역해 보면서 발견하게 되는 두 가지의 중요한 부분을 정리하면 다음과 같다. 첫째, 한글개역에서 "그가 나를 단련하신 후에는"이라고 번역하고 있는 부분에서 "단련"이라는 단어는 히브리 단어는 "빠한"이라는 낱말인데 이 말은 "자세히 살펴보다," "조사해 보다," "시험해 보다," "증명되다"라는 뜻으로 번역될 수 있는 단어로 "훈련을 받다," "단련되다"라는 의미로 번역되기는 어려운 단어라는 것을 알게 된다. 즉 "그가 나를 단련하신 후에는"이라고 번역함으로써 어떤 "훈련," "연단," 혹은 "불순물을 제거하는 과정"이라는 의미로 해석하는 것은 이 단어의 뜻을 왜곡할 가능성이 많다는 것을 말해주고 있다. 이 표현은 "단련하신 후에는"보다는 오히려 "그가 나를 자세히 조사해 보신다면" 혹은 "그가 나를 시험해 보신다면"이라고 번역하는 것이 좀더 원문에 가까운 번역이 될 것이다.

　　둘째, "금처럼"이라는 표현을 앞의 단어와 연결하여서 "그가 나를 금처럼 시험/조사해 보신다면 나는 나아갈 것이다"라고 번역하든지, 뒤의 단어에 붙여서 "그가 나를 시험/조사해 보신다면 내가 금처럼 나아갈 것이다"라고 번역하든지, 그 뜻이 완전히 바뀌지는 않는다는 것을 알게 된다. 다시 말해 히브리어 원문을 직접 번역해 본다고 하더라도 "금처럼"이라는 표현을 앞 단어와 연결해야 하는지, 뒤에 따라오는 단어와 연결해야 하는지를 판단하기는 쉽지 않다. 번역자가 이 구절에 대한 이해를 바탕으로 어떻게 연결해서 이해할지를 결정해야 한다. 앞의 단어와 연결하게 되면 "시험하다" 혹은 "조사하다"라는 행동이 강조되고 있다고 이해된다. 하나님께서 욥을 시험해 보시되, 마치 어떤 사람이 금을 살펴보는 것처럼 자세히 조사해보는 행동 자체를 강조하고 있다. 만약 이 단어를 뒤에 나오는 단어와 연결한다면 "나아가다"는 단어를 강조하는 것으로 이해된다. 이렇게 "금처럼 나아간다"라고 번역한다면 이것이 1) 불순물을 제거하는 과정을 거친 정금처럼 "깨끗하게 되어" 혹은 "깨끗한 상태로" 나아가게 된다는 의미인지, 2) 상당한 가치를 가진 물질인 금처럼 "가치 있게" 혹은 "소중하게" 나아간다는 의미인지, 3) 잘 훈련이 되고 다듬어 져서 누구에게든지 쉽게 "쓰임 받을 수 있게" 되어 나아간다는 의미인지 혹은 하나님께서 "쓰실 만한 도구"가 되었다는 것인지, 아니면 4) "잘못한 것"이나 "흠이 없다는 인정을 받고" 나아간다는 의미인지 판단하는 것은 이 본문을 해석하는 사람의 구체적인 이해와 결단에 달려 있다.

4. 성경학자들의 해석과 성경번역

욥기 본문을 해석함에 전문적으로 구약성경을 연구하는 학자들이 어떤 의견을 제시하고 있는지 살펴보는 것이 필요하다. 먼저 욥이 당하고 있는 것을 "단련"으로 해석하고 선포하는 한국교회 강단에 익숙한 국내학자들의 의견을 먼저 살펴보자. 구약학자인 하경택은 이 구절을 다음과 같이 설명한다:

> 10절은 욥기 본문 가운데 한국교회에서 가장 크게 오해되고 오용되고 있는 구절 중 하나이다. 욥은 이 구절에서 하나님이 고난을 통해 자신을 연단하시어 "정금 같은" 믿음의 사람으로 세우실 것이라는 확신을 말하고 있다고 이해한다. 그러나 이러한 이

해는 히브리어 본문뿐 아니라 이 발언의 맥락을 제대로 파악하지 못한 결과다. 우선 10절 상반절에서 욥과 하나님이 얼마나 다른지를 서로 반대되는 그림을 통해 보여준다. 8~9절에서 말했듯이 욥에게는 하나님을 인식하는 것이 불가능하다. 그러나 하나님은 욥의 길을 정확히 아신다.... 그렇지만 하반절에서 다음과 같은 결론을 이끌어낸다: 그토록 자신을 잘 아는 하나님이 자신을 점검/시험하시더라도 자신의 깨끗함이 증명될 것이다. 여기에 사용되는 이미지는 불순물을 제거하고 금을 추출해내는 제련과정이다.... 금은 어느 문화권이나 순수함을 상징한다. 욥은 자신이 그러한 제련과정에서 정금처럼 나올 것이라고 말함으로써 순수성을 검사받는 하나님의 시험에서 자신이 반드시 합격할 것이라는 확신을 표명하고 있는 것이다. 이러한 욥의 확신은 11~12절에서 그 근거를 밝히고 있다. 왜냐하면 그는 하나님의 길을 벗어나지 않았고 하나님의 명령을 저버리지 않았기 때문이다.[27]

구약학자인 하경택은 이 구절이 "한국교회에서 가장 크게 오해되고 오용되고"있다고 표현하면서 문맥의 흐름을 제대로 파악하지 못하는 상황 속에서 이 구절이 해석되었기 때문이라고 설명한다. 그러면서 이 구절에서 말하려고 하는 바는 "순수성을 검사받는 하나님의 시험에서" 욥 "자신이 반드시 합격할 것이라는 확신을 표명"하고 있는 구절로 이해되어야 한다고 주장한다. 역시 구약을 전문적으로 연구한 민영진은 표준새번역 성경의 번역을 충실하게 인용함으

---

27) 하경택, 『설교자를 위한 욥기 연구: 질문과 응답으로서의 욥기 연구』(서울: 한국성서학연구소, 2006), 217-18.

로써 이 번역이 이해하고 있는 문맥이 옳다는 것을 인정하면서 자신의 해석을 전개한다.[28] 그렇다면 표준새번역의 내용을 좀더 인용해 보자. 욥기 23장 1절부터 12절까지의 번역이다.

1. 욥이 대답하였다.
2. 오늘도 이렇게 처절하게 탄식할 수밖에 없다니! 내가 받는 이 고통에는 아랑곳없이, 그분이 무거운 손으로 여전히 나를 억누르시는구나!
3. 아, 그분이 계신 곳을 알 수만 있다면, 그분의 보좌까지 내가 이를 수만 있다면,
4. 그분 앞에서 내 사정을 아뢰련만, **내가 정당함을 입이 닳도록 변론하련만.**
5. 그러면 그분은 무슨 말로 내게 대답하실까? 내게 어떻게 대답하실까?
6. 하나님이 힘으로 나를 억누르실까? 그렇지 않을 것이다. 내가 말씀을 드릴 때에, 귀를 기울여 들어 주실 것이다.
7. 내게 아무런 잘못이 없으니, 하나님께 떳떳하게 말씀드릴 수 있을 것이다. **내 말을 다 들으시고 나서는, 단호하게 무죄를 선언하실 것이다.**
8. 그러나 동쪽으로 가서 찾아보아도, 하나님은 거기에 안 계시고, 서쪽으로 가서 찾아보아도, 하나님을 뵐 수가 없구나.
9. 북쪽에서 일을 하고 계실 터인데도, 그분을 뵐 수가 없고, 남쪽에서 일을 하고 계실 터인데도, 그분을 뵐 수가 없구나.

---

28) 민영진, 『설교자와 함께 읽는 욥기』(서울: 한국성서학연구소, 2002), 172.

10. 하나님은 내가 발 한 번 옮기는 것을 다 알고 계실 터이니, **나를 시험해 보시면 내게 흠이 없다는 것을 아실 수 있으련만!**

11. 내 발은 **오직 그분의 발자취를 따르며, 하나님이 정하신 길로만 성실하게 걸으며, 길을 벗어나서 방황하지 않았건만!**

12. 그분의 입술에서 나오는 **계명을 어긴 일이 없고,** 그분의 입에서 나오는 **말씀을 늘 마음 속 깊이 간직하였건만!**[29]

표준새번역 성경의 번역은 욥이 자신의 결백을 주장하고 있다는 것을 분명하게 말해주고 있다. 4절에서 욥은 "내가 정당함을 입이 닳도록 변론"하겠다고 말하고, 7절에서는 "내게 아무런 잘못이 없으니"라고 고백한다. 하나님께서 자신의 이야기에 귀를 기울여 들어 주실 것인데(6절) 그렇게 자신의 말을 들으신다면 자신에 대해서 "단호하게 무죄를 선언하실 것"이라고 말하고 있다(7절). 그러나 문제는 하나님을 만나뵐 수 없다는 것이다. 동쪽, 서쪽, 남쪽, 북쪽 그 어느 방향을 돌아보고 찾아보아도 하나님을 찾을 수 없다는 것이 욥의 한계이며 답답함이다(8, 9절). 자신의 결백함을 확신하고 있는 욥은 하나님을 찾아서 만나려 하고, 이렇게 하나님을 찾으면 그 앞에서 자신에게 잘못이 없다는 것을 당당하게 주장하려고 마음을 먹고 있다.

욥은 자신이 하나님을 찾을 수 없기 때문에 하나님이 자기를 찾으실 것을 기대한다. 욥은 자신의 나아가는 길을 하나님께서 알고 계시기 때문에 자신을 자세하게 살펴보신다면 혹은 시험해 보신다

---

29) 강조는 첨가함.

면 자신에게는 아무런 "흠이 없다는 것을 아실 수" 있으실 것이라고 고백한다(10절). 이어서 11절과 12절에서는 자신이 결백하며 잘못한 것이 없다는 것을 여러 가지 표현으로 강조하고 있는데, 자신은 "오직 그분의 발자취를" 따랐으며 그분이 "정하신 길로만 성실하게" 걸음으로 길에서 벗어나지 않았고(11절) 특히 "그분의 입술에서 나오는 계명을 어긴 일이" 없다는 것을 강조한다. 계명을 어긴 일이 없을 뿐만 아니라 오히려 "그분의 입에서 나오는 말씀을 늘 마음속 깊이" 간직하고 있었다고 주장한다.

정리해 본다면, 구약성경을 전문적으로 연구하는 학자들과 표준새번역 성경은 욥기 23장에서 욥이 자신의 결백함을 주장하고 있음을 분명하게 보여주고 있으며 이런 문맥 가운데 10절의 표현을 이해해 본다면, 많은 목회자가 설교하는 것과 같이 본문이 "고난이라는 이름으로 찾아오는 연단과 훈련의 시간을 인내와 믿음으로 잘 극복해낸다면 정금과 같이 훌륭한 사람이 될 것이다"라는 뜻은 없다는 것을 분명히 알게 된다. 한국교회 내에서 일반적으로 알려진 것과 같이 욥기 23장 10절은 고난을 경험하고 있는 교인들을 위로하고 그들에게 희망을 주고 있는 욥의 위대한 신앙고백이 아니다. 이 본문은 오히려 욥이 자신의 결백을 강력하게 주장하면서, 하나님께서 허락하셔서 자신이 경험하고 있는 고난의 부당함을 말하고 있는 구절이다.

이런 문맥적인 흐름에 대한 이해는 여러 해외의 구약학자들이 제시하고 있는 욥기 23장 10절에 대한 해석과도 맥을 같이하고 있다. 젤랄드 윌슨(Gerald H. Wilson)은 이 구절을 해석하면서, 하나님께서 알고 계신 욥의 나아가는 길은 인생의 길이며 욥의 "인생은 하나님을 향해 있고, 그렇기 때문에 결백하다"고 설명한다. 이어서 "욥은 하나님께서 모든 것을 알고 계시기 때문에 자신의 삶이 하나님을 향하고 있다는 것을 분명히 알고 있으며, 따라서 자신의 의로운 행동을 확증해 주셔야만 한다고 생각하고 있다"[30] 고 풀이한다. 욥은 만약 하나님께서 자신을 시험해 보시되 금속을 뜨거운 불에 넣어서 불순물을 제거하는 과정처럼 시험해 보신다면, 자신이 얼마나 신실한 사람인가를 알게 되실 것이라는 확신이 있었다고 설명한다.[31] 이어지는 11절과 12절은 이런 욥이 자신이 얼마나 충실하게 하나님의 길을 따라 걸었는지를 설명하고 있는 구절들이라고 이해한다. 로버트 골디스(Robert Cordis)도 10절 후반절을 "그가 나를 시험해 보신다면 나는 금과 같이 순결하게(Pure) 나타나게 될 것이다"[32] 라고 번역하면서 욥이 자신의 결백을 주장하는 구절로 이해한다. 트렘퍼 롱만(Tremper Longman)은 이 욥기의 구절을 시편 139편과의 연관성 속에서 연구하고 있는데, 그의 설명에 의하면 시편 139편의 시인이 하나님 앞에서 자신의 마음속에 악한 것이 없다고 확신하고 있는 것과 같이 욥도 하나님께서 자신을 시험해 보시면 자신이 괜찮다는 것을 아실 것이라고 설명한다.[33]

이상에서 살펴본 여러 외국학자들의 의견도 앞에서 언급한 국

---

30) Gerald H. Wilson, *Job*(NIBC: New International Biblical Commentary; Peabody, MA: Hendrickson, 2007), 260.

31) 위의 책.

32) Robert Cordis, *The Book of Job: Commentary, New Translation, and Special Studies*(New York: Jewish Theological Seminary of America, 1978), 254.

33) Tremper Longman III, *Job* (Grand Rapids, MI: Baker Academic, 2012), 298.

내의 학자들과 표준새번역 성경에서 제시하고 있는 이해와 비슷함을 알 수 있다. 그렇다면 왜 이런 해석의 차이가 발생했을까? 여러 이유가 있을 수 있겠지만, 그 중에 가장 가능한 것은 한글 성경을 번역함에 있어 23장 10절에 나오는 "빠한"이라는 단어를 "자세히 조사보다" 혹은 "시험해 보다"라고 번역하는 대신 "단련하다"라고 번역함으로 인해 생겨난 것이라고 이해하는 것이다. 실제로 필자가 미국에서 유학하면서 구약과목을 수강하고 있던 다른 학생들에게 욥기 23장 10절이 "고난을 통해 연단을 받은 후에 정금과 같이 훌륭한 하나님의 일꾼으로 거듭날 수 있다"는 의미로 해석할 수 있는지를 물어본 일이 있었다. 같이 공부하던 많은 미국 학생들은 깜짝 놀라면서 어떻게 그런 해석이 가능할 수 있느냐고 되물어보던 기억이 있다. 아마도 그 학생들은 10절이 그렇게 해석되는 것을 들어본 일이 없었던 것 같다.

5. 정리 및 질문

이상에서 논의되었던 것을 몇 가지로 정리해 본다면 다음과 같다.

1) 논란이 되고 있는 욥기 23장 10절 후반절에 대한 히브리어 원문의 표현은 앞에서 언급한 두 가지의 해석 가능성, 즉 "그가 나를 금처럼 시험/조사해 보신다면 나는 나아갈 것이다"와 "그가 나를 시험/조사해 보신다면 내가 금처럼 나아갈 것이다" 모두를 가지고 있다.

2) 이 두 가지의 가능성 중 어느 경우이든 한국교회의 강단에서 자주 선포되는 것처럼 성도들이 불과 같은 고난과 시험을 통하여 믿음이 "단련"되며 그 결과로 정금과 같이 하나님께서 귀히 쓰시는 인물이 된다는 의미를 본문은 가지고 있지 않다. 이 본문은 성도들이 당하는 고난을 믿음으로 극복해야 한다는 메시지를 가지고 있지도 않고, 힘든 시험이 우리의 믿음을 연단하는 도구라는 의미도 지니고 있지 않다.

3) 그럼에도 불구하고 많은 한국 강단의 설교자들과 교인들이 이 본문에서 '시험을 통한 믿음의 성숙과 이를 통해 정금과 같이 쓰임 받은 삶'이라는 메시지를 발견하게 되는 것은 한글개역성경이 "단련하신 후에는"이라는 표현을 사용하였기 때문이다. 체력을 단련하고 심신을 단련하듯이 우리의 신앙이 단련되고, 우리의 믿음이 단련됨을 통해 더 강한 신앙, 더 강한 믿음을 가지게 되면 결과적으로 더 성숙한 신앙인이 될 것이라는 생각을 "단련"이라는 단어를 통해 하게 되었기 때문이라고 추론해볼 수 있다. 앞에서 살펴 본 것처럼 한글개역에서 사용하고 있는 "단련"이라는 단어는 원어의 의미에서 벗어나 있으며 표준새번역에서 사용하고 있는 "시험"이라는 단어가 좀더 원문에 가까운 표현이라고 결론내릴 수 있다. 그리고 이 "시험"이라는 단어는 "자세히 살펴본다", "정밀하게 조사한다"는 의미라는 것은 이미 설명되었다.

4) 결론적으로 말한다면, 이 구절을 통해서 욥이 말하고 있는 것은 자신의 결백을 주장하는 것이다. 공동번역에서 힌트를 주고 표준새번역에서 구체적으로 표현하고 있는 것과 같이, 그리고 여러 구

약학자들이 상세하게 풀이해 주고 있는 것과 같이 욥이 하나님 앞에서 자신의 정결함, 자신의 흠 없음을 표현하고 있는 것이라고 이해하는 것이 문맥의 의미에 맞는 해석이다. 자신이 하나님을 찾았으나 만날 수 없는 절망 가운데 있는 욥은 하나님께서 자신의 삶과 자신의 나아가는 길을 알고 계시기 때문에, 자신을 자세히 살펴보시고 시험해 보신다면 자신이 허물이 없다는 것을 알게 되실 것이라고 확신하고 있다. 그래서 그는 자신의 결백함을 표현하는 방법으로 "금"의 이미지를 사용하고 있다. 예로부터 정제된 금은 불순물이 없는 깨끗함을 나타내는 의미로 많이 사용되었기 때문에 욥도 이런 이미지를 사용해서 자신의 허물없음을 주장하고 있다.

5) 본문의 의미를 충분히 살려서 의역해 본다면, "하나님께서는 나의 나아가는 길을 분명히 알고 계시니 하나님께서 나를 시험해 보시고 자세히 살펴보신다면 내가 금같이 깨끗하여 흠이 없다는 것을 아실 것이다"라고 말할 수 있다.

욥기 23장 10절에 대한 이런 연구의 결과는 성경을 연구하고 가르치며 설교하고 있는 많은 목회자들과 신학자들로 하여금 여러 질문을 가지게 한다. 우리는 이런 주석적이며 본문 중심적인 의미와 목회현장에서 선포되고 교인들이 이해하고 있는 이 본문의 의미의 차이를 어떻게 이해할 수 있을까? 각 교회마다 다니면서 욥기 23장 10절은 고난을 믿음으로 이겨나가야 한다는 고난 극복의 메시지도, 시험을 통해 우리가 연단되고 나면 고귀한 정금과 같이 아름답게 쓰임 받게 될 것이라는 의미도 아니라고 이야기하고 다녀야 할까? 그렇게 한다고 해서 지금까지, 아니 지금 현재도 욥기의 이 말씀을 읽고 강단에서 선포하고 또 이렇게 선포된 설교를 하나님의 말씀으로 듣고 고난을 이겨낼 힘을 얻고 고통을 극복한 후에 정금 같이 쓰임 받는 인물이 되겠다고 결심하는 것 모두가 잘못이라고 말할 수 있을까? 김동호의 표현을 빌린다면 "은혜와 감동"이 "철저한 주석과 연구"보다 선행하는 이 구절에 대한 많은 설교와 해석을 우리는 어떻게 이해해야 할까? 성경본문의 원래적인 의미도 제대로 파악하지 못하고 설교를 작성한 "게으른" 설교자의 "치명적인 오류"로 치부하고 넘어가야 할까? 아니면 이런 설교자의 오류를 비판적인 분석도 없이 들리는 그대로 하나님의 말씀으로 인정하면서 "아멘"으로 받아들인 교인들의 무심함과 분별력 없음의 결과라고 생각해야 할까? 아니면, 욥기 23장 10절에 "단련"이라는 단어를 넣어서 번역한 한글개역 성경의 욥기 담당 번역자를 찾아서 "원죄"의 책임을 물어야 할까? 이렇게 누군가의 책임을 따지고 묻는다고 해서 이 문제가 해결될 수 있을까?

IV. 삶의 간절함과 성경읽기

논의를 좀더 진전시켜 보자. 한국교회의 중요한 지도자로 설교가로 활동하였고, 지금도 강단에서 말씀을 전하고 있는 김진홍이 신문사에 기고한 다음의 글을 한번 읽어보자.

나는 해마다 2월 23일이면 하루 동안 금식을 한다. 1974년 2월

23일부터 지키는 나 혼자만의 행사이다. 74년 2월 23일에 나는 서울구치소에 수감되어 있었다. 유신헌법 제1조를 위반하였다는 죄목으로 우리 일행 11명이 구속된 날은 74년 1월 17일이었다. 나는 그 날로 서울구치소에서 정치범들을 수감하는 독방에 수감되었다. 0.7평의 좁은 방이었다. 그런데 날마다 밤 9시경이면 중앙정보부 요원들이 나를 남산에 있는 정보부 건물의 지하실로 데려가 밤새 조사를 받곤 하였다. 그런데 2월 23일이었다. 그해 그날은 유달리 추운 날이었다. 정치범 독방엔 해가 들지 않는 응달 방이었다. 추위가 심하여지니 뼈를 뒤트는 듯이 통증이 왔다. 추위에 견디지 못한 나는 뛰다가 걷다가 찬송하다 추위를 이겨보려 온갖 노력을 다하였다. 오후 3시경 나는 좋은 아이디어가 떠올랐다. 성경을 펴고 성경 속에서 '불' 글자를 찾으며 추위를 견디려는 생각을 하였다. 나는 성경을 펴고 '불' 자를 찾기 시작하였다. 맨 처음 찾은 '불' 자가 출애굽기 3장에 나오는 모세가 호렙산 기슭에서 양떼를 돌보는 동안에 떨기나무에 붙은 불을 보고 거기서 이스라엘의 지도자로 부름 받은 장면이었다. 그렇게 시작하여 '불' 자를 찾아나가다 누가복음 12장 49절을 읽고 놀랐다. 나는 3대째 기독교 신자로 어머니 태에서부터 교회를 다닌 사람이다. 평생을 성경을 읽으며 지냈는데 이전에는 누가복음에 그런 구절이 있는지조차 모르고 지났다. "내가 세상에 불을 던지러 왔노니 그 불이 이미 붙었으면 내가 무엇을 더 원하리요" 이 구절을 읽고서부터 나는 무릎을 꿇고 두 손을 모아 간절히 기도드리기 시작하였다. "이 땅에 불 던지러 오신 예수님 지금 제가 너무 추워 견딜 수가 없으니 저에게 불 좀 던져 주시옵소서!" 이렇게 기도드리며 그 다음 '불' 자를 찾아나갔다. 사도행전 2장 1절에서 4절 사이에 나오는 오순절 성령의 불이 임하여 교회가 시작된 부분을 읽을 때에 온 몸이 뜨거워짐을 느끼게 되었다. 그리고 마룻바닥을 짚어보니 얼음장같이 차가운 마룻바닥이 마치 온돌방이 된 것처럼 따뜻하였다. 드디어 나는 하나님께서 내 기도를 들으시고 불로서 나와 함께 하심을 깨닫고 감격에 넘쳐 눈물을 흘리며 하나님께 감사드렸다. 하나님이 불로 그 방에 와 계심을 느끼며 방 모퉁이를 돌며 절하며 감사기도를 드렸다. 그날에 받은 은혜를 기리며 나는 해마다 2월 23일, 그날이 되면 하루를 금식하며 그날 받은 은혜를 되새기곤 한다. 그리고 자신을 반성하곤 한다. 젊은 날에 그런 은혜를 받았었는데 내가 그간 허튼 짓도 많이 하며 살았구나. 이제부터나마 잘 해야지 하는 다짐을 품곤 한다. 오늘 올해의 2월 23일을 맞았기에 다시 하루를 금식하며 40년 전 그날 받았던 은혜를 다시 되새기며 하루를 보낸다.[34]

이 글은 김진홍이 정치범 독방에 투옥되어 추운 겨울밤을 지내면서 경험하였던 것을 기술하고 있다. 독방에 갇힌 채로 너무도 극심한 추위로 인해 참을 수 없는 고통을 겪는 중에 성경을 폈고 "성경 속에서 '불' 글자를 찾으며 추위를 견디려는 생각"을 하였다고 고백한다. 성경을 읽어가며 "불"이라는 단어를 찾았고 또 기도했다고 말한다. "이 땅에 불 던지러 오신 예수님 지금 제가 너무 추워 견딜 수가 없으니 저에게 불 좀 던져 주시옵소서!" 김진홍은 성경에 묘사되어 있는 예수님 앞에 극한 추위로 인해 참을 수 없는 고통을 겪고 있

---

34) 김진홍, "[김진홍의 아침묵상] 2월 23일," http://www.christiantoday.co.kr/view.htm?id=261561. 2013년 2월 23일 접속.

는 자신의 모습을 내어 놓으며 간절히 기도하였다. 그가 성경을 펴서 읽은 것은 어떤 하나님의 음성을 듣기 위함이거나 성경의 진리를 진지하게 연구하려는 목적이 아니었던 것 같다. 그가 성경을 펴서 읽었던 이유는 분명하고 단순하다. 극한 추위로 인한 고통을 이겨내기 위해서였다. 그래서 그는 차례대로 성경을 꼼꼼히 읽어간 것이 아니라 "불"이라는 단어를 찾기 위해 성경의 페이지들을 넘겼고, 불이라는 단어를 발견하게 되면 그 단어를 중심으로 성경을 읽었다. 그렇게 "불"자를 찾아 읽다가 사도행전 2장에 이르게 되었다. 그리고, 2장의 첫 구절들을 읽어 가는 가운데 "온 몸이 뜨거워짐을" 느꼈을 뿐만 아니라 "얼음장같이 차가운 마룻바닥이 마치 온돌방이 된 것처럼 따뜻하였다"고 말하고 있다. 그는 이 체험을 통해 하나님께서 자신의 기도를 들으셔서 불로 함께 하신다는 것을 알게 되었고, 감사의 기도를 감격 가운데 드렸다고 고백한다. 정치범들이 수용되는 고독한 감옥에서 견딜 수 없는 추위 속에서 하나님의 은혜와 도우심을 갈망하는 마음으로 성경을 펴서 "불"이라는 단어를 찾아 읽었던 김진홍은 마침내 하나님의 임재하심을 뜨겁게 체험하게 되었고, 얼음장같이 차가웠던 감옥이 따뜻한 온돌방처럼 변하는 경험을 하였다고 설명해 주고 있다.

김진홍의 이 글은 설교문은 아니고 자신의 신앙적인 경험을 진술한 "간증문" 혹은 "고백문"이라고 할 수 있다. 하지만 이 글을 통해서 우리는 설교자를 포함한 많은 기독교인들이 하나님의 말씀인 성경을 읽고 묵상하는 모습을 어느 정도 엿볼 수 있다. 그것은 자신이 경험하는 고통스러운 상황 속에서 하나님의 은혜를 갈구하는 마음으로 성경을 펴서 읽는 것이다. 다시 말해 자신이 해결할 수 없는 고통스럽고 힘든 환경 속에서 하나님의 임재하심을 갈망하는 가운데 성경을 펼쳐든다. 혼자의 힘으로 극복해나갈 수 없는 위기의 현실 속에서, 하나님의 절대적인 은혜와 도우심이 간절히 필요한 상황속에서 그 간절함으로 하나님의 말씀인 성경에 시선을 고정하고 귀를 기울인다. 그리고 그 말씀 속에서 하나님의 음성을 듣길 원하고 도우심의 손길을 기대한다. 앞에서 언급한 것과 같이 많은 믿는 자들은 고통, 갈등, 위기와 같은 현실적 어려움 속에서 하나님의 말씀인 성경으로 나아간다. 그리고 그 성경을 읽음을 통해 하나님의 임재하심을 경험하며 내 삶에 역사하시는 하나님의 손길을 느끼게 된다.

하나님의 도우심에 대한 간절함 속에서 성경을 읽어나갈 때, 성경을 읽는 자세와 방식은 학자들이 자신의 연구실에서 성경을 대하는 그것과는 상당히 다르다는 것을 알게 된다. 이런 급박한 상황 속에서 성경을 읽으면서 성경이 저술될 때의 저자의 상황이나 본문을 쓰면서 저자가 의도하고 있었던 것 혹은 본문을 편집한 최종 편집자의 의도를 생각하며 읽을 수 있는 여유를 가질 수 없다. 더욱이 본문의 역사적인 배경을 살피거나 본문이 발생하게 된 "삶의 자리"(Sitz im Leben)를 고려하는 것은 더더욱 어렵다. 이런 상황 속에서는 본문이 자리하고 있는 문맥의 흐름을 파악하기 위해서 본문 앞과 뒤에 나오는 표현들과 사상들을 깊이 이해하는 것도 어렵다. 김진홍이 고백하듯이, 성경을 읽으면서 그의 관심은 오직 "불"이라는 단어에 있었다. 극심한 추위로 인해 견딜 수 없는 고통을 경험하면서 그는 오직 "불"이라는 단어를 찾으면서 성경을 읽었고, 마침내 사도행전 2장을 읽으면서 불로 임재하신 하나님을 체험하게 되었다. 하얀 종이 위에 검은 잉크로 기록되어 있는, 생명력 없는 활자로 남아 있는 하나님의 말씀이 아니라 자신의 삶을 송두리째 바꾸어 놓는 능력의 말씀으로 경험하게 되었다고 고백한다.

우리는 여기서 중요한 질문을 해보게 된다. 김진홍이 극한 상황 속에서 "불"이라는 단어에 집중하면서 구약과 신약의 여러 책들을 읽는 방법이 잘못되었다고 할 수 있을 것인가? 신학교에서 오랫동안 가르쳐온 "성경해석 방법"의 중요한 부분인 본문의 역사적인 배경을 살피고 저자의 본래적 의도가 무엇이었는지를 살펴보고, 가능한 한 히브리어나 헬라어 원문을 읽으면서 본문의 앞과 뒤를 분석하고 문맥의 흐름을 꼼꼼히 살펴봄을 통해 본문의 의미를 파악하는 작업을 진행하지 않고, 특정한 단어에 집중하면서 성경을 읽었다고 해서 그의 성경읽기가 완전히 잘못되었다고 판단할 수 있을까?

신학교에서 오랫동안 가르쳐왔고, 지금도 계속해서 가르쳐지고 있는 전통적인 성경해석 방법에 따라 성경을 읽지 않았음에도 불구하고 김진홍은 하나님의 임재하심의 은혜를 뜨겁게 체험하였고 고백하고 있다. 종이 위에 인쇄된 활자로 남아 있는 하나님의 말씀이 아니라 자신의 삶을 송두리째 바꾸어놓는 살아 있는 하나님의 말씀으로 체험하였고, 그 은혜와 감동을 잊지 않기 위해서 40년 동안 그날을 기억하며 개인적인 "기념일"로 지키고 있다고 말한다. 이런 김진홍의 성경읽기방식을 우리는 어떻게 이해해야 할까? 그저 극한 상황속에서 일어날 수 있는 지극히 개인적인 신앙체험이요 간증이라고 말하고 넘어가야 할까? 아주 특별한 경우에만 일어날 수 있고, 또 행해져야만 하는 예외적인 성경읽기 방식이라고 간주해야 할까?

아니면 일상적인 삶의 현장에서도 적용될 수 있고 이루어질 수 있는 성경읽기 방식중의 하나로 판단해야 할까?

V. 은혜와 감동이냐? 연구와 주석이냐?

앞에서 언급하였듯이 김동호는 자신이 "조각목"을 "조각조각 난 나무"로 이해하여서 설교한 것이 "주석보다 감동이 앞서서 실수한 대표적인 케이스"라고 언급하면서, "감동"이 "철저한 주석"의 뒷받침이 없으면 "엉뚱한 복음"을 전하는 "큰 문제"가 될 수도 있음을 이야기하였다. 김동호의 이런 주장에 기초해서 살펴볼 때 그리고 주석적인 관찰과 문맥적 연구의 시각으로 바라볼 때 욥기 23장 10절을 고난과 시련을 경험하고 있는 성도들에게 "이것은 곧 끝나게 될 훈련의 시간입니다. 금이 용광로를 통해 단련되듯이 인내와 믿음으로 이 훈련을 잘 이겨 나가신다면, 정금처럼 쓰임받는 훌륭한 믿음의 사람이 될 것입니다. 이런 의미에서 우리에게 다가온 고통은 축복입니다"라고 설교하는 것은 정말 "엉뚱한 복음"이 될 수 있다는 것을 살펴보았다. 이런 의미에서 욥기 23장 10절은 크게 "오해"되고 있고 심각하게 "오용"되고 있는 대표적인 구절이 될 것이다. 앞에서 잠시 언급한 것과 같이, 그렇다면 성경학자들은 각 교회를 다니면서 "여러분! 하나님의 말씀을 오해하였고 오용하고 있습니다. 회개하시고 각성하십시오. 욥기 23장 10절은 여러분이 생각하는 그런 은혜로운 구절이 아닙니다. 이 구절은 욥이 자신의 무죄를 강하게 주장하는 구절입니다. 하나님이 자신을 시험해 보신다면, 자세히 살펴보신다면 자신이 죄가 없다는 것을 분명하게 알게 될 것이라는 일종의 자기변명과 하나님을 향한 항변을 담고 있는 구절입니다"라고 외치고 다녀야 할까? 김진홍에게 조심스럽게 다가가 "목사님! 정치범 감옥 속에서, 그것도 극한 추위와 견딜 수 없는 고통 속에서 성경을 펼치시고 '불' 이라는 단어를 찾으셨고, 그렇게 하심을 통해 '불로 임재하신 하나님' 을 경험하신 것은 대단히 훌륭한 일이고 참 감동이 되는 일이지만, 목사님께서 그렇게 성경을 읽으시는 것은 상당한 문제가 있습니다. 철저한 주석과 학문적인 연구 없이 성경을 자의적으로 읽고 해석하는 것은 큰 문제를 만들 수 있습니다. 더욱이 차분하게 하나님의 말씀을 읽고 묵상하는 것보다 극적인 체험을 부추김으로 신앙의 모습을 위험하게 만들 가능성을 가지고 있습니다"라고 말해야 할까?

이런 질문과 생각들은 "무엇이 성경으로 하나님의 말씀이 되게 하는가?"라는 또 다른 질문으로 이어진다. 성경이 하나님의 말씀이 되는 것은 말씀이 활자의 형태로 기록되었다는 사실 자체로 하나님의 말씀이 되는지, 아니면 그 말씀을 읽음을 통해 하나님의 음성을 듣고 우리의 삶에 임하시는 하나님의 임재하심을 체험함으로 하나님의 말씀이 되는지 생각해 보아야 한다. 여기서 잠시 하나님의 말씀인 신약성경이 기록된 상황과 과정을 생각해보지 않을 수 없다. 과연 하나님의 말씀으로서 신약성경은 어떻게 쓰였고 어떻게 하나님의 말씀으로 인정되었는가? 이런 질문들에 대한 대답을 간단하게 살펴보자.

VI. 초대교회의 현실적 필요성과 신약성경의 문서화

1. 신약성경의 문서화와 교회의 필요성

우리가 잘 아는 대로 예수님의 행적과 말씀이 처음부터 책으로 기록되었던 것은 아니다. 예수님께서는 공생애 기간 동안 하나님 나라의 도래를 선포하셨으며, 하나님 나라의 백성으로서의 윤리와 삶(대표적인 예: 산상 보훈)에 대해 가르치셨다. 예수님께서 행하셨던 많은 기적은 종말론적 하나님 나라가 이 세상에 임재하기 시작하였음을 나타내는 행위였다고 이해할 수 있다. 앉은뱅이를 일으키시고 물고기 두 마리와 보리떡 다섯 개로 오천 명이 넘는 사람들을 먹이신 것은 하나님 나라의 새로운 질서가 이 땅 가운데 이미 시작되었다고 하는 예수님의 핵심적 가르침의 선언적 행위였다고 말할 수 있다. 다시 말해 예수님께서 선포하신 하나님 나라의 복음은 사람들의 귀에 들리는 말과 소리의 형태로 선포되었을 뿐만 아니라, 사람들이 자신들의 눈으로 직접 보고 자신들의 손으로 직접 만져보고 자신의 몸에서 일어나는 변화를 직접 느껴보고, 나누어 주시는 떡을 먹고 배불러 봄을 통해 직접 체험할 수 있는 형태로도 선포되었다는 것을 알 수 있다. 예수님께서 선언하셨던 하나님 나라는 머리로 이해되고 상상 속에서 그림 그려지는 그런 나라로만 머물러 있었던 것이 아니라, 삶의 현실 속에서 느껴지며 삶 속에서 일어나는 긍정적인 변화로 체험되는 그런 나라였다. 이 세상 속에서 하나님의 능력이 나타나는 새로운 질서였다. 하나님 나라의 도래는 어떤 철학적이고 화려한 언어를 통해서 아름답게 포장되어 나타나기보다는 평범한 삶의 현장에서 경험할 수 있는 비유를 통해서, 기적과 병 고침의 구체적인 사건을 통해서 체험되는 그런 것이었다.

예수 그리스도 복음의 핵심적인 사역이었던 하나님 나라 도래에 대한 선포와 종말론적인 새로운 질서의 수립은 제자들을 부르시고 훈련하시는 과정을 통해서 다음 세대와 연결되었다. 십자가와 부활 사건을 통해 예수님께서는 제자들에게 복음전파의 사명과 하나님 나라를 건설해 가는 임무를 맡기셨다. 십자가와 부활의 사건을 경험하였던 제자들은 예수님께서 부탁하신 이런 일들을 성실하게 수행하였다. 이런 복음전파 사역 가운데 많은 유대인들과 이방인들이 그리스도께로 돌아오게 되었고 초대교회가 시작 되었다. 우리가 가지고 있는 신약성경은 이런 예수님의 말씀과 사역의 내용들이 무엇이었는지를 분명하게 보여주고 있고, 예수님의 사역을 위임받은 제자들이 어떻게 복음을 전파하고 교회를 통해 하나님 나라를 확장해 나갔는지에 대해 구체적으로 증언해주고 있다.

그렇다면 신약성경은 어떻게 기록되었을까? 예수님께서 병자들을 고치시고 오병이어의 기적을 베푸실 때 누군가 붓을 들고 그 사건을 기록한 사람은 없었다. 다시 말해 예수님의 사역은 예수님 당시에는 기록되지 않았고, 제자들을 통해, 또는 예수님의 말씀을 직접 듣거나 예수님의 사역을 직접 보고 체험한 증인들에 의해 입에서 입으로 전해지는 구두전승(口傳, Oral Tradition)의 형태로 전달되었다. 그중에 어떤 것은 운율이 있는 찬송이나 기도문의 형태로 전달되었을 것으로 생각된다. 예를 들어 요한복음 1장에 나오는 "로고스 찬미송" 이나 빌립보서 2장에 소개되어 있는 "그리스도 찬미송"은 찬송의 형태로 초대교회의 예배시간에 함께 불렸을 것으로 생각된다. 그리고 고린도전서 11장에 나오는 성찬식에 대한 교훈은 초대교인들의 모임과 공동체 식사의 상황 속에서 자주 언급되었을 것으로 생각된다.[35]

이렇게 입에서 입으로 전달되던 전승은 초대교회의 교인들에 의해 문자로 기록됨으로 해서 문자전승(文傳, Written Tradition)의 시대로 이어지게 되었다. 구두전승의 시대가 마무리되고 문자전승의 시대가 열리게 된 이유에 대해서 학자들의 다양한 의견들이 있지만, 대표적인 것을 제시한다면 다음과 같은 네 가지로 설명될 수 있다.[36]

첫째, 재림의 지연이다. 예수님의 직접적인 가르침을 받았던 제자들과 초기의 그리스도인들은 예수님께서 곧 다시 오실 것이라고 믿었기 때문에 예수님의 행적과 말씀을 기록할 필요를 느끼지 못하였다. 책상 앞에 앉아서 예수님의 말씀을 기록으로 남기는 것보다 가능한 여러 곳을 다니며 복음을 전파하고 믿지 않는 사람들에게 예수 그리스도를 통한 하나님의 은혜를 알게 하는 것이 무엇보다 중요하고 급한 일이라고 생각하였다. "임박한 종말 의식"을 가지고 복음을 전파하였다. 하지만 예수님의 재림이 점점 지연되면서 예수님에 대한 전승을 기록하여 보관해야할 필요성이 생겨났다.

둘째, 예수님의 제자들과 예수님의 말씀을 직접 듣고 예수님의 행적을 직접 경험했던 첫 증인들(Eyewitnesses)의 죽음이다. 예수님

---

35) Paul J. Achtemeier, Joel B. Green, and Marianne Meye Thompson, *Introducing the New Testament: Its Literature and Theology* (Grand Rapids, MI: William B. Eerdmans, 2001), 68.

36) Mitchell G. Reddish, *An Introduction to The Gospels* (Nashville, Abingdon Press, 1997), 17-18.

께서 하신 말씀이 무엇인지, 예수님께서 직접 행하신 기적들이 무엇인가에 대한 논쟁이 초대교인들 간에 생겼을 때 해결할 수 있는 가장 확실한 방법 중의 하나는 예수님의 제자들을 찾아가서 그들에게 물어보고 대답을 얻는 것이었다. 하지만 예수님의 제자들이 하나둘씩 소천하고 예수님의 말씀을 직접 들었던 사람들도 그렇게 됨으로써 이제는 예수님께서 하신 말씀이 무엇이었으며, 행하신 이적들이 무엇이었는지를 좀더 분명하게 보여줄 수 있는 권위 있는 자료가 필요하게 되었다.

셋째, 새롭게 기독교인이 되는 사람들을 위한 교육자료의 필요성이다. 초기 그리스도인들의 선교적인 열심과 성령의 기름 부으시는 은혜를 통해 초대교회에는 새로운 신자들이 많이 들어오게 되었다. 예수님을 알지 못하는 유대인들과 복음을 듣고 회개한 이방인들이 교회로 오게 되고 새롭게 신앙생활을 하게 되면서 이들을 가르칠 수 있는 교재가 필요하게 되었다. 예수 그리스도를 주님으로 모시고 섬기는 교회가 믿는 것이 무엇이고 기독교인으로 살아가기 위해서 해야 할 일들은 무엇인지, 지금까지 살아왔던 방식과 기독교인으로 살아가는 것은 무엇이 다른 것인가? 등에 대한 구체적인 교육이 필요하게 되었는데, 이런 교육을 위한 권위 있는 자료가 절실하였다.

넷째, 기독교의 확장과 유사(類似) 가르침의 등장이다. 초기 복음전도자들의 왕성한 활동으로 복음의 전파가 활발해지면서, 팔레스틴 땅뿐만 아니라 수많은 로마 도시들에 기독교 공동체들이 생겨났고 다양한 가르침들이 이 공동체들 내에서 이루어지게 되었다. 이런 가르침 중에는 예수님의 가르침과 유사(類似)하지만 실제로 예수님의 말씀이 아닌 것을 예수님께서 하신 말씀으로 가르치는 일들도 일어나게 되었고, 이는 초대교회 내에 혼란을 야기하였다. 여기에 더해서 영지주의를 비롯한 여러 이단 사상들의 등장은 이러한 혼란을 가중시켰다. 이런 초대교회의 어려움을 극복하기 위해서는 예수님께서 직접 하셨던 말씀, 직접 행하셨던 행적에 대한 기록이 필요하게 되었다.

이런 초대교회의 필요성들을 채우는 방법으로 등장한 것이 신약성경의 문서화라고 할 수 있다. 다시 말해 초대교회의 형성뿐만 아니라 성장과 확장으로 인한 목회적, 선교적, 교육적, 신학적 필요가 먼저 존재하였고, 이런 필요를 충족시키는 중요한 방편으로 시도된 것이 예수님의 말씀과 행적에 대한 구체적인 기록이었다. 이런 초대교회의 현실적인 필요만이 신약성경 문서화의 이유가 된 것은 아니라 할지라도, 이런 현실적인 필요가 문서화의 중요한 동기가 된 것은 부인할 수 없다. 이런 논의를 구체적인 예를 통해서 좀더 발전시켜 보자.

a. 누가복음 서론

먼저 누가복음에 나오는 구절들을 구체적으로 살펴보는 것이 필요하다. '누가'는 자신의 복음서의 도입부분에서 이렇게 증언한다. "우리 중에 이루어진 사실에 대하여 처음부터 목격자와 말씀의 일꾼된 자들이 전하여 준 그대로 내력을 저술하려고 붓을 든 사람이 많은지라. 그 모든 일을 근원부터 자세히 미루어 살핀 나도 데오빌로 각하에게 차례대로 써 보내는 것이 좋은 줄 알았노니 이는 각하가 알고 있는 바를 더 확실하게 하려함이로다"(눅 1:1-4). '누가'는 먼저 "우리 중에 이루어진 사실에 대하여"라고 언급하고 있는데, 이는 예수 그리스도의 삶과 사역에 대한 기록이 어떤 허구적 상상을 통해서 이루어진 것이 아니라 역사적인 사실에 기초하고 있음을 분명히 말하고 있다. 다음으로 누가는 "처음부터 목격자와 말씀의 일꾼된 자들이 전하여 준"이라고 말한다. 이것은 구두전승의 단계가 있었음을 분명하게 표현해 주고 있는데, 예수 그리스도의 가르치심과 사역을 입에서 입으로 전하여 준 사람들은 예수님의 사건들을 직접 목격한 사람들과 복음을 전파하기 위해서 각지로 흩어진 일꾼들이었다는 것을 말해준다. 복음의 열정이 있었던 그들은 문자로 기록하는 일보다는 입으로 예수그리스도의 삶과 사역을 증언하는 일에 집중하였다는 것을 알려준다.

'누가'는 이어서 "내력을 저술하려고 붓을 든 사람이 많다"고 언급한다. 즉 복음전파자들이 전해준 내용을 문자로 기록하려고 시도한 사람들이 많이 있었다는 것을 말해준다. 이 표현은 구두전승의 시대가 지나가고 문자전승의 시대가 시작되는 단계가 있었음을 분명하게 알려 주고있다. 위에서 자세하게 설명한 것과 같은 이유들로 인해 많은 사람들은 자신들이 목격한 것이나 복음전파자들로 부터 전해들었던 내용들을 기술하기 위해서 펜을 들었다는 것을 알게 된다. 누가도 그런 증언들을 기록으로 남기려고 노력한 사람들을 알고 있었으며, 그런 기록의 내용을 일부 알고 있었음을 암시하고 있다. 그리고 자신도 그렇게 전해들은 내용을 적으려고 하는데, 자신은 "그 모든 일을 근원부터 자세히 미루어 살폈다"고 말함을 통해 자신이 상당한 관심과 열정을 가지고 예수님의 생애와 말씀과 사역들에 대해서 연구하였음을 밝히고 있다. 또 그 "근원부터"라고 언급함을 통해 일어난 순서와 차례대로 조사하는 방식으로 접근했다는 것을

알려 주고 있으며, 누가의 이런 접근 방식은 자신의 복음서를 기록
하는 방식에도 깊은 영향을 끼쳤다는 것을 알게 된다.

'누가' 는 자신이 기록하고 있는 복음서의 수신자와 기록 목적
을 분명하게 알려주고 있는데, 그 수신자는 데오빌로이다.[37] 이렇게
수신자를 밝힘을 통해 자신이 구체적인 인물을 마음에 두고 있었을
뿐만 아니라, 자신이 복음서를 기록해야 하는 구체적인 필요성과 목
적이 있었음을 밝히고 있다. 누가는 자신이 들었던 증언들과 자신
의 연구 결과를 기록하는 목적이 "이는 각하가 알고 있는 바를 더 확
실하게 하려 함이로다" 라고 설명한다. 누가는 이 데오빌로라는 사
람을 "각하"[38] 라는 칭호를 사용해서 언급하고 있는데, 이 단어를 통
해서 우리는 데오빌로가 로마 황제의 임명을 받아서 한 지역을 다스
리고 있었던 로마의 고위관료로서 상당한 정치적인 힘을 행사하였
으며 사회적 영향력을 발휘하고 있었던 사람이라고 생각해볼 수 있

---

37) 누가복음의 수신자로 기록되어 있는 데오빌로가 누구였는가에 대해서 학자들은 몇
가지 의견을 제시한다. 첫째 입장은 데오빌로는 실존했던 구체적인 인물이며, 예수
그리스도를 믿게 된 로마의 고위관료였다고 생각한다. 둘째 입장은 데오빌로가 한 개
인을 가리키는 말이 아니라 예수 그리스도를 믿는 하나님의 사람들이라는 일반 명사
라고 생각하는 입장이다. 데오빌로(Θεόφιλος)라는 이름은 두 가지로 분석이 가능한
데, 첫째는 하나님이라는 뜻의 데오스(θεός)와 친구라는 뜻의 필로스(φίλος)가 합쳐
진 말로 "하나님의 친구"라고 해석하는 것이다. 이렇게 될 때 이 단어는 한 개인이 아
니라 예수 그리스도를 통해 하나님의 친구가 된 사람들을 가리키는 말이 된다. 둘째
는 하나님이라는 뜻의 데오스(θεός)와 사랑하다는 뜻의 동사 필레오(φιλέω)가 합쳐
진 단어로 이해하는 것이다. 이럴 경우 또 두 가지로 이해가 가능한데, "하나님의 사
랑을 받는 사람"이라는 의미와 "하나님을 사랑하는 사람"이라는 의미가 가능하다. 둘
중 어느 경우든, 예수 그리스도를 통해 허락된 하나님의 사랑을 받고 또 그렇게 사랑
하시는 하나님을 사랑하는 사람이라고 생각할 수도 있다. 이런 관점에 따르면, 데오
빌로는 어떤 특정한 인물을 가리키는 말이 아니라, 하나님의 사랑을 입고 하나님을
사랑하는 믿는 자들을 가리키는 일반명사로 이해할 수 있는 가능성을 가지게 된다.
38) "각하"라고 번역된 헬라어 단어는 크라티스토스(κράτιστος)이다. 이 단어의 문자적
인 뜻은 "최고로 뛰어난" 혹은 "가장 존귀한"이라는 뜻인데, 로마제국 하에서 이 단
어는 황제의 임명을 받아 각 지방도시의 재정과 행정을 총괄하는 직책인 행정장관
(procurator)을 가리키는 말로 자주 사용되었다.

다. 누가는 이런 고위관료였던 데오빌로가 누군가가 전해준 복음을 듣고 예수 그리스도를 믿게 되었다는 것을 알고 있었으며, 이 사람이 믿고 있는 것이 확실하다는 것을 구체적인 자료를 통해 분명하게 만들 필요가 있다고 생각하고 있었던 것이 분명하다. 누가가 느끼고 있었던 이 현실적 필요성에 대한 직접적인 언급은 없지만, 그가 사용하고 있는 표현들을 통해 유추해 볼 수 있다.

당시 로마황제의 신임을 받던 고위관료였던 데오빌로는 복음전파자의 전도를 받고 예수 그리스도를 믿는 "초보 신자"가 되었다. 로마의 고위관료였던 데오빌로가 예수를 믿는자가 된 것은 핍박받는 작은 공동체에 불과했던 기독교인들에게 상당한 중요성을 가질 수 있는 사건이었다. 하지만 어느 날 기독교를 좋아하지 않는 어떤 로마인이 와서 데오빌로에게, 예수가 십자가에 달려 죽은 죄인이었다는 것을 강조한다. 로마제국 당시 십자가형은 정치적으로 심각한 죄를 지었거나 나라를 뒤엎으려는 반역죄를 지은 죄인들을 처형하던 끔찍한 방법이었다. 초보 신자이면서 로마의 고위관료였던 데오빌로에게 자신이 구원주로 믿는 예수가 반역죄를 지은 죄인으로 십자가에 달려 처형되었다고 하는 것은 상당히 부담스러운 일이 되었을 것이며, 자신이 배워서 알고 있었던 것이 사실이 아닐 수도 있다는 의심의 마음이 생겼을 수 있다. 이런 데오빌로의 상황을 파악하고 있었던 누가는, 혹은 그런 상황을 알고 있었던 사람으로 부터 이야기를 전해 들었던 누가는, 예수 그리스도에 대해서 들어서 알고 있었던 부분들과 자신이 직접 연구한 결과물들, 그리고 자신에게 전해진 문헌자료(예를 들어 마가복음) 등을 참고하면서 예수님의 생애와 사역들을 차례대로 상세하게 기술하여 데오빌로를 도와줄 필요를 느꼈다.

특히 누가는 예수님께서 십자가에 달리셔서 운명하시는 장면에 많은 노력을 기울이고 있는 모습을 볼 수 있다. 마가복음과 마태복음과 비교해 볼때 누가가 특히 신경을 많이 쓰고 있는 모습은 예수님께서는 십자가에 달릴 만한 죄를 지은 죄인이 아니라는 것이다. 예를 들어 누가는 예수님의 오른쪽과 왼쪽에 세워진 십자가에 달린 "행악자"들이 나눈 대화를 기록하고 있는데, 이런 대화는 마가복음과 마태복음에는 없는 장면이다. 이 행악자 중의 하나가 예수님을 비방하자 다른 쪽에 있는 행악자가 이렇게 말한다: "우리는 우리가 행한 일에 상당한 보응을 받는 것이니 이에 당연하거니와 이 사람이 행한 것은 옳지 않은 것이 없느니라 하고"(눅 23:41). 누가는 예수님께서 옳지 못한 일을 했기 때문에 십자가에 달린 것이 아니라는 것을 십자가에 달린 행악자의 입을 통해 말하고 있다.

이런 누가의 의도는 로마의 군인인 백부장의 입을 통해서도 고백된다. 예수님께서 운명하시는 순간 그 장면을 보고 있었던 백부장이 고백한다: "이 사람은 정녕 의인이었도다"(눅 23:47). 누가복음에 기록되어 있는 백부장의 고백은 다른 복음서에 나오는 것과 상당한 차이를 보이고 있다. 마가복음에서 백부장은 "이 사람은 진실로 하나님의 아들이었도다"(막 15:39)라고 고백하고 있고, 마가를 자료로 가지고 있었다고 생각되는 마태복음도 비슷한 고백을 전해주고 있는데 "이는 진실로 하나님의 아들이었도다"(마 27:54)이다. 마가와 마태는 모두 예수님께서 "진실로 하나님의 아들"이셨다는 것을 강조하고 있다. 마태와 같이 마가복음을 자료로 가지고 있었을 것으로 생각되는 누가는 이 부분을 자신의 목적에 따라 수정한다. 누가는 예수님께서 하나님의 아들이셨다는 것 보다 죄인이 아니라 의인이었다는 사실이 더 중요하다고 판단했던 것 같다. 그래서 그는 백부장의 입을 통해 "정녕 의인이었다"고 선언한다. 누가가 이런 편집적 수정을 가했던 것은 로마의 고위관료였던 데오빌로에게 예수님은 다른 사람들이 음해하는 것처럼, 로마 정부를 뒤엎을 반역죄를 공모한 대역 죄인이 아니라 옳은 일만을 하신 "진정한 의인"이었다는 것을 분명히 알려줄 필요가 있다고 판단했기 때문이다. 누가는 이렇게 예수님의 죽으심을 죄 없는 의인의 정의로운 죽음으로 묘사함을 통해 데오빌로의 신앙이 흔들리지 않게 할 뿐만 아니라, 오히려 그 배운바가 확실하다는 것을 증명해 주기 위한 목적으로 누가복음을 작성하고 있다는 것을 알게 된다.

b. 요한공동체의 상황

요한복음을 생산해낸 요한 교회의 모습을 살펴보는 것도 좋은 예가 될 수 있다. 요한공동체가 경험하고 있었던 가장 중요한 종교적, 사회적 현실은 유대교 회당으로 부터의 "출교"였다고 많은 학자들은 생각한다. 요한복음에서 세 번(요 9:22; 12:42; 16:2) 사용되고 있는 "출교"(excommunication)라는 의미의 헬라어 단어, 아포쉬나고고스(ἀποσυνάγωγος)를 통해 요한공동체가 직면하고 있었던 어려움을 구체적으로 설명한 사람은 J. 루이스 마틴(J. Lois Martyn)이다. 마틴의 설명에 의하면 십자가에 달리신 예수님을 구약에서부터 예언되었던 "그 메시아"로 믿는 유대인들은 유대교 회당안에서 자신들만의 모임을 형성해나가기 시작하였다. 이런 "믿는 유대인"들의 모임은 처음에는 회당내에 있는 다른 유대인들, 즉 예수 그리스도를 메시아로 받아들이지 않는 유대인들과 비교적 큰 갈등이 없이 지냈을 가능성이 많다. 하지만 시간이 지남에 따라 "믿는 유대인들"은 "믿지 않는 유대인"들과의 갈등을 경험하게 되고 이런 갈등은 점점 커져서, 결국 유대교 회당으로 부터 쫓겨나는 "출교"를 경험하게 되었다.[39] 이렇게 유대교 회당으로부터 쫓겨난 "믿는 유대인"들의 일부는 예수님의 "사랑받는 제자"(요 13:23; 19:26; 20:2; 21:20)를 중심으로 새로운 공동체를 형성하게 되었는데 이들이 요한공동체였다. 물론 모든 "믿는 유대인"들이 한꺼번에 출교된 것은 아니었다. 일부의 "믿는 유대인"들은 그리스도를 향한 신앙을 숨긴 채로 여전히 회당을 중심으로 한 "믿지 않는 유대인들"속에 섞여 살아가면서 "비밀제자"가 되었던 것으로 생각된다.[40]

유대회당에서 출교되어 "사랑받는 제자" 중심으로 형성되었던 요한공동체가 경험하고 있었던 어려움 중의 하나는 정체성과 관계되어 있었다.[41] 요한공동체의 구성원들은 자신들이 오랫동안 소속되었던 유대교 회당으로 부터 쫓겨남으로써 자신들이 가지고 있었던 소속감을 상실하게 되었고, 오랫동안 관계를 이어온 사람들로 부터의 단절은 그들의 불안감을 증폭시켰다. 이런 요한공동체의 구성원들은 자신들이 믿고 따르고 있는 예수 그리스도에 대한 정체성을

---

39) J. Louis Martyn, *History and Theology in the Fourth Gospel* (3rd ed.; Louisville & London: Westminster John Knox Press, 2003), 47-49.

40) R. Alan Culpepper, *The Gospel and Letters of John* (Interpreting Biblical Texts; Nashville: Abingdon Press, 1998), 56-57.

41) 쿨페퍼(Culpepper)는 요한공동체가 직면하고 있었던 어려움들을 좀더 다양하게 서술하고 있는데, 이런 어려움들은 외적인 어려움과 내적인 어려움으로 크게 구분해 볼 수 있다. 외적인 어려움은 유대인 회당에서 강력한 영향력을 행사하고 있었던 바리새인들의 핍박뿐만 아니라 회당에서 쫓겨난 "믿는 유대인"들 중에 요한공동체와는 다른 믿음의 공동체를 형성한 사람들과의 갈등이 있었다고 설명한다. 내적인 어려움으로는 먼저 요한공동체의 중심점 역할을 하였던 "사랑받는 제자"의 죽음으로 인한 혼란을 비롯하여 시간이 흐름에 따라 "실현된 종말론" 혹은 "선재 기독론"과 같은 중요한 신학적 질문에 대한 다양한 의견이 일어나게된 것이다. 위의 책, 58-61.

분명하게 제시함으로써, 자신들의 정체성에 대한 문제들을 해결해 가려고 노력하였던 것이 아닌가 생각해볼 수 있다. 이러한 공동체적 노력은 요한복음의 독특한 표현인 "에고 에이미"(Εγώ είμι) 즉 "나는 … 이다"라는 표현이 사용된 본문들(요 6:35; 8:12; 10:7, 11-15; 11:25-26; 14:6; 15:1-5)을 형성하게 되었던 것이 아닌가 한다. 다시 말해 유대회당으로 부터 "출교"됨으로 인해 소속감의 혼란을 경험하고 있었던 요한공동체의 구성원들은 메시아이신 예수 그리스도의 정체성을 분명히 함을 통해 자신들이 경험하고 있었던 문제에 대한 해답을 얻으려고 노력하였다. 즉, 요한공동체의 현실적인 필요를 충족시키는 중요한 방법의 하나로 이루어진 것이 요한복음의 문서화였다고 말할 수 있다.

c. 바울서신-갈라디아서의 경우

바울서신의 경우도 비슷하다고 생각해볼 수 있다. 우리가 잘 아는 대로 바울은 지중해연안의 여러 도시를 다니면서 복음을 전파하고 교회를 개척하였다. 한 지역에서 교회를 개척하여서 목회하다가는 다른 도시로 옮겨가서 또 복음을 전하고 교회를 세우는 것이 바울의 목회적, 선교적 방법이었다. 다른 지역에서 선교하다가 이전에 자신이 개척하여 세웠던 교회에 어려움이 있고 그 교회가 직면한 문제들을 해결하기 위해서 목회적, 신학적 가르침이 필요하다고 판단되었을 때 바울이 택했던 방식은 편지를 써서 보내는 것이었다.

갈라디아서를 예로 들어보자. 바울이 개척해서 건실하게 세웠던 갈라디아교회에 일단의 무리들이 도착하였다. 이들은 할례와 율법의 중요성을 강조하는 "복음"을 갈라디아인들에게 가르쳤는데,

이 "복음"으로 인해 갈라디아인들 사이에 갈등이 생기게 되었고 갈라디아교회에는 정체성 혼란이 생겨났다. 이런 소식을 전해들은 바울은 갈라디아 교인들에게 편지를 써서 자신이 가르쳤던 복음의 내용이 무엇이며, 할례와 율법에 대해서 어떻게 이해해야 하는지에 대해서 설명하고 갈라디아인들의 참된 정체성이 무엇인가를 자세하게 묘사한다.[42] 그리고 "다른 복음"을 전함으로 갈라디아 교인들을 "육체를 따라 난 자" 즉 "여종의 아들"로 만들려는 자들을 쫓아낼 것을 주문한다(갈 4:30).

정리해 본다면, 갈라디아서는 율법 준수와 할례를 강조하는 "다른 복음"을 전한 전도자들로 인해 생겨난 갈라디아교회의 혼란과 그 혼란을 극복하려는 바울의 목회적 노력의 결과로 생겨난 것이라고 이해할 수 있다. 갈라디아교회가 경험하고 있었던 내부적 갈등과 분열의 모습은 바울의 적극적인 개입이 필요하였다. 다시 말해 갈라디아교회의 위기의 상황은 누구가의 도움이 절실히 필요한 상황이었다는 것이다. 누군가를 통해 갈라디아교회가 겪고있는 어려움을 전해들은 바울은 이 교회를 바른 복음의 가르침 위에 다시 세워야 하는 목회적 필요성을 절감하게 되었다. 바울은 자신이 갈라디아 교인들에게 전해준 복음을 폄하하고, 갈라디아 교인들에게 율법 준수와 할례를 강조한 사람들에게 저주를 선포하면서 감정적으로 흥분한 상태에서 펜을 들어 급히 편지를 쓰고 있음을 알 수 있다. 바울은 갈라디아교회를 바로 세우기 위해서 즉각적이면서도 적극

---

42) 바울은 다양한 표현을 통해 갈라디아 교인들의 정체성을 설명해주고 있는데 "아브라함의 자손들" (갈 3:7); "하나님의 아들들" (갈 3:26); "그리스도의 것" (갈 3:29); "약속대로 유업을 이을 자" (갈 3:29); "자유로운 여인의 자녀" (갈 4:31); "하나님의 이스라엘" (갈 6:16) 등이다.

적인 개입이 필요하다고 판단하고 있었던 것이 틀림없다. 이런 측면에서 볼 때 서신으로서의 갈라디아서는 갈라디아교회의 현실과 바울의 적극적인 개입의 필요성이라는 중요한 요인으로 인해 작성된 것이라고 이해할 수 있다. 어려움에 처한 갈라디아 교인들에게 바른 복음의 내용을 다시 한번 가르쳐 줌을 통해 주님의 몸된 교회를 바른 방향으로 인도하려는 바울의 목회적 노력의 결과물이 갈라디아서라고 이해할 수 있다.

2. 신약성경과 교회의 현실적인 필요

바울이 작성한 다른 여러 서신들도 그 수신자와 수신하는 교회의 형편들이 각각 달랐음에도 불구하고, 쓰이게 된 동기는 비슷한 부분을 많이 가지고 있다. 각 교회가 처한 여러 어려움은 바울로 하여금 목회적 돌봄이 필요하다고 느끼게 하였고, 직접 교회들을 방문하여서 교회의 방향을 이끌어 줄 수 없었던 바울은 펜을 들어 자기 생각을 정리하여 각 교회들에 편지 형식으로 보냄으로 목회적 지도력을 발휘하였다. 이렇게 작성된 바울서신들은 신약성경의 문전 전승 시대의 문을 여는 계기가 되었다. 많은 성경학자들이 인정하는 것처럼 50년을 전후하여 데살로니가전서가 쓰이면서[43] 신약성경은 본격적으로 기록되기 시작하였다고 이해할 수 있다. 바울서신의 경우 특정 교회에 보내졌던 편지는 이후에 다른 초대교회들에게도 보

---

43) Gordon D. Fee, *The First and Second Letters to the Thessalonians* (Grand Rapids, MI: William B. Eerdmans, 2009), 4–5; Robert Jewett, *The Thessalonian Correspondence: Pauline Rhetoric and Millenarian Piety* (Philadelphia: Fortress Press, 1986), 59–60.

내져서 공적인 모임에서 읽혔던 것으로 이해할 수 있는데, 히브리어 성경의 헬라어 번역본인 70인 역[44]을 하나님의 말씀으로 읽고 이해하고 있었던 많은 초대교회에서 바울의 편지는 또 다른 형태의 하나님 말씀으로 이해되기 시작하였다.

바울이 자신의 편지를 하나님 말씀의 권위를 가진 경전으로 인정하라고 요구한 적은 없지만, 한 가지 분명하게 요구한 것이 있었는데 그것은 자신의 편지를 공적인 모임에 참여한 사람들에게 읽어주라는 것이었다. 사도 바울은 데살로니가 교회에 편지를 보내면서 이렇게 요구한다: "내가 주를 힘입어 너희를 명하노니 모든 형제에게 이 편지를 읽어주라"(살전 5:27). 바울의 이 명령은 초대교인들이 공적인 예배로 모였을 때 자신의 편지를 참여하는 사람들에게 읽어주라고 하는 요구로 이해할 수 있는데, 이런 요구는 초대교회의 예배형태에 대한 정보를 전해준다.

첫째, 공적인 예배나 모임 시간에는 낭독자가 청중들을 위해서 바울의 서신을 큰 소리로 읽었다는 것을 알려준다. 이렇게 서신을 읽어주는 가운데, 쉽지 않은 표현이나 어려운 신학적 내용들 혹은 좀더 강조되어야 할 부분들은 낭독자 혹은 모임의 인도자가 구체적으로 설명했을 가능성이 크다. 초대교회가 공적인 예배 중에 바울의 서신을 낭독하였다는 것을 보여주는 또 다른 구절은 골로새서 4장 16절이다: "이 편지를 너희에게서 읽은 후에 라오디게아인의 교회에서도 읽게 하고 또 라오디게아로부터 오는 편지를 너희도 읽으

---

44) 천사무엘, 『신구약 중간 시대의 성서해석: 예수시대 전후의 유대교 성서해석』(서울: 대한기독교서회, 2014), 85-103.

라." 이 구절은 초대교회가 바울의 서신을 공적 모임에서 낭독했을 뿐만 아니라 그 서신은 초대교회들 사이에서 회람(回覽)되곤 하였다는 것을 알려 준다. 다시 말해 한 교회에 보내진 바울의 서신을 그 교회 공동체가 여러 번 읽고 묵상하고 나름대로 그 의미를 이해한 후에는 다른 교회로 보내어졌다. 그리고 그 서신을 전해받은 교회는 공적 예배모임에서 전해받은 그 서신을 낭독하였다.[45] 그리고는 다른 교회에 그 서신을 보냄으로써 초대교회들이 바울의 서신을 돌려가면서 읽었다는 것을 알려 준다. 이런 과정들이 반복되면서 초대교회 교인들은 바울의 편지를 통해 하나님의 음성을 듣게 되었고 그 경전적인 가치를 인정하게 되었다고 이해할 수 있다.

이렇게 공적인 예배모임에서 읽히기도 하고 필요한 설명이 더해져서 전달되었던 바울서신은 초대교회들에게 가장 중요한 문서인 신약성경으로 점점 발전되어 가게 되었다. 초대교회들은 파피루스나 양피지로 만든 두루마리 형태의 성경 혹은 우리가 현재 사용하고 있는 책의 고전적인 모습이라고 할 수 있는 사본(Codex)의 형태로[46]

---

45) 초대교회가 공적인 예배 가운데, 교회 앞으로 보내진 서신을 읽었다는 표현은 요한계시록에도 나온다. 계시록 1장 3절은 "이 예언의 말씀을 읽는 자와 듣는 자와 그 가운데에 기록한 것을 지키는 자는 복이 있나니 때가 가까움이라"이라고 말한다. 이 구절에서 "읽는 자"는 단수로 표현되어 있는 반면, "듣는 자"는 복수로(호이 아쿠온테스, οἱ ἀκούοντες) 표현되어 있는 부분에 주목하면서 이필찬은 그 당시의 예배 상황을 이렇게 설명한다: "읽는 자에게 어떤 특별한 의미를 부여하여 어느 특정한 사람만이 이를 읽을 수 있고 해석할 수 있다고 하는 것은 올바른 해석이 아니다. 그것은 그 당시의 예배 형태가 한 사람에 의해 성경이 읽혀지고 나머지 사람들은 그것을 듣고 행하도록 구성되어 있으므로 읽는 자는 단수로, 듣고 행하는 자들은 복수로 표현하는 것이다." 이필찬, 『요한계시록: 내가 속히 오리라』 서울: 이레서원, 2006, 40.

46) 메쯔거는 상대적으로 사용하기 불편했던 두루마리 성경이 좀더 편리한 형태인 사본 (Codex) 성경으로 바뀌어 가기 시작한 시기가 1세기말 혹은 2세기 초였을 것으로 생각한다. 메쯔거에 의하면 코텍스는 두루마리보다 여러가지 면에서 유익하였는데, 1) 복음서뿐만 아니라 바울서신을 포함한 신약성경 전체를 한번에 묶을 수 있었고; 2) 찾고 싶은 부분을 쉽게 찾을 수 있었으며; 3) 양면에 글을 쓸 수 있었기 때문에 생산

된 성경을 공적 예배시간에 낭독하는 것으로 하나님의 말씀을 듣고 체험하였다. 이렇게 공적인 모임에서 읽혔던 성경의 내용 중에서 이해가 쉽지 않았던 부분은 예배를 인도하는 사람이나 성경을 읽어주던 사람에 의해서 알기 쉽게 풀이되고 해석됨으로써 설교의 형태로 발전하게 되었다고 이해해 볼 수 있다. 이렇게 시작된 설교는 2000년이 지난 21세기 한국교회에서도 가장 중요한 예배의 요소로, 선포되는 하나님의 말씀으로, 구체적인 삶의 현장에서 매일 살아가고 있는 교인들이 먹고 살아가는 영적인 양식으로 발전하였다.

여기서 다시 생각해 보아야 하는 중요한 부분은 하나님의 말씀인 신약성경이 작성됨에 있어 중요한 역할을 하였던 것은 각 믿음의 공동체들이 처해 있었던 역사적, 정치적, 사회적, 종교적 상황이었으며, 신약성경의 많은 책들이 이런 상황 속에서 생겨난 현실적 필요성들을 충족하거나 적절하게 응답하기 위해서 기록되었다는 것이다. 이런 측면에서 생각해 본다면, 성경은 초대교회 공동체의 필요성을 충족시켜주는 "유용한" 하나님의 선물이었다. 성경의 기록과 관련되어서 자주 언급되는 구절은 디모데후서 3장 16절이다: "모든 성경은 하나님의 감동으로 된 것으로 교훈과 책망과 바르게 함과 의로 교육하기에 유익하니." 여기서 "유익하니"라는 단어에 주목해 볼 필요가 있다. 한글개정 번역에서는 이 단어가 16절의 마지막에 있지만, 사실 이 단어는 16절의 앞부분에 위치하고 있다. 잠시 헬라어 원문을 옮겨 본다면 "πᾶσα γραφὴ θεόπνευστος καὶ ὠφέλιμος πρὸς…"이다. "그리고"로 번역될 수 있는 카이(καὶ) 앞부

단가를 낮출 수 있었다. 부루스 M. 메쯔거, 강유중, 장국원 옮김, 『사본학: 개정증보판』(서울: 기독교문서선교회, 1999), 16–17.

분은 "모든 성경은 하나님의 감동으로"라고 번역될 수 있는데, 이 표현에 대해서는 뒷부분에서 상세히 설명하도록 하겠다.

여기서 주목하고자 하는 것은, 카이 바로 뒤에 나오는 단어인 오펠리모스(ὠφέλιμος)이다. 이 단어는 "이익이 되는" 혹은 "유익하니"라고 번역될 수 있다.[47] 이 단어의 의미를 살려서 헬라어 원문을 직역해 보면 "하나님의 감동으로 된 모든 성경은 유익하다. 가르침에 있어, 책망함에 있어, 교정함에 있어, 의로 훈련함에 있어"라고 번역될 수 있다. 다시 말하여 디모데후서의 증언에 의하면, 초대교회의 리더들이 판단하기에 성경은 교회의 목회적 활동의 중요한 부분인 교인들을 훈육하고 가르치고, 때로는 책망을 통해 바른길로 인도하는 일에 대단히 유용하다는 것이다. 다시 말해 교회 공동체 내에 있는 교인들 혹은 새로 공동체에 가입하는 사람들을 교육하고 양육할 필요성이 있었던 교회 리더들에게 있어 성경은 대단히 훌륭한 교재 혹은 지침서의 역할을 하였으며 이것이 교회에 큰 유익을 주었다는 것이다.[48] 신약성경이 "정경"으로 인정받게 되는 "정경화" 과정에서도 초대교회가 경험하고 있었던 여러 가지 문제들을 해결함에 있어 중요한 역할을 했다는 점이 영향을 끼쳤음을 미루어 볼 때,[49] 성경이 초대교회와 신앙생활에 중요한 규범인 정경으로서의

---

47) 오펠리모스(ὠφέλιμος)는 디모데전서 4장 8절과 디도서 3장 8절에서도 사용되고 있는데, 개역성경에서는 모두 "유익하니"라고 번역되어 있다.

48) Brad Braxton, *Preaching Paul* (Nashville: Abingdon Press, 2004), 25-43.

49) 신약성경의 정경화 과정과 이런 과정에서 일어났던 중요한 사건들, 그리고 초대교회가 경험하고 있었던 문제들에 대해서는 다음의 연구서들을 참고하라. 민경식, 『신약성서, 우리에게 오기까지』(서울: 대한기독교서회, 2008); 아더 G. 팻지아, 서인선역, 『신약성서의 형성』(서울: 기독교문서선교회, 2004); 박형용, 『신약정경론』(합동신학대학원출판부, 2002); 남홍진, 『성서는 어떻게 형성되었는가?: 성서가 우리 손에 이르기까지』(서울: 예루살렘, 2001); 브루스 M. 메쯔거, 이정곤역, 『신약정경형성사』

권위를 얻는데 있어 교회의 현실적인 필요들을 충족시켜주는 역할은 상당히 중요한 부분을 차지하고 있었음에 틀림없다.

VII. 하나님의 말씀으로서의 성경

1. 성경이 하나님의 말씀이 되는 이유

앞에서 제시했던 문제로 다시 돌아가보자. 무엇이 성경으로 하여금 하나님의 말씀이 되게 하는가? 구약 39권과 신약 27권의 작은 책들이 함께 묶여 또 다른 하나의 책을 형성하고 있는 것을 우리는 성경이라고 부른다. 이 성경이 하나님의 말씀이 되는 이유는 무엇일까?

첫째, 성경이 하나님의 말씀이 되는 것은 이 책을 통해서 초월자이신 하나님께서 시간적 공간적 역사적 한계 속에 사는 우리 인간들에게 자신을 계시하시기 때문이다. 이것을 성경의 "계시성"이라고 말할 수 있다. 유한한 존재인 인간들이 초월적 존재이신 하나님을 알 수 있는 길은 하나님께서 자신을 스스로 드러내어 보이시는 계시를 통해서인데, 이 계시의 통로가 성경이다. 그래서 인간들은 성경을 읽음을 통해 하나님의 음성을 듣게 되며 하나님을 알게 되고 하나님을 경험하게 된다. 성경을 면밀하게 읽어보면 성경의 많은 내

_____

(서울: 기독교문화사, 1993).

용들이 하나님을 만나고 하나님의 은혜를 경험하였던 사람들에 대한 이야기이다. 이런 이야기들을 통해 우리들은 하나님께서 어떻게 인간들에게 찾아오시며 인간들의 삶에 역사하시는지를 이해하게 된다. 또한 성경은 하나님이 어떤 분이신가를 알게 하는 내용으로 가득 차 있다는 것을 깨닫게 된다. 성경은 이 세상을 창조하시는 하나님, 이 세상의 역사를 주관하시고 다스려 가시는 하나님, 인간의 삶에 깊이 개입하시는 하나님, 죄인들을 용서하고 다시 품어 주시는 하나님, 인간의 죄악을 정죄하시고 벌을 내리시는 하나님, 마지막 때 온 세상을 심판하실 하나님의 모습을 보여주고 있다. 초월자이시며 인간의 이해범위를 넘어 존재하시는 하나님께서 인간들이 이해할 수 있는 언어와 표현으로 자신의 모습을 나타내주고 계신 것이 성경이기에, 사람들은 성경을 읽고 묵상함을 통해 하나님을 알아가게 되고, 그 음성을 듣게 된다. 이런 의미에서 성경은 하나님 계시의 가장 중요한 수단 중의 하나이다.[50]

둘째, 성경이 하나님의 말씀이 되는 것은 "하나님의 감동"으로 기록되었고 해석되고 있기 때문이다. 이것을 성경의 "영감성"이라고 말하기도 한다. 성경은 하나님의 영이신 성령의 감동으로 저작되었으며 해석되고 있기 때문에 하나님의 말씀이 되었다고 설명할 수

---

50) 하나님의 계시의 방법을 "특별계시"와 "일반계시"로 나누어서 이해하려고 하는 사람들도 있다. "일반계시"는 "자연계시," 혹은 "근원적 계시"라고 표현되기도 하는데, 성경이 주어지기 전부터 하나님께서는 인간들에게 자신을 계시하셨다는 것을 말하는 것으로, 일반적으로 "자연," "양심," "역사"를 통해 나타내신다고 이해한다. 이런 "일반계시"를 말하는 사람들은 로마서 1장에서 바울이 말하는 것을 자주 언급하는데, 로마서 1장 20절에서 바울은 하나님의 "영원하신 능력과 신성"이 하나님께서 "만드신 만물에 분명히 보여 알려졌다"고 고백하고 있다. 다시 말해 하나님께서 만들어 놓으신 만물을 통해서도 하나님께서는 자신을 계시하시고, 인간은 그 창조물들을 통해 하나님을 알 수 있는 길이 열려 있다. "특별계시"는 하나님께서 특별한 방법으로 자신을 인간들에게 보여주시는 것을 말하는데, 성육신 하신 예수 그리스도를 통한 계시가 대표적이라고 말할 수 있으며, 예수 그리스도의 생애와 삶을 구체적으로 기록하고 있는 성경이 이런 특별계시의 통로가 된다고 이해하고 있다.

있다. 앞에서 잠시 살펴본 디모데후서 3장 16절을 다시 한번 분석해 보자. 이 구절은 "모든 성경은[51] 하나님의 감동으로 된 것으로"라고 말씀하고 있다. 여기서 "하나님의 감동으로"라고 번역된 헬라어는 데오프뉴스토스(θεόπνευστος)라는 단어인데 신약성경에서는 유일하게 이 구절에만 쓰이고 있다. 이 단어는 "하나님께서 호흡하신"(God-breathed), "하나님에 의해서 영감을 받아" 혹은 "하나님의 영감으로 인해" 정도로 번역될 수 있다. 이 표현은 성경이 하나님께서 직접 쓰신 것 이라기보다는 하나님께서 주시는 영감을 받은 저자들에 의해서 쓰였다고 이해할 수 있다. 성경이 다양한 저자에 의해서 다양한 언어적, 시간적, 공간적, 역사적, 문화적 환경 속에 기록되었다 할지라도 하나님의 영이신 성령의 감동하심이 작용했다는 것을 말하고 있다.

성경이 "하나님의 감동"으로 되었다는 말을 듣고 어떤 이들은 성경의 저자가 동굴이나 높은 산과 같은 특별한 장소에서, 무아지경과 같은 어떤 신비롭고 몽롱한 상태에서 하나님께서 불러주시는 영적인 음성을 듣고 들리는 것을 그대로 받아 적었다고 생각할 수도 있다. 특히 출애굽기 31장 18절 "여호와께서 시내산 위에서 모세에게 이르시기를 마치신 때에 증거판 둘을 모세에게 주시니 이는 돌판이요 하나님이 친히 쓰신 것이더라"는 말씀과 신명기 4장 13절 "여

---

51) 디모데후서 3장 16절에서 말하고 있는 "모든 성경"(파사 그라페, πᾶσα γραφὴ. 헬라어 표현 그대로의 뜻은 "모든 기록된 것"이다)은 기본적으로 구약성경을 가리키고 있다고 이해하는 것이 자연스럽다. 왜냐하면 디모데후서가 기록될 때까지 아직 신약성경이 정경으로서의 권위를 인정받지 못하고 있었기 때문이다. 비록 이 구절에서 말하는 성경이 구약성경을 가리키는 것이라 하더라도, 후에 성경으로 인정된 신약성경을 이해함에 있어서도 이 구절은 중요한 역할을 하고 있다고 생각되기 때문에 성경 기록의 "영감설"을 이야기할 때 이 구절이 대표적으로 사용된다.

호와께서 그의 언약을 너희에게 반포하시고 너희에게 지키라 명령하셨으니 곧 십계명이며 두 돌판에 친히 쓰신 것이라"는 말씀에서 공통적으로 쓰이고 있는 "친히 쓰신 것이라"는 표현을 생각할 수 있다. 하나님께서 시내산 위에서 모세에게 십계명을 주시면서 돌판 위에 직접 글을 써서 주셨던 것처럼 성경도 하나님께서 직접 써 주셨다고 생각할 수도 있고, 성경의 저자들에게 써야할 내용을 일일이 자세히 불러주셨다고 생각할 수도 있다. 하나님께서 성경을 기록한 저자들에게 직접 말씀하셨을 뿐만 아니라 기록해야 할 내용들을 직접 보여주셨다는 언급들도 우리는 어렵지 않게 발견할 수 있다. 하지만 이런 경우가 성경의 모든 기록들, 특히 신약성경의 모든 부분에 적용될 수 있는 것은 아니다. 다시 말해, 신약성경의 저자들은 하나님께서 직접 혹은 천사와 같은 대리인을 통해 불러주신 계시의 내용을 수동적으로 받아적는 그런 "대필자"로서의 역할에 머물러 있었던 것이 아니다.

신약성경의 저자들은 바울과 같은 개인이 되었든지, 요한공동체와 같은 단체가 되었든지 치열한 삶의 현장 속에서 온전한 정신과 바른 이성적 판단 가운데 하나님의 말씀을 기록하였다고 생각해야 한다. 그들은 치열한 삶의 현장 속에서 경험하는 여러 도전들과 어려움들을 극복하기 위해서 하나님의 지혜를 간구했고, 성령의 강한 역사하심을 통한 하나님의 사랑을 체험함을 통해 성경을 집필하였다. 바울도 다메섹으로 올라가는 길에 "사울아 사울아 내가 어찌하여 나를 박해하느냐?"(행 9:4)는 하나님의 음성을 직접 들었고, 이후에 그의 서신을 작성할 때에도 하나님의 음성을 들었다는 것에는 의심의 여지가 없다. 하지만 더 중요한 부분은 매일의 삶 속에서 경험하는 일들을 영적인 눈으로 바라보고 성령의 도우심을 의지하며 자신에게 허락하신 하나님의 말씀을 떨리는 마음으로 기록하였다는 것이다. 바울은 자신이 개척하여 세웠던 교회들이 경험하고 있었던 어려움들을 해결하기 위해, 그 교회를 하나님께서 기뻐하시는 믿음의 온전한 공동체로 세우기 위해 몸부림 쳤고 그런 노력의 결과로 서신들을 작성하였다.

바울을 포함한 신약성경의 많은 저자들은 자신이 하나님의 말씀인 성경을 집필하고 있다고 생각하지 않았다. 그들은 자신이 속한 믿음의 공동체를 하나님 앞에 바로 세우기 위해서 최선을 다하였으며, 이런 과정 가운데 성령께서 주시는 영감과 여러 필요성에 따라 펜을 들어 글을 썼는데, 이것이 시간이 지난 후에 하나님의 말씀으로 인정받게 되었다. 신약성경의 저자들은 누군가가 불러주는 내용을 적은 "대필자"가 아니라 자신이 보고 듣고 연구하고 생각한 것을 성령의 지혜와 인도하심 가운데 적극적으로 기록한 "저술가"이며 전해받은 문헌들을 자신의 신학에 따라 창조적으로 재구성한 "편집가"의 역할을 하였다고 이해할 수 있다. 지금 신약성경에 있는 많은 책들, 특히 복음서들은 자료의 수집과 편집, 기록과 수정의 과정들을 거쳐서 현재의 모습을 가지게 되었다는 것을 학자들은 밝혀주고 있다.[52] 이런 측면에서 볼 때 하나님께서는 부족한 인간에게 은혜와

---

52) 요한복음을 연구하는 학자들은 요한의 복음서가 현재의 모습으로 발전되어 오면서 여러 단계를 거쳤다고 생각하며, 가장 초기에는 "이적자료"(Sign source)라고 명명된 기적과 관련된 자료들이 있었으며, 점차로 예수님의 말씀과 가르치심의 자료들이 수집 보완되면서 점차 발전해 나갔다는 의견을 제시하고 있다. Raymond E. *Brown*, *The Gospel according to John* (AB 29; New York: Doubleday, 1966), xxix; R. Alan. Culpepper, *The Gospel and Letters of John* (IBT; Nahsville: Abingdon Press, 1998), 39; D. Moody Smith, *John* (ANTC; Nashville: Abingdon Press, 1999), 28.

지혜를 주셔서 하나님의 말씀인 성경을 기록하는 거룩한 일을 감당하게 하셨고 선택하신 사람의 언어적, 문화적, 경험적, 역사적 상황까지도 사용하셔서 거룩한 일을 감당하는 창조적인 도구로 사용하셨다는 것을 알게 된다.

신약성경이 기록된 일련의 과정에 성령께서 역사하셨다고 우리는 믿고 있으며, 동일하신 성령께서 우리가 삶의 구체적인 현장 속에서 성경을 펴서 읽고 묵상할 때 역사하심을 알고 있다. 성경의 저자들이 성경을 기록할 때 성령의 감동하심을 받은 것처럼, 21세기 대한민국에서 사는 우리 믿는 자들이 매일의 삶 속에서 하나님의 말씀을 펴서 읽을 때 성령께서는 우리에게 지혜를 주셔서 깨닫게 하시고 귀를 열어 듣게 하시며 영적인 눈을 떠서 보게 하시고, 우리의 삶에 깊이 개입하시는 하나님을 체험케 하신다. 이것이 성령의 인도하심이며 하나님의 감동하심이다.

셋째, 성경이 하나님의 말씀이 되는 것은 이 거룩한 책을 통해 인간이 하나님의 음성을 듣고 하나님의 임재하심을 경험하는 "영적 만남의 통로"가 되기 때문이다. 초월적 하나님께서 자신을 계시하시는 통로로서의 성경은 성령의 감동하심의 역사로 인간이 하나님의 은혜를 체험하는 거룩한 도구가 되기 때문에 하나님의 말씀이 되는 것이다. 그저 하얀 종이 위에 바울의 사상이 문자로 촘촘히 기록되어 있는 책이 여러 권 함께 묶여있는 자체로만으로 하나님의 말씀이 되지는 않는다. 우리의 손에 들려진 오래되고 두꺼운 책인 성경이 하나님의 말씀이 되는 것은 이 성경을 읽고 묵상함을 통해 우리의 삶에 함께 하시는 하나님을 경험하게 되기 때문이다. 성경 안에 계시된 하나님의 뜻은 성령의 감동하심을 통해 우리에게 전달되고, 성경에 기록된 언어들이 우리의 귀를 통해 들려올 때 우리의 삶의 현장으로 찾아오셔서 우리에게 말씀하시는 하나님의 음성으로 들리게 된다. 때로는 우리의 아픈 상처를 싸매어 주시는 하나님의 치유하심을 경험하게 되고, 잠든 우리의 영혼을 흔들어 깨우시는 하나님의 손길을 경험하게 된다. 성경이 하나님의 말씀으로 우리에게 다가오는 것은 이 책을 통해서 우리 인간들이 하나님을 만나고 체험하고 경험할 수 있기 때문이다.

2. 인간적인 한계와 성령의 역사

성령께서 주시는 지혜를 따라 성경을 읽고 묵상할 때 우리는 인간적인 연약함을 경험할 때가 자주 있다. 이것은 마치 성경을 필사하던 초대교회의 많은 필사자들의 실수와 인간적인 한계에도 불구하고 하나님의 말씀이 온전히 전달되어 온 것과 비슷한 면을 가지고 있다. 본격적인 신약성경 연구를 시작하면서 배우는 여러 연구방법 가운데 본문비평(textual criticism)이라는 연구방법이 있다. 본문비평은 신약성경이 처음 기록되었을 때의 단어와 표현을 찾기 위한 연구방법이다.[53] 다시 설명하면, 우리가 현재 가지고 있는 수많은 필사본들을 비교 분석하는 과정을 통해 어떤 단어와 어떤 표현이 정말 처음 신약성경이 기록되었을 때 사용되었는지를 밝혀내는 대단히 복잡하고 전문적인 지식과 기술이 요구되는 연구방법이다. 이런 과정

---

53) 강성열, 오덕호, 정기철, 『설교자를 위한 성서 해석학 입문』(서울: 대한기독교서회, 2002), 200.

을 통해 신약성경의 원래적인 표현을 찾으려는 노력을 기울이는 것은 우리가 현재 가지고 있는 신약성경은 소위 말하는 "원본"이 아니기 때문이다. 현재 우리가 사용하고 있는 성경은 "원본" 신약성경을 옮겨적은 필사본(Manuscript), 그리고 그 필사본의 필사본, 또 그 필사본의 필사본이라고 생각되기 때문이다.[54] 이렇게 신약성경의 원문을 찾으려는 방법론을 배우고, 또 다른 여러 연구방법(신학교에서는 이를 "비평방법론"이라고 자주 부른다)을 배우고 익히게 되면서 깊이 깨닫게 되는 것이 몇 가지 있다.

첫째, 하나님의 말씀인 성경을 초대교회의 필사자들이 얼마나 소중히 다루었는지, 또 그것을 정확하게 옮겨적기 위해서 얼마나 수고하였는지를 배우게 된다. 인쇄술이 발달되어 있지 않았던 초대교회에서 성경을 가질 수 있는 유일한 길은 손으로 옮겨적는 것이다. 파피루스나 혹은 동물의 가죽을 가공한 양피지를 만들고, 만들어진 양피지나 파피루스에 한 자 한 자 성경의 내용을 옮겨적는 일은 대단히 오랜 시간과 고통스러운 수고를 해야하는 작업이었다. 이런 고통스러운 과정을 기쁨으로 감당한 사람들이 있었기에 많은 초대교회가 성경을 가지게 되었다.

둘째, 이런 노력에도 불구하고 많은 의도하지 않는 실수들이 발생하게 되었다는 것을 알게 된다. 학자들의 연구에 의하면 때로는 의도적으로 어떤 단어나 표현을 바꾼 경우도 있었다고 생각되지

---

54) 지금까지 발견된 신약성경 사본 가운데 가장 오래된 것은 파피루스 사본인 P52이다. 요한복음 18장 31~33절과 37~38절의 일부가 포함되어 있는 이 사본은 1934년에 세상에 알려졌고 쓰여진 연대는 주후 125년경으로 추정되고 있다. 장동수, 『신약성서 사본과 정경』(대전: 침례신학대학교 출판부, 2005), 49.

만,[55] 많은 경우 인간적인 한계의 결과로 이루어진 비의도적인 실수들이다. 최선을 다해서 한 자 한 자 정성을 들여서 필사하였음에도 불구하고 많은 실수가 발생하게 되었다. 이렇게 생겨난 것들, 즉 원문과는 조금 다른 형태로 변형이 이루어지게 된 것을 전문적인 표현으로는 "이문"(Different reading)이라고 한다. 의도하지 않았다 하더라도 필사과정에서 이런 이문들은 자주 발생하게 되었는데, 어떤 이들을 이런 이문들이 계속 발생함으로 인해 현재 우리가 가지고 있는 신약성경은 원본과는 상당한 차이가 있는 것으로 생각하는 사람도 있다.[56] 하지만 성경의 원문을 연구하는 학자들은 이런 이문들로 인한 변형은 미미한 정도였으며, 신약성경의 원문은 훌륭하게 보존되어 우리에게 전달되었다고 생각한다.[57] 참으로 놀라운 것은 여러 인간적인 실수와 의도된 것이든 의도되지 않은 것이든 크고 작은 이문들이 존재해 왔음에도 불구하고, 지금 우리의 손에 들려 있는 성경은 하나님의 말씀으로 우리에게 하나님의 음성을 들려주고 있으며 우리로 하여금 우리의 삶에 찾아오셔서 우리를 은혜의 보좌 앞으로, 구원의 길로 인도하시는 하나님의 긍휼하심을 경험하기에 조금도 부족함이 없다는 것이다.

더욱이 우리 한국의 그리스도인들이 주로 읽고 묵상하는 성경은 신약성경이 처음 기록될 때 사용되었던 코이네 헬라어가 아니라 한글로 된 성경이다. 전문적으로 성경을 번역하는 사람 중에는 "번

---

55) 이런 의도적 왜곡 혹은 변경에 대해서는 바트 어만, 민경식 역 『성경 왜곡의 역사: 누가, 왜 성경을 왜곡했는가』(서울: 청림출판, 2006)를 참고하라.

56) 바트 어만, 강주헌 역, 『예수 왜곡의 역사』(서울: 청림, 2010).

57) Daniel B. Wallace, ed., *Revisiting the Corruption of the New Testament: Manuscript, Patristic, and Apocryphal Evidence* (Grand Rapids, MI: Kregel, 2011).

역은 반역이다"는 표현을 가끔 사용할 만큼, 헬라어로 된 성경을 한국어로 번역하는 과정 중에서 많은 단어들이 언어적 차이에 의해서 "변형"되기도 하고, 때로는 심지어 "왜곡"되었다고 할 만큼 다른 느낌과 어감을 주는 표현들로 기술되기도 하였다는 것을 부인할 수 없다. 같은 언어였던 헬라어를 사용하여서 신약성경을 필사하는 과정에서도 많은 이문이 생겨났다는 것을 이해한다면, 전혀 다른 언어로 번역됨에 있어 이런 "변형"들이 있었다는 것은 충분히 공감하고도 남음이 있다. 이것은 다음 장에서 좀더 구체적으로 설명하게 될 초대교회와 한국교회 사이에 자리하고 있는 언어적, 시대적, 문화적 한계와 관련되어 있다.

하지만 이런 한계들이 한국어로 번역된 성경이 한글을 사용하는 한국인들에게 하나님의 말씀으로 역사하는 것을 막지는 못했다. 한국교회의 역사에 영롱하게 빛나고 있는 순교자 주기철도, 인간의 한계를 그리스도의 사랑으로 극복한 사랑의 원자탄 손양원도, 현대 한국교회의 아버지로 추앙받는 한경직도 모두 한글로 번역된 성경을 읽었고 그 성경을 통해 하나님의 음성을 들었고 한국교회를 향한 하나님의 뜻을 이해하고 선포하였으며 위대한 믿음의 지도자로서의 삶을 살아갔다. 이것이 성령의 역사이고 하나님의 말씀으로서의 성경의 위대함이다. 하나님께서는 인간의 한계와 연약함이 고스란히 묻어 있는 헬라어 필사본 성경을, 또 그 필사본을 전혀 다른 언어인 우리말로 번역한 한글성경을 통해 우리 대한민국의 교인들에게 다가오셨고 친히 말씀하신다. 이것이 성경이 기록될 때 역사하셨던 하나님 영감의 결과이며, 또 21세기 대한민국에서 신앙생활하는 우리들이 성령의 도우심을 간구하며 성경을 펴서 읽을 때 역사하시는 감동하심의 역사이다. 이런 하나님의 임재하심과 성령의 감동하심의 역사는 지금도 계속되고 있다.

VIII. 다시 욥기 23장으로

이상의 논의를 마음에 품고 앞에서 언급한 욥기 23장 10절의 번역과 해석에 대한 부분을 다시 한번 생각해보자. 분명 욥기의 본문을 "고난을 통한 믿음의 단련"으로 해석하는 것은 원래 욥기가 기록될 때 사용된 히브리어 표현의 의미를 변형시킨 것으로, 심지어 왜곡한 것으로 이해할 수 있다. 이런 변형이 한글개역성경의 욥기를 번역한 분의 "사려 깊지 못한" 단어선택의 결과로 야기된 것일 수도 있다. 하지만 이런 인간적인 실수까지도 하나님의 은혜의 도구로 쓰일 수 있지는 않은지 생각해본다. "시험하다" 혹은 "자세히 조사하다"라고 번역되어야 할 단어가 누군가의 "실수"로 혹은 의도적인 판단의 결과로 "단련하다"라는 단어로 번역되었고, 그렇게 번역된 단어는 본문에 나오는 "금"이라는 단어와 합쳐지면서 금을 단련하는 과정과 연결되었고, 이를 통해 "금이 불속에서 연단됨으로 불순물이 제거되듯이 고난을 통해 우리의 믿음도 삶도 단련되고 그 결과 하나님께서 쓰시기에 좋은 정결하고 가치있는 인생이 된다"는 은혜로운 메시지가 생겨나게 되었다고 생각해볼 수 있다. 한글성경의 번역과정에서 생긴 이 작은 "실수들"로 인해 "무엄하게도" 하나님 앞에서 자신의 결백함을 당당하게 호소하고, 하나님으로 부터 자신의 죄 없음을 인정받으려는 욥의 당돌한 언어가 수많은 한국의 교인들에게는 하나님의 위로와 희망을 전달하는 믿음과 치유의 메시지로 바뀌게 되었다고 생각한다면 너무 지나친 억측이 될 것인가? 신학교에서 배운 방식대로 성경을 차분하고 체계적으로 읽으면서 본문의 문맥과 배경을 충분히 고려하는 가운데 묵상하지 않고, 극심한 추위를 이겨내기 위한 구체적인 목적을 가지고 "불"이라는 단어에 집착하면서 성경을 읽어내려간 김진홍의 성경읽기를 자신의 욕구와 원하는 것을 성경읽기에 집어넣은 성경읽기, 즉 "자기해석"(Eisegesis)[58]이라고 폄하할 수 있을까? 그리고 "불"자에만 매달리며 자신의 방식대로 성경을 읽어내려간 독방 안의 불쌍한 영혼에게 기꺼이 찾아오셔서 그의 몸을 뜨겁게 만들어 주시고, 얼음장 같이 차가웠던 마룻바닥을 온돌방처럼 따뜻하게 만들어 주신 성령님의 역사를 부인할 수 있을까?

성경이 하나님의 말씀이 되는 것은 고통과 어려움 속에서 하나

---

58) Eisegesis라는 단어는 성경해석에 있어서 자주 언급되는 되는 영어단어인 exegesis와 대립되는 개념으로 주로 이해된다. 전통적인 이해에 있어 exegesis는 "주석," "주해," "해석" 정도로 번역될 수 있는데, 일반적으로 원문을 읽고 이해함에 있어 해석자의 주관적인 생각이나 선입견등을 내려놓고, 오직 과학적이고 합리적인 비평 방법들을 충분히 적용함을 통해 성경본문의 의미를 파악해 내려는 학문적인 노력과 그런 노력의 결과로 나온 것들을 일컫는 말이다. 다시 말해 해석자가 성경본문을 해석함에 있어 본문 안으로 무엇인가를 가지고 들어가지 않고 순수하게 "본문으로부터" 그 의미를 끄집어내고 파악하는 것을 의미하는 것이 exegesis이다. 이 단어와 대립되는 개념으로 자주 사용되는 단어가 eisegesis인데, 이 단어는 해석자가 자신의 의도, 생각, 선입견, 구체적인 욕구 등을 가지고 성경을 읽는 것을 말한다. "본문으로부터" 무엇인가를 얻기 위해서 "본문 안으로" 무엇인가를 가지고 들어가는 것을 가리킨다고 이해할 수 있다. 이렇게 어떤 의도를 가지고 본문을 대하게 되면 본문의 원래적인 의미를 "변형" 혹은 심지어 "왜곡"할 수도 있다고 생각되어 왔기 때문에 전통적인 성경해석 방법으로는 인정받지 못해 온 것이 사실이다. 하지만 최근의 해석학에서는 이런 전통적인 해석방식에 대한 반론이 꾸준히 제기되어 왔다.

님의 도우심과 임재하심을 간절히 바라는 인간에게 찾아오시는 하나님의 구원의 도구가 되기 때문이다. 인간적인 실수와 한계가 그대로 녹아들어 있음에도 불구하고 성경에 계시된 하나님의 사랑이 성령의 감동하심을 통해 연약한 인간들에게 경험되고, 그 결과 우리 인간들을 변화시키는 역사로 나타나기 때문에 하나님의 말씀이 되는 것이다. 성경은 인간에게 허락하시는 하나님의 위대한 계시와 놀라운 임재의 통로가 되기 때문에 하나님의 말씀으로 우리에게 주어진 것이라는 것을 우리는 분명히 기억해야 한다.

3장
한국교회와 성경해석

I. 한국교회와 해석의 필요성

27권의 책이 신약성경으로 확정되어 21세기 대한민국이라고 하는 시간적, 공간적, 문화적 환경 속에 살고 있는 우리 그리스도인들에게 전해진 것은 하나님의 전적인 은혜이다. 이런 하나님의 은혜 속에 우리들의 손에 들려진 신약성경을 하나님의 말씀으로 읽고 묵상하면서, 그 말씀을 통해 영적인 양식과 지혜를 공급받는다. 하지만 이런 은혜를 경험하고 있는 우리 그리스도인들에게는 몇 가지의 풀어야할 과제가 여전히 남아있다. 우리가 깊이 생각하거나 느끼지 못할 때가 많이 있지만, 21세기 한국교회에서 하나님의 말씀인 신약성경을 읽고 해석한다는 것은 여러 한계를 포함하고 있는 쉽지 않은 작업이다. 그 한계를 세 가지로 정리해보면 다음과 같다.

첫째, 언어의 한계이다. 신약성경은 헬라어로 기록되었다. 그것도 그 당시의 보통 사람들이 사용하였던 코이네(Koine, κοινή) 헬라어[59]였다. "코이네"라는 말 자체가 "평범한"이라는 뜻을 가지고 있는데, 이는 그 당시의 평범한 사람들이 길거리에서 다른 사람을 만났을 때 사용하였던 언어, 시장에서 물건을 사고팔 때 사용했던 영수증을 기록할 때 사용하던 언어, 친밀한 관계의 사람들이 개인적인 편지를 쓸 때 사용하였던 평민들의 언어로 알려져 있다. 거룩한 하나님의 말씀이 최고의 지식 계층이나 상류층의 사람들, 혹은 철학자들이 사용하던 고상하고 어려운 형태의 언어가 아니라 시장에서 사용되던 평범한 언어, 교육을 많이 받을 수 있는 기회가 없었던 평범한 사람들이 일상생활에서 사용하던 "서민의 언어"[60]로 기록되었다고 하는 것은 그 자체로 하나님의 크신 은혜라고 할 수 있을 것이다. 하늘의 영광을 버리시고 낮고 천한 이 땅에 아기의 몸으로 오셔서 짐승 배설물 냄새가 짙게 배여 있었던 마구간에 놓인 말구유 안에 뉘셨던 예수님의 겸손하심과 낮아지심의 사랑은 하나님의 말씀인 신약성경이 보통 사람들이 이해할 수 있는 코이네 헬라어로 기록될 때도 나타났다고 말할 수 있다. 배우고 싶어도 배울 수 있는 기회

---

59) 학자들의 설명에 의하면 코이네 헬라어는 알렉산더 대왕이 건설한 거대한 헬라문화권에서 광범위하게 사용되었던 언어였다. 이 코이네 헬라어는 "고전 헬라어"(Ancient Greek)의 대표적인 형태였던 에틱(Attic) 헬라어가 알렉산더의 정복의 결과로 형성된 헬라제국에 복속되었던 수많은 민족들의 고유한 언어들, 문화적 관습들과 만남을 통해서 형성된 새로운 형태의 헬라어였으며, 많은 정복자들과 피정복자들이 사용함으로 해서 좀더 쉬운 형태의 헬라어로 발전되었다고 생각된다. 알렉산더 대왕의 아버지였던 필립 2세와 위대한 정복자였던 알렉산더 대왕의 언어였던 에틱 헬라어는 그 당시 철학자들과 지식인들이 사용하였던 고급스러운 헬라어 였는데, 이 에틱 헬라어는 고전 헬라어의 여러가지 방언들(Dialect)이었던 도릭(Doric), 에오릭(Aeolic), 아이오닉(Ionic) 가운데 아이오닉 헬라어의 여러 가지(Branch) 중의 하나였다고 학자들은 이해하고 있다. William D. Mounce, *Basics of Biblical Greek: Grammar*(3rd ed., Grand Rapids, MI: Zondervan, 2009), 1-2.

60) 여기서 필자가 코이네 헬라어가 "서민의 언어"였다는 표현을 사용하고 있는 것은 코이네 헬라어가 서민들이 서로 의사소통을 할 때 사용했던 언어라는 것을 강조하는 것이지, 이것이 "서민들만을 위한" 언어였다는 의미는 아니다. 코이네 헬라어는 방대한 헬라 문화권에서 가장 보편적으로 사용된 언어이면서 국제적인 언어의 위치를 차지하고 있었다.

를 쉽게 가질 수 없었던 사람들, 매일의 삶 가운데 하나님의 은혜를 기대할 수밖에 없고 주님 앞에 나아가 세상살이의 답답함을 내려놓고 위로 받기 원하며 하나님의 음성 듣기 원하며 살았던 사람들, 로마제국의 그 화려함의 뒷면에 드리워진 어두운 그늘 속에서 인간으로서의 가장 기본적인 존중만이라도 받으며 살기를 원했던 그 땅의 낮은 자리에 거하고 있었던 사람들이 알아듣고 이해할 수 있는 언어로 하나님의 거룩하고 영광스러운 말씀이 기록되었다는 것은 그 자체로 복음이며 은혜이다.

이렇게 하나님의 거룩한 말씀이 시장에서 사용되던 참으로 평범한 언어였던 코이네 헬라어로 기록되었지만, 한반도에 살면서 한글을 사용하고 있는 우리 대한민국의 교인들에게는 여전히 어려운 외국어이다. 대한민국의 그리스도인들이 읽는 성경은, 그리고 대다수의 설교자들이 읽는 성경은 헬라어로 된 것이 아니라 한글로 된 것이다. 때로는 영어나 독어, 혹은 다른 외국어로 된 성경을 참고하기도 하지만 이 역시 신약성경에 사용된 코이네 헬라어가 아니라 번역된 언어들이다. 앞에서 잠시 언급한 것과 같이 하나의 언어에서 다른 언어로 단어와 표현을 옮긴다는 것은 대단히 어려운 작업이다. 아무리 실력 있는 번역자가 그 일을 담당한다 할지라도 코이네 헬라어 단어가 가지고 있는 어감(語感)과 헬라어 구문이 가지고 있는 의미를 모두 정확하게 한글로 옮길 수 있는 것은 아니다. 다시 말해 우리가 읽고 사용하고 있는 한글성경은 이런 언어의 한계성을 고스란히 가지고 있다.

둘째, 시간적, 공간적 한계이다. 정확한 기록시점에 대해서는 여러 의견이 있지만, 학자들은 신약성경 중에 가장 먼저 기록된 책들인 바울의 편지들은 그가 열심히 복음을 전파하면서 교회를 개척하고 목회하였던 40년대 후반부터 60년대 중반 이전에 기록된 것으로 파악하고 있다.[61] 복음서가 언제 기록되었는지에 대해서도 학자들은 다양한 의견들을 제시하고 있는데 일반적으로 받아들여지고 있는 주장은 마가복음이 복음서 가운데 가장 먼저 기록되었으며, 마태복음과 누가복음은 이 마가복음을 주요한 자료로 사용하였다는 것이다.[62] 마가복음은 70년을 전후해서 기록되었다는 주장이 많은 학자들의 동의를 얻고 있다.[63] 그 이후에 신약의 여러 책들이 차례대로 기록되었다고 학자들은 이해한다. 대부분의 신약책들이 주후 1세기 중반 이후 2세기 초반을 거치면서 작성되었다면, 21세기 대한민국에서 신앙생활 하고 있는 우리들과는 거의 1900년 정도의 시간적인 차이가 난다. 신약성경이 기록된 장소도 지중해를 중심으로 거대한 제국을 형성하고 있었던 로마의 거점도시들이었다는 것을 생각한다면, 아시아 대륙의 동북쪽에 위치하고 있는 대한민국과는 공간적으로도 상당한 차이가 난다. 이런 시간적, 공간적 한계를 가지고 우리는 신약성경을 읽고 있다.

---

61) 바울의 생애와 작성한 편지들의 연대에 대한 정보는 Robert Jewett, *A Chronology of Paul's Life* (Philadelphia: Fortress Press, 1979)를 참고하라.

62) 여러 학자들은 마태복음과 누가복음의 주된 자료가 마가복음과 예수님의 말씀들을 수집한 어록집인 Q(Quelle)였으며, 이 외에도 마태와 누가 각자가 가지고 있었던 특수 자료들을 사용하여서 마태복음과 누가복음이 기록되었다고 일반적으로 생각한다. R. T. France, *The Gospel of Matthew* (NICNT; Grand Rapids, MI: William B. Eerdmans, 2007), 20-22; Michael D. Goulder, *Luke: A New Paradigm* (JSNTSS 20; Sheffield, Sheffield Academic Press, 1989), 3-128 참고하라.

63) Robert H. Stein, *Mark* (BECNT; Grand Rapids, MI: Baker Academic, 2008), 12-15; M. Eugene Boring, *Mark: A Commentary* (NTL; Louisville, KY: Westminster John Knox Press, 2006), 14-15.

셋째, 역사적, 문화적 한계가 있다. 사도 바울이 자신의 서신을 쓰던 시기는 1세기 중반이 지나가던 시기였고, 로마가 거대한 제국을 형성하고 있었고 문화적으로는 헬라문화가 지배하고 있었던 시대였다. 복음서는 바울서신들과는 상당히 다른 역사적 문화적 배경을 가지고 있었다고 생각되며, 요한계시록의 저자는 밧모라고 불리는 섬으로 종교적 유배 혹은 도망을 가게 되어 그곳에서 하나님의 계시를 받아서 계시록을 작성했다고 일반적으로 이해된다. 이런 신약성경 저자들의 독특한 역사적, 문화적 상황은 21세기 대한민국에 살고 있는 우리들과 많은 차이를 보여주고 있다. 유교문화의 깊은 뿌리를 가지고 21세기 최고의 IT문명을 구축하고 있는 대한민국은 바울시대의 사람들은 상상조차 할 수 없는 물질문명을 이루며 살고 있다. 오랫동안 중국과 일본과 같은 주변국의 침략과 간섭을 받아왔던 대한민국은 6.25전쟁 이후에 놀라운 경제적, 문화적 발전을 이루었고 이제는 "한류"라고 불리는 독특하면서도 새로운 문화를 창조해냄으로 중국과 일본사회에 깊은 영향을 끼치고 있을 뿐만 아니라 아시아와 유럽, 아메리카 대륙에 살고 있는 사람들의 삶에도 영향을 주고 있다. 21세기 대한민국이 만들어 내고 있는 문화와 한국의 기독교인들이 경험하고 있는 역사적 환경은 신약성경의 저자들과 초대교회가 경험하고 있었던 그것들과는 상당히 다르다. 이런 역사적, 문화적 한계를 가지고 우리는 신약성경을 읽고 묵상하고 있다.

이런 언어적, 시/공간적, 역사/문화적 한계는 우리가 신약성경을 읽는 것이 쉽지 않은 작업이라는 것을 알려주고 있다. 이런 한계들을 깊이 인식하지 않고 성경을 읽는 것은 성경이 말씀하고 있는 것을 왜곡시킬 수 있는 가능성이 많아지는 것을 의미한다. 이런 의미에서 신약성경을 21세기 한국교회의 목회현장에서 바르게 읽고 이해하기 위해서는 적절한 도구가 필수적인데 이 도구가 "해석"이다. 우리는 해석이라는 도구를 통해서 여러 한계와 차이들을 뛰어넘어 신약성경을 하나님의 말씀으로 읽고 이해하고 경험할 수 있게 된다. 그렇다면 이 해석이라는 도구에 대하여 이해할 필요가 있는데 이를 잠시 살펴보자.

II. 해석의 다양성과 의미의 형성

문자로 적혀 있는 작품을 읽고 해석하는 많은 비평가들에게 있어 "의미"란 무엇이며, 어떻게 만들어지고 이해되는가에 대한 질문은 중요한 것이다. 일반문학을 비평하기 위해 개발된 이론들이 성경 해석에 도입되는 일이 많기 때문에 일반문학에서 이해하는 의미의 형성에 대해서 살펴보는 것은 성경을 읽고 이해하는 데 많은 도움이 된다. 이런 이해는 어떻게 신약성경이 21세기를 살고 있는 한국의 기독교인들에게 삶의 의미를 깨닫게 하는 하나님의 말씀이 되는지를 아는 데도 도움이 된다. 문학작품을 해석하는 방법들은 다양하지만 성경을 읽고 이해하는 데 도움이 될 수 있는 저자 중심적 이해, 본문 중심적 이해, 독자 중심적 이해의 3가지의 방법을 살펴보고자 한다.

1. 저자 중심적 이해

a. 저자의 의도

문학 작품을 이해함에 있어 오랫동안 강조되어 온 입장은 저자 중심적 이해이다. 이런 입장을 따르는 학자들에 의하면, 어떤 문헌을 해석함에 있어 가장 중요한 것은 저자를 이해하고 그 저자가 본문을 기록할 때 가지고 있었던 본래적 의도를 발견하는 것이다. 조금 더 자세히 설명한다면, 본문을 이해하기 위해서는 저자와 저자가 작품을 기록할 당시의 심리적, 사회적, 경제적, 종교적, 문화적, 역사적 상황에 대해서 자세히 알아야 하며 이런 배경적인 상황을 충분히 고려해야만 저자가 사용하고 있는 표현과 단어를 이해할 수 있고, 저자가 작품을 통해서 이야기하고자 하는 원래적인 의미를 파악할 수 있다고 생각한다.

이런 저자 중심적 이해에 있어 본문은 자주 "역사적 증거"로서의 역할을 감당하게 되는데, 본문에 나타나는 표현이나 중요 단어들은 본문이 기록될 당시의 역사적 정황들을 재구성할 수 있도록 돕는 중요한 단서가 되며, 이런 단서들을 통해 저자가 본문을 기록할 당시의 모습을 이해할 수 있게 된다. 예를 들어 앞장에서 언급한 요한복음에 등장하는 "출교"라는 단어를 잠시 생각해 보자. 학자들은 이 단어를 요한공동체가 경험하고 있었던 심리적, 역사적, 종교적, 정치적 상황을 보여주고 있는 결정적인 단서 중의 하나로 여기면서 집중적으로 연구하였다. 이 단어를 통해 학자들은 요한공동체가 처음에는 유대교 회당에 모이곤 하였던 무리들 중에 섞여서 신앙생활을 하였고, 시간에 지남에 따라 회당에서 중요한 역할을 하였던 바리새인들과 다른 유대 지도자들과의 갈등을 경험하였고 갈등이 커짐에 따라 급기야는 회당에서 쫓겨나게 되었다. 자신들의 믿음으로 인해 회당에서 "출교"된 유대인들이 예수님의 "사랑받던 제자"를 중심으로 새로운 공동체를 형성하게 되었는데, 이것이 요한공동체였다는 것을 설명하였다. 즉 "출교"라는 단어는 요한공동체가 경험하고 있었던 역사적 상황, 즉 유대교와의 갈등과 그 갈등 속에서 이루어진 공동체의 발전과정 등의 역사적 사실들을 "재구성" 할 수 있는 중요한 "역사적 증거"로서의 역할을 감당하고 있다. 그리고 이렇게 재구성된 역사적, 정치적, 종교적, 심리적 상황들을 이해하는 것은 저자가 본문을 기록할 당시에 가지고 있었던 의도를 파악하는데 대단히 중요한 역할을 한다고 생각된다.

b. 보물찾기

이렇게 본문이 형성되고 저자가 본문을 기록할 당시의 여러 배경적인 상황들을 중요하게 생각하는 해석자들은 저자가 어떤 작품을 쓸 때 가지고 있었던 의도가 문학작품 안에 숨겨져 있다고 믿는다. 그렇기 때문에 독자가 해야하는 중요한 일은 적절한 도구를 사용해서 본문을 분석하고 그 본문 속에 들어 있는 저자의 본래적인 의도를 발견하는 것이라고 이해한다. 그리고 이렇게 발견된 저자의 의도는 곧 독자들이 깨달아야 하는 의미가 된다고 생각한다.

이런 입장을 따르는 해석자들은 때로 어떤 문학작품이나 성경의 본문을 읽는 과정을 우리가 어릴 적에 읽었던 "보물섬" 이야기에서 보물을 찾는 것과 비슷하다고 생각한다. 다시 말해, 문학 작품이나 성경을 읽는 독자들은 마치 보물을 찾아 길을 떠나는 사람들과 같다. 이 사람들이 묻혀 있는 보물을 찾기 위해서 반드시 해야 하는 일은 주어진 지도를 보고 그 지도를 이해하는 것인데, 이 지도와 같은 역할을 하는 것이 본문이다. 본문은 사람들이 찾아야 하는 보물이 아니며, 보물이 있는 곳을 안내해 주는 안내서와 같은 역할을 하는 것으로 중요하지만 보조적인 역할을 수행한다. 사람들이 찾아야 하는 보물은 땅 속에 묻혀 있는 것으로 이 보물이 저자의 의도, 즉 문학작품이나 본문이 가지고 있는 원래적인 의미이다. 지도를 자세히 살펴보고 분석함을 통해 보물이 있는 위치를 파악하게 되고, 그 위치를 찾아가서 땅을 파서 보물을 찾아내게 되면 사람들은 크게 기뻐하게 된다. 이렇게 발견된 보물은 귀중한 것이기 때문에 어느 곳에나 어떤 환경에서든지 사용이 가능한 가치를 가지고 있는 것으로 이해된다. 이런 이해를 도표로 정리해 보면 다음과 같다.

이렇게 저자 중심적인 이해를 받아들이는 학자들은 숨겨져 있는 보물과 같은 저자의 의도, 즉 본문의 원래적 의미는 적절한 "전달 매체"를 통해 "보내는 사람"으로부터 "받는 사람"에게로 전달될 수 있는 어떤 것으로 생각한다. 마치 서울에 있는 한 사람이 귀중한 보석을 가득 담은 보석함을 잘 포장해서 부산에 있는 친구에게 택배로 보내는 것과 같다. 여기서 택배의 기능을 하는 것 즉 "전달 매체"의 역할을 하는 것이 "본문"이며, 서울에서 보석을 "보내는 사람"은

보물을 찾는 과정	=	"읽기" / 해석
숨겨져 있는 보물	=	저자의 의도, 즉 본문의 원래적 의미
보물을 찾을 수 있는 지도	=	문학작품, 본문
보물을 찾는 사람들	=	독자들

"저자" 그리고 부산에서 그 보석을 "받는 사람"은 "독자," 배달되는 보물은 "본래적 의미"라고 이해할 수 있다.[64] 다시 말해 어떤 문학작품의 참된 의미는 그것을 저술한 저자로부터 독자에게 전달되는 것이다. 이런 관계에서 저자는 능동적이며 적극적인 위치에서 역할을 감당하게 되고 독자는 수동적인 위치에서 저자가 보낸 것을 받게 된다. 독자는 저자가 본문을 통해 전달하려고 하는 것을 적절한 방법을 동원해서 받아야 하고 찾아내야 한다. 이런 이해에 있어 저자의 의도, 즉 본문의 원래적 의미는 본문 속에 내재되어 있다고 생각된다. 즉 땅속 어딘가에 감추어져 있는 보석함처럼 본문 속에 묻혀있다고 이해된다. 독자는 묻혀 있는 보물과 같은 저자의 의도를 적절한 도구를 사용해서 "캐내어야" 하며, 이렇게 보물을 캐내는 작업이 해석의 과정으로 이해된다.

c. 객관적 해석

땅에 감추어진 보물과 같은 원래적인 의미를 캐내기 위해서 독자에게 요구되는 것이 있는데, 그것은 자신의 감정이나 선입견등과 같은 개인적인 견해들을 철저히 배제하는 것이다. 독자의 개인적인 생각이나 선이해들은 본문의 의미를 왜곡시킬 수 있기 때문에 철저히 배제되어야 하며 누구든지 받아들일 수 있는 소위 "과학적"이고 "객관적인 방법"을 철저하게 사용하여서 "읽기"작업을 진행해야 하는데, 이것이 소위 말하는 "객관적 해석"(Objective interpretation)[65] 이

---

64) See Daniel Chandler, *The Act of Writing: A Media Theory Approach* (Wales, UK: The University of Wales, 1995), 4-7.

65) Kevin J. Vanhoozer, "The Reader In New Testament Interpretation," in *Hearing The New Testament: Strategies for Interpretation* (ed. J. B. Green; Grad Rapids, Michigan: William B. Eerdmans, 1995), 305.

다. 이런 객관적인 해석을 진행하기 위해 필요한 것이 있는데 그것은 앞에서도 언급한 것과 같이 본문이 형성될 때의 상황, 즉 저자가 어떤 작품을 기록할 당시의 여러 가지 환경적 요소에 대한 이해이다. 바울서신의 경우 바울이 자신의 편지들을 작성하면서 사용한 언어인 코이네 헬라어에 대한 지식은 당연히 필요할 뿐만 아니라 바울이 속해 있었던 헬라 문화 속에서의 수사학적인 기법과 편지 형식에 대한 이해, 로마제국의 정치적, 종교적, 경제적 배경에 대한 지식이 있어야 하며, 바울 개인의 교육, 자라온 환경, 중요한 경험에 대한 이해, 그리고 바울이 특정 서신을 작성할 때의 심리적, 경제적, 정치적, 종교적 상황에 대한 정보를 가지고 본문에 접근해야 한다. 만약 이런 배경적인 지식과 상황에 대한 정확한 정보를 가지고 객관적이며 보편타당한 방법을 통해 저자의 원래적인 의도, 즉 본문의 본래적 의미를 파악할 수 있다면 이것은 독자의 개인적인 상황, 나이, 환경에 상관없이 적용될 수 있는 유용한 지혜가 될 것이다.

신약성경을 연구하는 학자들은 이런 객관성과 보편타당성을 확보하기 위해서 본문형성에 깊이 영향을 준 역사적 환경들을 연구해 왔는데 그 결과로 형성된 해석 방법을 소위 "역사비평"(Historical criticism)이라고 말한다. 이런 역사비평에는 여러 비평들이 속해 있는데, 예를 들어 본문을 작성하기 위해서 저자가 어떤 자료들을 사용하였는지를 분석하는 자료비평(Source criticism), 어떤 전승들을 이어받았는지를 살펴보는 전승비평(Tradition criticism), 본문형성의 배경이 된 "삶의 자리"(Sitz im Leben)를 살피려는 양식비평(Form criticism), 최종본문을 완성한 편집자가 어떤 형태의 본문을 받았으며 또 그것을 어떻게 편집했는지를 살피려는 편집비평(Redaction criticism), 그리고 본문이 형성될 당시의 사회, 정치적 상황을 분석하는 사회 과학적 비평(Socio-scientific criticism) 등을 예로 들 수 있다. 이런 비평방법들은 조금씩 그 강조점이 다름에도 불구하고 공통적으로 추구하고 있는 것이 있는데, 그것은 본문을 이해하기 위해서 본문의 배경이 되는 여러 가지 역사적 상황들을 이해함을 통해 저자의 의도를 파악하려는 것이다.

d. Behind the text

이렇게 저자의 의도를 강조하는 저자 중심적 이해는 본문을 통해 그 뒤에 숨겨져 있는 역사적 상황과 배경을 중시한다는 의미에서 "Behind the text" 해석 방법으로 이해되기도 한다. 이 해석방법에서 본문은 창(Window)과 같은 역할을 한다고 이해된다. 조금 더 구체적으로 설명해 보자. 만약 우리가 방안에 앉아서 창을 바라본다면 무엇이 눈에 들어오게 될까? 창문 자체가 눈에 들어오는 것이 아니라 창 너머에 있는 세상이 보이게 된다. 방안에 있는 독자는 본문이라는 창을 통해서 본문 뒤에 펼쳐져 있는 세상을 바라보게 된다. 다시 말해 바울서신을 읽음을 통해 우리는 바울이 활동하였던 세상, 즉 찬란한 헬라문화가 꽃피었던 1세기 중반 지중해 연안의 거점도시들과 그런 도시들 가운데서 형성되기 시작하던 믿음의 작은 공동체였던 교회, 그리고 그 교회에서 신앙생활을 하던 초대교인들의 삶의 모습을 볼 수 있게 된다.

예를 들어 고린도전서를 읽어 보면, 우리들은 로마의 주요 항구도시였던 고린도와 그 도시의 문화적 경제적 정치적 상황을 대략적으로 파악할 수 있다. 뿐만 아니라 그런 도시적 환경 속에서 시작된 믿는 자들의 공동체가 경험하였던 목회적 도전들 또한 이해할 수 있다. 바울이 쓴 서신을 통해 우리들은 고린도 교회 안에 바울파, 아볼로파, 게바파, 그리스도파와 같은 여러 분파들이 있었고 이들은 서로 깊이 갈등하고 있었음을 알게 된다(1장). 이런 분열 가운데 음행의 문제는 교회를 더욱 힘들게 만들고 있었는데 교인 중에는 심지어 아버지의 아내를 범하는 일을 저지른 사람도 있었다(5장). 교인들 간의 갈등이 교회 내에서 원만하게 해결되지 않았고 급기야는 세상 법정에 호소하는 일을 발생하였으며(6장), 우상에게 바쳐진 제물인 고기를 먹을 수 있느냐 먹지 말아야 하느냐 하는 것으로 교인들 간의 의견 대립이 있었고(8장), 여성들이 공적 모임에서 기도하는 것과 큰소리로 방언하거나 예언하는 일로 논란이 있었다(11장, 14장)는 것을 알게 된다. 바울의 서신을 통해 우리는 고린도에 세워진 믿음의 공동체의 모습과 그 교회에서 신앙생활하고 있었던 초대교인들이 경험하고 있었던 어려움들이 무엇이었는지를 알게 된다. 다시 말해 고린도전서 본문을 통하여 독자들은 바울이 이 편지를 쓰던 당시의 고린도 교회의 역사적, 사회적, 문화적 상황을 재구성할 수 있게 되고 이런 역사적 정황 속에서 펜을 들고 편지를 쓰고 있는 바울의 모습을 보게 된다. 독자들은 앞에 놓여진 본문을 통해 본문이 형성될 때의 역사적 정황들, 그리고 그런 역사적 환경 속에서 본문을 기록한 저자의 원래적인 의도를 파악할 수 있기 때문에 본문은 창과 같은 역할을 감당한다고 할 수 있다.

2. 본문 중심적 이해

a. 본문 자체

전통적 저자 중심적 이해에 반기를 든 일군의 학자들이 있었는데, 이들은 "본문 중심적 읽기"를 주장하였다. 이들은 소위 말하는 "신비평"(New Criticism)[66]이라고 불리는 비평방법을 적극적으로 옹호하는 학자들이었는데 이들이 강력하게 주장한 것은 "본문 자체"(Text itself)였다. 신비평 학자들은 저자가 본문을 작성할 때 가졌던 본래적 의도를 파악하기 위해서 저자의 다양한 개인적, 시대적 상황을 자세하게 살펴봄을 통해 문학작품의 의미를 파악하려는 노력을 평가절하하면서 "본문 자체"를 깊이 읽음으로서 본문이 말하려고 하는 것을 파악해야 한다고 주장한다. 이들은 두 가지 측면에서 전통적인 저자 중심적 해석방법을 비판하였는데, 첫째는 저자가 본문을 작성할 때 가졌던 본래적 의도라는 것을 파악하기 힘들다는 것이다. 한 저자가 어떤 작품을 쓸 때 가졌던 의도가 무엇이었는지에 대해서는 그것을 쓴 저자만이 분명하게 알 뿐이며, 저자가 자신의 작품을 통해 무엇을 말하려고 하였는가에 대한 분명한 입장을 진술해 놓지 않은 상황에서 저자의 의도를 정확하게 파악하는 것은 쉽지 않다는 것을 지적한다.

둘째는 저자가 어떤 본문을 쓰면서 나름대로의 의도를 가지고 있다고 하더라도 본문이 그 의도대로 의미를 전달하지 않는 경우가 많다는 것을 지적한다. 왜냐하면 본문을 구성하고 있는 많은 문학적

---

66) 신비평은 미국에서 1940년대부터 60년대까지 일반 문학비평에 있어 많이 사용된 비평방법으로 이해된다.

요소들, 예를 들어 상징, 비유, 이미지, 관점, 구성, 구체적 표현들은
저자가 의도한 것보다 훨씬 더 복잡하고 다양한 의미를 전달할 수
있기 때문이다. 본문 자체를 중시하는 입장의 학자들은 본문은 이미
저자의 손길을 떠났고, 완성된 작품으로 자유롭게 존재하고 있다는
것을 강조한다. 따라서 더 이상 저자가 가지고 있었던 본래적인 의
도를 잘 전달하는 "전달매체"로서의 역할을 감당하지 않고, 본문 자
체가 가지고 있는 여러 요소들의 복합적이면서도 역동적인 상호작
용을 통해 의미를 만들어내고 있다고 이해한다.

b. 두 가지의 오류

신비평 학자들은 독자들이 문자화된 작품을 읽는 과정 속에서
범할 수 있는 두 가지 오류를 지적하고 있다.[67] 첫째는 "의도적 오
류"(Intentional fallacy)라고 하는 것인데 이것은 "저자의 의도가 본문
의 의미와 일치한다고 믿는 오류"이다. 신비평학자들은 저자의 의
도를 아는 것과 본문 자체를 이해하는 것은 많은 경우 깊은 연관이
없다는 것을 지적한다. 전통적인 역사적 연구에서 가장 강조되었던
저자의 원래적 의도가 본문의 참된 의미라는 이해는 성립할 수 없다
고 주장한다. 둘째는 "정서적 오류"(Affective fallacy)라는 것인데 이
것은 독자가 독서를 하는 과정 가운데 일어나는 감정이나 생각들을
본문 자체와 동일시하는 데서 오는 오류이다. 독자는 본문을 읽는
가운데 여러 감정들을 경험할 수 있는데, 이런 감정은 본문에서 묘
사하고 있는 것이 아니라 자신의 개인적 경험과의 관련성 속에서 일
어나는 것이라고 생각한다. 예를 들어 문학작품을 읽던 독자가 그

---

67) Lois Tyson, *Critical Theory Today: A User-Friendly Guide* (2d ed.; New York
& London: Routledge, 2006), 136-37.

작품 속에서 사랑하는 남자를 잃어버리는 여성에 대한 이야기를 읽게 될 때 비슷한 경험을 가지고 있었던 이 독자는 자신의 과거의 경험 속에서 느꼈던 감정을 떠올릴 수 있게 되고, 자신이 느끼는 그 감정이 작품 속에 나타나는 여인의 마음으로 이해할 수 있다는 것이다. 이런 경우에는 본문과 본문이 유발해낼 수 있는 감정을 동일시하는 잘못을 저지르고 있다고 신비평학자들은 이해한다.

c. 자세히 읽기

신비평학자들은 이런 오류들을 범하지 않기 위해서 가장 중요한 것은 본문 자체를 깊이 있게 그리고 자세하게 읽고 살펴보는 것인데, 이런 읽기 방법을 흔히 "자세히 읽기"(Close reading)[68]이라고 말한다. "자세히 읽기"는 본문의 "형식적 요소들"(Formal elements) 즉 본문에 등장하는 단어와 구체적 표현들뿐만 아니라 이미지, 상징, 비유, 단어의 배열순서, 배경, 관점, 사건의 전개 방식, 등장인물 등을 구체적으로 살펴보고 이를 토대로 본문이 말하려고 하는 것이 무엇인지를 유추해내는 일련의 과정을 가리킨다.[69] 신비평학자들은 본문의 의미를 파악하기 위해서 본문의 배경이 되는 여러 역사적 정황들을 연구하거나 저자에 대한 자세한 연구 자체가 별로 중요하지 않다고 생각한다. 왜냐하면 본문의 의미는 본문을 형성하고 있는 여

---

68) "Close reading"이라는 표현은 몇 가지로 번역되고 있는데 "면밀한 읽기"로 번역되어서 "정독"이라는 의미로 사용되기도 하고 "숙독"이라는 의미로 사용되기도 한다. 이렇게 "정독" 혹은 "숙독"이라는 의미로 사용될 때 "close reading"은 신비평학자들이 사용하는 의미보다 훨씬 넓은 의미로 사용되며 "해석"이라는 말과 비슷하게 사용되기도 한다. 이한영, "구약 텍스트의 면밀한 읽기," 『본문 중심의 성경읽기』(서울: 한국성서학연구소, 2010), 19; 강창희, "본문 중심 성경읽기: 고린도후서의 통일성 문제를 중심으로," 『본문 중심의 성경읽기』(서울: 한국성서학연구소, 2010), 193.

69) "자세히 읽기"에 대한 간략한 설명은 Patricia Kain, "How to Do a Close Reading"을 참고하라. http://www.fas.harvard.edu/~wricntr/documents/CloseReading.html. 2013년 9월 9일 접속.

러 가지 요소들의 상호작용을 통해서 만들어지는 어떤 것이기 때문이다. 그렇기 때문에 본문에서 사용되고 있는 요소들이 어떻게 배치되어 있고 어떤 연관 관계를 가지고 있는지, 그런 관련성을 통해서 어떤 의미가 생성되고 있는가를 자세히 읽어보는 것이 중요하다. 신약성경을 연구하는 방법들 중에서는 문학비평(Literary criticism), 수사비평(Rhetorical criticism), 서사비평(Narrative criticism), 구조구의 비평(Structural criticism) 등이 이런 본문 중심적 연구 방법에 속한다고 이해할 수 있다.

오직 본문 자체를 강조한 신비평학자들이 이룬 공헌은 문학작품을 이해함에 있어 저자의 개인적이며 사회, 경제적인 상황을 이해하는 것보다 본문 자체에 관심을 집중해야 한다는 것을 강조한 것이다. 역사적 정황을 중요시하는 연구방법이 때로는 본문 자체를 연구하는 것보다 본문의 배경이 되는 역사적, 사회적, 경제적, 정치적, 종교적 배경을 더 중요하게 생각하는 모습을 비판하면서, "본문으로 돌아가라"는 메시지를 통해 전통적인 연구방법에 중요한 도전을 던진 것은 공헌이라고 할 수 있다.

d. 저자 중심적 이해와의 공통점

하지만 신비평학자들이 모든 면에서 역사 중심적이고 저자 중심적인 전통적 해석방식을 비판한 것은 아니다. 본문 자체를 중시하는 입장과 역사적 배경 속에서 저자의 의도를 중시하는 입장이 공감하는 부분이 몇 가지 있다.

첫째, 본문이 가지고 있는 진정한 의미는 본문 안에 들어 있다는 것이다. 저자 중심적인 이해는 그 의미가 본문 안 어딘가에 묻혀 있다고 생각하기 때문에 그것을 캐내어야 한다고 생각한다. 본문 중심적 이해를 하는 학자들은 의미는 본문 안 어딘가에 숨어 있는 것이 아니라 본문이 가지고 있는 다양한 형식적 요소들에 의해서 결정된다고 이해한다. 본문의 의미를 찾기 위한 강조점이 다름에도 불구하고 이 두 입장 모두 본문의 참된 의미가 본문 안에 있다는 것에는 동의한다.

둘째, 해석은 "객관적"이어야 한다는 것이다. 전통적인 해석방식을 고수하는 학자들과 마찬가지로, 신비평학자들도 독자의 개인적인 감정이나 생각이 철저하게 통제되는 상황 속에서 가치중립적이고 과학적인 방법을 통해 본문을 읽을 때에야 해석의 객관성이 보장된다고 믿는다. 그리고 이런 객관성은 본문의 형식적 요소들을 철저하게 살피면서 세밀하게 본문을 연구하는 "자세히 읽기"를 통해 보장된다고 생각한다.

셋째, 객관적 해석을 통해 얻은 본문의 의미는 독자들의 형편과 환경에 상관없이 적용 가능하다고 믿는다. 역사적 배경의 재구성을 강조하는 해석방식이 저자의 본래적 의미를 땅 속에서 발견한 보물처럼 생각하고 이 보물은 누구에게나 가치 있는 것이라고 생각하였던 것처럼, 본문 자체를 강조하는 학자들도 자신들의 "자세히 읽기"를 통해서 깨닫게 된 참된 의미는 본문을 읽는 모든 사람에게 가치가 있고 공감할 수 있는 것이라고 생각한다.

넷째, 본문을 가장 잘 설명할 수 있는 "최고의 해석"을 찾기 위해 경쟁한다. 저자 중심적 이해와 본문 자체를 강조하는 해석방식은 모두 "하나의 최고의 해석"(The single best interpretation)[70]이 있으며 자신들이 사용하고 있는 해석방식이 그것을 찾아내는 최선의 방법이라고 주장한다. 그렇기 때문에 이들은 역사 중심적 연구방식을 사용하거나 "자세히 읽기"의 방식을 사용하면서도 다른 사람이 발견한 본문의 의미를 "오해한 것"이라고 평가절하하고, 자신만의 방식으로 자신이 "새롭게" 발견한 것을 본문의 "참된 의미"라고 주장한다. 이런 방식은 다른 사람의 연구를 끊임없이 반박하고 비판하는 모습으로 종종 나타난다.

e. In the text

본문에 대한 자세한 읽기를 강조하면서 본문의 역사적인 배경이나 저자의 의도를 찾으려는 노력보다는 본문 자체에 대한 연구를 강조하는 입장은 "In the text" 해석방법으로 이해되기도 한다. 이 입장에 의하면 본문은 여러 가지 색깔과 밝기를 가지고 있는 "스테인드 글라스"(stained glass)와 비슷하다고 이해할 수 있다. 사람들은 바깥에 있는 경치를 구경하기 위해서 스테인드 글라스를 설치하지 않는다. 스테인드 글라스는 그 자체를 감상함을 통해, 즉 다양한 색깔과 모양과 밝기를 가지고 있는 작은 글라스들이 함께 어울려서 만들어내는 형상들과 그림들을 바라보며 즐기며 묵상하고 교훈을 얻기 위해서 만든다. 스테인드 글라스가 표현하고 있는 그림들을 즐기기 위해서 글라스들이 어느 지역에서 수입되어 왔는지, 그 글라스들의 품질은 어떤지, 누가 그것들을 가공하였으며 누가 설치하였는지

---

70) Tyson, *Critical Theory*, 148–50.

는 그렇게 중요하지 않다. 중요한 것은 작은 글라스들이 서로 연결되어서 만들어내고 있는 그림이며 표현해내고 있는 의미이다. 이와 같이 본문을 중요하게 생각하는 해석방식은 본문 자체를 세밀하고 상세하게 살피는 동시에 본문 전체를 봄을 통해 본문이 말하려고 하는 것이 무엇인지 이해하는 것을 중요하게 생각한다.

3. 독자 중심적 이해

a. 독자의 재발견

신비평이 강조한 것처럼 본문 자체를 강조하는 입장이 저자 중심적 이해의 한계를 극복하기 위해서 등장한 해석방법이라면, 독자 중심적 비평은 본문 중심적 이해의 한계를 극복하기 위해서 나온 방법이라고 말할 수 있다. 다시 말해 독자 중심적 이해는 전통적인 저자 중심적 접근법과 본문 중심적 해석이 가지고 있었던 한계, 특히 본문을 읽고 해석하는 과정 속에서 소외 되어왔던 독자를 읽기 과정의 중심으로 초청하는 이해라고 말할 수 있다. 이런 입장을 취하는 학자들은 "읽는 사람이 없이 어떻게 독서가 가능한가?" "본문을 읽는 사람이 없이 본문의 의미가 어떻게 이해될 수 있는가?" 등의 질문을 제시한다. 만약 읽는 사람이 없다면 문학작품을 읽는 행위 자체가 형성될 수 없다는 것이 이런 학자들의 기본적인 주장이다. 독자 중심적 이해를 지지하는 학자들은 신비평 학자들이 신뢰하였던 "본문 자체"도 유동적이며 온전하지 않다는 것을 지적하면서 본문을 해석하는 작업에 있어 독자는 어떤 역할을 하고 있으며, 의미는 어떻게 형성되는지를 다시 깊이 고민하기 시작하였다. 이들은 독자가 있기 때문에 독서라는 행위가 가능하고 독자가 책을 읽으면서 새롭게 발견하게 되는 의미의 중요성을 강조하기 시작하였다. 이런 의미에서 독서, 즉 본문을 해석하는 작업에서 소외되었던 독자의 자리를 재발견하려는 시도라고 평가할 수 있다. 아니 좀더 나아가서 독자의 능동적인 참여를 통해 의미가 형성된다고 생각하는 의미에서 "독자의 시대" [71]가 시작되었다고 주장하는 사람들도 있다.

b. 다양한 해석 가능성

독자 중심적 해석을 지지하는 학자들은 본문 자체의 유동성을 강조하면서 하나의 문장도 독자가 어떻게 읽느냐에 따라서 여러 가지의 의미를 가질 수 있다고 이해한다. 영어로 된 간단한 문장을 예로 생각해 보자.

예: Time flies like an arrow

이 문장은 어떤 의미를 내포하고 있는가? 많은 사람들은 이 문장이 전달하려는 의미는 분명하다고 생각할 것이다. 이 문장을 "시간은 화살과 같이 날아간다"고 번역하면서 그 의미는 "시간은 빨리 지나가니 시간을 아껴라"는 의미로 생각한다. 이런 생각의 이면에는 다음과 같은 분석이 있다.

Time(명사, 주어 역할) flies(동사, 서술어 역할) like(전치사)

---

71) Vincent B. Leith, *American Literary Criticism: from the Thirties to the Eighties* (New York: Columbia University Press, 1988), 211; Roland Barthes, "The Death of the Author," in *Image, Music, Text* (trans. S. Heath; New York: Hill and Wang, 1977), 142-48.

an arrow(명사, 전치사의 목적어 역할)

Time은 명사로 문장의 주어 역할을, flies는 동사로 서술어 역할을, like는 전치사 역할을, an arrow는 전치사의 목적어 역할을 한다는 이해를 기본적으로 가지고 있다. 그리고 이 문장을 통해서는 "세월을 아끼라"라는 뜻이 전달되고 있다고 생각한다. 그렇다면 정말 이런 의미가 이 문장을 쓴 사람의 본래적 의도일까? 문장을 다르게 해석할 수 있는 가능성은 없는 것일까? 자세히 보면 이 문장은 여러 가지의 이해 가능성을 가지고 있다는 것을 알게 된다. 쉽게 두 가지의 가능성만 살펴보자.

먼저, 이 문장은 "시간파리는 화살을 좋아한다"고 번역될 수 있다. 정말 그런가?

Time flies(두 개의 연결된 명사, 주어 역할) like(동사, 서술어 역할) an arrow(명사, 목적어 역할)

먼저 첫 두 단어인 Time flies를 같이 묶어보자. 그렇다면 flies라는 단어가 동사인 동시에, "파리들"이라는 뜻의 명사 복수형이 될 수 있다는 것을 알게 된다. 즉 초파리, 집파리, 쇠파리 와 같이 파리의 한 종류인 "시간파리"라고 생각할 수 있다. 그렇다면 이 두 단어는 서로 연결되어 있으며 주어 역할을 하고 있다고 이해할 수 있다. 그렇다면 like는 전치사가 아니라 "좋아하다"라는 뜻의 동사가 되고 an arrow는 동사의 직접 목적어가 된다. 이렇게 분석한다면 이 문장이 "시간을 아끼라"는 의미를 전달하고 있다고 이해할 수 있는가?

둘째, 이 문장은 "화살과 같은 파리의 시간을 재어라" 혹은 "화살과 같이 (재빠르게) 파리의 시간을 재어라"라고 번역될 수 있다. 정말 그런가?

Time(동사, 서술어 역할) flies(명사, 목적어 역할) like(전치사) an arrow(명사, 전치사의 목적어 역할)

먼저 Time이라는 단어를 명사가 아니라 동사로 생각해 보자. 그렇다면 이 문장은 동사가 앞에 나온 명령형으로 "시간을 재어라"는 뜻이 된다. 그렇다면 누구의 시간을 재라는 것인가? Flies 즉 파리의 시간을 재라는 것이다. 이곳저곳 바쁘게 날아다니는 파리의 시간을 재라는 것으로 이해할 수 있다. 남아 있는 like an arrow는 "화살과 같은"으로 생각하여서 파리가 화살과 같이 빨리 날아다니고, 이렇게 날아다니는 파리의 시간을 재라고 이해할 수 있다. 또 다른 번역은 like an arrow를 time과 연결해서 "화살 같이(재빠르게) 시간을 재어라"고 생각할 수 있다. 그렇다면 이 두 개의 번역 가능한 문장들은 "시간을 아끼라"는 의미를 전달하고 있는가?

Time flies like an arrow라는 문장은 이 외에도 다른 여러 해석 가능성을 내포하고 있다. 문제는 이 문장을 읽는 독자가 어느 단어를 강조해서 읽을 것인가 혹은 어떤 단어를 주어로, 서술어로 볼 것인가에 의해서 의미가 달라진다고 말할 수 있다. 독자 중심적 이해를 지지하는 학자들은 본문을 읽고 해석하는 독자가 자신의 앞에 있는 본문을 해석함에 있어 주도적인 역할을 할 수 있고 또 해야 한다고 믿는다. 그리고, 그 독자에 의해서 본문의 의미는 다르게 해석되고 이해될 수 있다고 생각한다.

c. 독자의 능동적인 참여

독서의 과정에 있어 독자의 중요성을 강조한 학자로 평가받는 사람은 볼프강 이서(Wolfgan Iser)이다. 이서에 의하면 독서는 저자가 자신의 의도를 본문을 통해서 독자에게로 보내는 일방적인 과정이 아니라 "본문과 독자 사이의 역동적인 상호작용"(Dynamic interaction)[72]이다. 독자는 독서를 하는 과정에서 많은 의문점들을 가지게 되는데 그것은 본문이 모든 것을 말하고 있지 않기 때문이다. 독자는 작품을 읽으면서 "무엇인가 빠져 있는 것" 혹은 "설명되지 않은 것"을 대면하게 되는데 이서는 이것을 "틈새"(gap)라고 부른다. 독자는 독서의 과정에서 틈새들을 발견하고 자신들이 가지고 있는 지식과 상상력을 동원해서 이것들을 채워나감을 통해서 독서에 능동적으로 동참하게 되고 이런 과정을 거쳐서 새로운 의미가 형성되는데 중요한 역할을 한다. 하지만 이서는 독자가 자신의 상상력에 의해서 마음대로 틈새를 메울 수 있는 것은 아니며 본문의 인도를 잘 받는 범위 내에서 이루어져야 한다는 것을 강조한다.[73] 하지만 데이빗 블라이크(David Bleich)는 이서의 입장을 비판하면서 독서를 통해 생성되는 참된 의미는 문학작품을 읽는 독자가 자신이 읽고 있는 본문에 대해서 보이는 "주관적인 반응"(Subjective response)이라고 주장한다. 블라이크는 어떤 정해진 의미가 본문 안에 있는 것이 아니라 독서라는 행위를 통해서 독자에게 일어나는 자극과 그

---

72) Wolfgang Iser, *The Act of Reading* (Baltimore: Johns Hopkins University Press, 1978), 107.
73) 위의 책, 169.

런 자극에 반응하는 독자의 행위를 통해 의미가 형성된다고 주장한다.[74] 블라이크의 주장은 상당히 과격한 면을 가지고 있음에도 불구하고 독자가 독서의 과정에 적극적인 참여자일 뿐만 아니라 새로운 의미 형성에 있어 주도적인 역할을 한다는 것을 강조하는 측면에서 의미가 있다. 독자 중심적인 이해의 입장에 의하면, 독자는 독서의 행위의 주체가 되어야 하고 의미는 독자와 본문 사이에서 일어나는 어떤 "사건"이라고 이해되어야 한다. 독자는 땅 속에 묻혀있는 보물과 같이 본문 속에 감추어져 있는 하나의 참된 의미를 발견하는 것이 아니라 본문과의 상호작용 속에서 본문의 의미를 창조적으로 생산해낸다고 이해할 수 있다. 신약성경을 연구하는 방법론 가운데 이렇게 독자의 역할을 강조하는 것은 독자반응비평(Reader-response criticism)이 대표적이며 해방신학, 여성신학, 민중신학, 흑인신학과 같은 이데올로기적 비평(Ideological criticism)도 이런 해석방법과 연결되어 있다고 생각된다.

d. In front of the text

독자 중심적 이해는 독서의 과정에 있어 본문과 독자 사이의 역동적인 상호작용을 강조하면서 독자를 능동적인 참여자로 간주하고, 본문의 의미는 이런 상호작용에 의해서 새롭게 생성될 수 있다고 생각한다. 본문 앞에서 독서에 참여하고 있는 독자를 중시한다는 의미에서 "In front of the text" 해석방법이라고 이해되기도 한다. 이런 해석방법에 있어 본문은 독자가 자신의 모습을 비추어볼 수 있는 "거울"(Mirror)의 역할을 한다고 말할 수 있다. 독자는 문학 작품

---

74) David Bleich, *Subjective Criticism* (Baltimore: The Johns Hopkins University Press, 1978), 39.

을 읽으면서 자기 자신을 바라보게 되고 자신을 이해하게 된다. 자신이 가지고 있는 여러 가지 생각들과 의문점들을 독서의 과정에 가지고 올 수 있고, 때로는 독서과정을 통해 그런 의문점들에 대한 해답을 찾기도 하며 자신의 문제가 해결되는 치유를 경험하게 되기도 한다. 이런 측면에서 볼 때 본문의 의미라는 것은 본문 내에 위치하고 있는 것이 아니라 독자가 자신의 여러 상황 속에서 본문을 읽고 본문과 대화하면서 새롭게 발견하게 되는 어떤 것이라고 이해할 수 있다.

정리해 본다면, 우리는 이와 같이 다양한 해석방법을 가지고 있다는 것을 기억할 필요가 있다. 어떤 방법론을 선택하여서 신약성경을 읽을 것인가 하는 것은 쉬운 질문이 아니다. 중요한 것은 내가 신약성경을 읽고 해석할 때 우리는 이런 다양한 방법 가운데 하나를 선택하고 있다는 것을 의식해야 한다. 그리고 자신이 선택한 방법만이 옳은 것이 아니라는 것을 명심하면서 다른 방법을 통해 성경을 해석하는 사람들의 의견에 귀를 기울이는 겸손함이 필요하다.

2부
바울의 생애 이해와 해석

1장
사도 바울의 생애

I. 출생과 성장

학자들은 사도 바울이 디아스포라[1] 유대인으로 태어나서 자랐으며 다메섹에서 부활하신 예수님을 만나 회심한 후에 사도로 중요한 일을 감당하였던 시기는 주후 33년부터 60년 경이었으며, 대략 62-64년경에 로마에서 순교한 것으로 이해하고 있다.[2] 사도행전에 의하면[3] 바울은 소아시아(Asia Minor) 남동쪽에 있는 길리기아

---

1) 디아스포라(Diaspora) 유대인은 팔레스틴 땅이 아닌 다른 지역에 살고 있던 유대인들을 가리키는 말로 사용되었고, 이제는 "한민족 디아스포라"라는 말이 사용될 정도로 조상들이 전통적으로 살아오던 땅이 아닌 다른 지역에 살고 있는 사람들을 가리키는 말로 "디아스포라"라는 단어가 널리 사용되고 있다.

2) E. P. 샌더스, 이영립 역, 『바울』(서울: 시공사, 1999), 23.

3) 바울의 생애와 목회/선교활동을 연구함에 있어 사도행전에 기록된 내용들을 사용하는 데는 약간의 주의가 필요하다는 것이 여러 학자들의 지적이다. 이런 의견을 가진 학자들은 사도행전에 기록되어 있는 바울의 행적과 그의 서신서들에 묘사되고 있는 그의 삶과 활동 간에는 어느 정도 차이가 있다고 생각한다. 예를 들어 사도행전에 의하면, 바울은 다메섹 도상에서 부활하신 그리스도를 경험한 후에 아나니아의 인도함을 받아 다메섹 성으로 들어가서 거기서 복음을 전하다가 자신을 죽이려 하는 유대인들을 피해서 그 성을 떠난 후에 예루살렘으로 돌아온 것으로 되어 있다(행 9:23-26). 처음에 바울의 회심을 의심하던 예루살렘의 사도들과 제자들은 바나바의 적극적인 설명을 듣고 태도를 바꾸게 되며 바울을 받아들이게 된다. 이후로 바울은 이들과 함

의 수도였던 다소(Tarsus) 출신이었다(행 21:39; 22:3; 23:34). 학자들의 설명에 따르면, 다소는 몇 가지 점에서 독특한 점을 가지고 있었다. 먼저 다소는 로마시대의 비극적 사랑의 주인공이었던 안토니(Mark Antony)[4] 와 클레오파트라(Cleopatra)가 처음으로 얼굴과 얼굴을 대하여 만났던 곳으로 유명했다.[5] 다소는 또한 비옥한 평지위에 자리잡고 있었기에 양질의 아마(亞麻)가 생산되었을 뿐만 아니라 곡물과 포도가 많이 재배되었다. 다소에서 재배되는 아마는 양질의 천인 린넨(Linen)의 생산을 가능하게 하였고 염소털로 짠 천도 이곳에서 많이

게 예루살렘을 드나들면서 예수님의 이름을 담대히 말하기도 하고 논쟁을 벌이기도 하였다(행 9:26-29). 안디옥 교회의 파송을 받아 전도여행을 떠나게 된 바울은 여러 번의 전도여행 이후에 다시 예루살렘으로 돌아온 것으로 기록되어 있다(행 15:4; 21:17). 사도행전은 바울이 예루살렘에 자주 갔고 예루살렘교회의 지도자들 뿐만 아니라 교인들과 만나서 여러 일들을 함께 하는 관계였다고 말하고 있다. 하지만 갈라디아서에서 사도 바울은 자신이 하나님의 계시를 받은 이후에 예루살렘으로 올라가지 않고 아라비아로 갔다가 다메섹으로 돌아갔다고 말한다. 그리고 예루살렘을 방문한 것은 그때로부터 3년이 지난 후였을 뿐만 아니라 만난 사람도 주의 형제 야고보뿐이었다고 말한다(갈 1:17-18). 그리고 다시 예루살렘으로 올라간 것은 14년 후의 일이라고 밝히고 있는데(갈 2:1), 이 두 번째 방문이 그가 하나님의 계시를 받은 때로부터 14년 후의 일이라고 해도 바울이 다시 예루살렘으로 올라간 것은 첫 방문 이후 11년만의 일이 된다. 그리고 바울이 다시 예루살렘으로 올라갈 것을 말하고 있는 것은 자신이 모금한 것을 예루살렘교회에 전해주기 위한 것과 관련되어 있음을 말하고 있다(롬 15:25-32). 바울의 생애연구와 사도행전과의 관계에 대해서는 아래의 책을 참고하라. David A. DeSilva, *An Introduction to the New Testament: Contexts, Methods & Ministry Formation* (Downers Grove, IL: InterVarsity Press, 2004), 477.

4) 마크 안토니는 주전 49년, 루비콘강을 건너 로마로 진격했던 율리어스 시저의 최측근이었다. 주전 44년 시저가 브루투스(Brutus)와 그를 따르던 "자유주의자들"(Liberators)에 의해서 살해되자, 안토니는 시저의 입양 아들이었던 옥타비안(후에 로마의 황제가 된 아우구스투스)과 연합하여 브루투스와 그 일당들을 진멸하게 된다. 그러나 이후에 안토니와 옥타비안의 연합이 파괴되면서 안토니는 그 당시 거대제국이었던 이집트로 도망하여 이집트의 여왕 클레오파트라(Cleopatra VII)의 도움을 받게 되고 둘은 이내 사랑에 빠지게 된다. 안토니는 클레오파트라의 도움으로 거대한 해군병력을 형성하게 되고, 마침내 주전 31년 옥타비안의 군대를 악티움(Actium)에서 만나게 된다. 하지만 이 악티움 해전에서 대패하게 되고 안토니는 이듬해 스스로 목숨을 끊게 된다. Christopher Kelly, *The Roman Empire: A Very Short Introduction* (Oxford: Oxford University Press, 2006), 8-9.

5) F. F. 브루스, 박문재 역, 『바울』(서울: 크리스챤 다이제스트, 1992), 48-49.

가공되었다. 이런 덕분에 다소는 직물산업의 중심 도시였다.[6] 보그(Borg)와 크로산(Crossan)은 바울이 다소에서 받았던 가장 큰 혜택 중의 하나가 교육이었다고 말한다. 아우구스투스 황제의 개인 교사이기도 하였던 스토아 학파의 철학자였던 아테노도루스(Athenodorus)는 오랫동안 자신의 제자가 황제 역할을 잘 할 수 있도록 도운 후에 자신의 고향인 다소로 내려와서 대학의 학장이 되었을 뿐만 아니라 교육을 통해 도시 전체를 개혁하였다. 헬라철학과 수사학을 가르치는 학교가 많았기 때문에 그 곳의 학생들은 어릴적부터 이런 학문적인 분위기에서 공부를 하며 자랄 수 있었다.[7]

바울은 이곳에 이미 정착하여 살고 있었던 유대인 부모에게서 태어났는데, 예수님과 거의 동시대 혹은 예수님보다 조금 늦게 출생한 것으로 학자들은 추측하고 있다.[8] 바울은 자신이 아브라함의 후손으로 태어나서 난지 팔일만에 할례를 받고 베냐민 지파의 전통을 이어받았다고 말하고 있다(빌 3:5, 롬 11:1, 고후 11:22). 누가는 바울이 태어나면서 부터 로마시민권을 가지고 있었음을 밝히고 있다(행 22:28). 바울이 태어나면서부터 시민권을 가지고 있었다는 것은[9] 그의 부모가 이미 로마시민권을 가지고 있었다는 것을 의미하고, 이것은 또한 그의 부모가 최소한 사회중류층 이상에 속하는 재산과 영향력을 이미 가지고 있었다는 것을 의미한다.

---

6) 요아힘 그닐카, 이종한 역, 『바울로: 사도요 증인』(왜관: 분도 출판사, 2008), 35.
7) 마커스 보그, 존 도미닉 크로산, 김준우 역, 『첫번째 바울의 복음: 급진적인 바울이 어떻게 보수 신앙의 우상으로 둔갑했는가?』(서울: 한국기독교연구소, 2010), 86.
8) 샌더스, 『바울』, 23; 이광호, 『바울의 생애와 바울서신』(서울: 도서출판 깔뱅, 2007), 41.
9) 바울의 로마시민권은 그가 어려움으로부터 벗어나는 데 여러 번 중요한 도움을 준다 (행 22:22-29; 23:10, 27).

1. 성장 환경

바울의 출생과 성장배경에 대한 이러한 이해는 바울이 두 개 이상의 문화를 어릴적부터 자연스럽게 익혀왔음을 보여준다. 즉 그는 철저히 헬라화된 로마의 도시인 다소에서 태어나서 자랐으며 다소에 있던 학교에서 헬라의 철학과 수사학을 배울 수 있었고, 그 지역의 중요한 생산품이었던 아마와 같은 물건들을 사기 위해서 방문했던 많은 타지역 사람들을 보고 자라났다. 바울은 다소의 헬라적이며 개방적인 분위기 속에서 호흡하며 자랐을 것이다. 하지만 동시에 바울은 아들을 난지 팔일만에 할례를 받게 할 뿐만 아니라 자신들이 베냐민 지파에 속한 유대인이라는 것을 철저하게 가르친 유대인 부모 밑에서 자라났다. 바울의 이런 출생과 성장의 배경은 그가 젊을 때 철저하게 율법을 따르는 바리새인으로 자랄 수 있는 환경을 제공했을 뿐만 아니라 회심한 이후에 더 넓은 지역으로 복음을 전파하고 로마의 여러 도시들에 교회를 개척할 수 있는 중요한 배경이 되었음에 틀림없다. 요아힘 그닐카(Joachim Gnilka)는 바울의 성장에 대해서 이렇게 설명한다.

> 바[울이] 성장한 환경은 도시적이었다. 디아스포라 유대인의 아들로서 바[울은] 어릴 때부터 다른 혈통과 민족의 사람들을 만났을 뿐 아니라, 이 교역 중심지에서 나날이 세계에의 개방성도 체득했다. 그는 다른 문화와 관점을 지닌 사람들이 낯설지 않았고, 자라면서 그들에게 다가가고 그들의 생활 관습들을 눈여겨볼 수 있었다. 훗날의 위대한 선교사가 팔레스티나가 아니라 디아스포라 출신이라는 사

실은 우연이 아니라고 하겠다.... 바[울은] 다[소]에서 두 가지 문화, 즉 부모님 집의 유대교 문화와 그 도시에 넘쳐나던 그리고 그가 벗어날 수 없었던 그리스 문화에서 결정적 영향을 받았다. 그는 두 세계 사이의 나그네였고 또 언제까지나 그렇게 머물렀다.[10]

철저히 헬라적 도시인 다소에서 태어나서 자란 유대인으로 바울은 여러가지 언어와 문화를 익히면서 자연스럽게 하이브리드적 (Hybrid) 능력을 기를 수 있었다. 하이브리드적 능력이라는 것은 바울이 헬라문화 속에서도 편안함을 느낄 수 있었을 뿐만 아니라 유대문화속에서도 어색함을 경험하지 않았다는 것이다. 더 나아가 서로 다른 두 문화를 창조적으로 연결하여서 새로운 것을 만들어낼 수 있는 능력을 발휘하는 것을 의미한다. 이러한 바울의 하이브리드적 배경은 훗날 그가 헬라문화가 찬란하게 꽃피었던 로마의 거점도시들에서 유대적 배경을 짙게 가지고 있는 그리스도의 복음을 전파하고 교회를 개척하여 목회할 수 있는 수용성과 융통성, 창조성으로 이어지게 되었다.

2. 바울의 이름

디아스포라 유대인이었던 바울은 자연스럽게 두 개의 이름을

---

10) 그닐카, 『바울로』, 35.

가지고 있었는데, "사울"이라고 하는 히브리식 이름과[11] "바울"[12] 이라는 헬라식 로마 이름[13]이 그것이다. 그 당시 로마시민들은 보통 세 개의 단어들이 이어져 있는 이름을 가지고 있었다고 하는데, 이 이름의 첫부분은 프리노멘(Praenomen), 가운데 부분은 노멘(Nomen), 마지막 부분은 코그노멘(Cognomen)이라고 불렸다. 예를 들어 루비콘 강을 건너 로마로 진격한 로마장군, 시저의 원 이름은 가이어스 율리어스 시저(Gaius Julius Caesar)이다. 이 이름의 첫번째 부분 즉 가이어스는 프리노멘이며, 율리어스는 노멘, 마지막의 시저는 코그노멘이다. 프리노멘은 부모가 붙여주는 이름으로 우리식의 이름에 해당한다. 하지만 로마시대에 프리노멘으로 선택되는 이름은 그다지 많지 않았는데 가이어스(Gaius), 그니어스(Gnaeus), 마르쿠스(Marcus), 퀸터스(Quintus), 퍼블리어스(Publius), 티베리어스(Tiberius), 티투스(Titus) 정도였다. 두 번째 부분인 노멘은 씨족(Family clan)을 나타내는 것으로 처음 로마에 정착한 가족들의 이름이었다. 하지만 로마의 경계가 점점 확대됨에 따라 처음 로마에 정착하지 않은 가족들의 이름도 노멘으로 쓰이게 되었다. 대표적인 노멘은 클라우디어스(Claudius), 코넬리어스(Cornelius), 도미티어스(Domitius), 율리어스(Julius), 유니어스(Junius), 폼페이어스(Pompeius), 안토니어스

---

11) 구약성경에서 이스라엘의 첫 왕이었던 사울은 바울의 부모들이 속했던 베냐민 지파의 대표적인 인물이었다(삼상 9:1-2). 자신들이 베냐민 지파라는 의식을 분명히 가지고 있었던 바울의 부모는 자신들이 속해 있는 지파의 대표적인 사람의 이름을 자신들의 아들에게 붙여 주었을지도 모른다.

12) 바울(Paulus)이라는 말은 라틴어적 어미로 "작은" 혹은 "겸손한"이라는 의미이다.

13) 누가는 사도행전에서 스데반이 돌에 맞아 순교하는 장면에서, 그를 돌로 쳐 죽이는 사람들이 "사울이라 하는 청년의 발 앞에" 자신들의 옷을 벗어 두었다(행 7:58)고 말하면서 바울을 처음으로 소개한다. 그리고 회심한 바울이 안디옥 교회에 의해서 바나바와 함께 선교사로 파송받아 제1차 전도여행을 떠나 바보라는 지역에 도착하여서 선교활동을 하는 모습을 묘사하면서 "바울이라고 하는 사울이"(행 13:9)라고 표현하여 바울과 사울이 한 사람을 지칭하는 두 개의 이름이었다는 것을 말해주고 있다.

(Antonius), 디디어스(Didius), 발레리어스(Valerius) 등이었다. 세 번째 부분인 코그노멘은 별명이기도 하고 같은 이름을 가진 사람과 차별을 두기 위해 불렸던 고유의 이름이기도 하고 씨족보다 작은 단위의 가족을 지칭하는 말이기도 하다. 따라서 가이어스 율리어스 시저(Gaius Julius Caesar)가 흔히 시저라고 불리는 이유는 코그노멘이 그 사람의 독특성을 나타내는 역할을 하기 때문이다.

이름의 가운데 부분인 노멘은 때때로 새롭게 로마의 시민이 되거나 새로운 가족의 일원이 된 사람이 어떻게 그렇게 되었는지를 알려주는 역할을 하기도 했다. 어떤 사람이 새롭게 로마시민권을 가지게 되었다면, 시민이 될 수 있도록 후원해준 사람의 노멘을 자신의 노멘으로 사용하는 것이 관례였고, 새로운 가족이 되었다면 자신이 가족이 되도록 한 사람의 노멘을 사용하였다. 앞에서 잠깐 언급되었던 로마제국의 첫 황제였던 옥타비안의 원래 이름은 가이어스 옥타비어스(Gaius Octavius)였다. 역사가들이 그를 흔히 옥타비안(Octavian)이라고 불렀기 때문에 옥타비어스(Octavius) 혹은 옥타비아누스(Octavianus)가 아니라 옥타비안으로 알려져있다. 가이어스 옥타비어스라는 이름은 그가 태어나면서부터 시저의 입양아가 되기 전까지 사용한 것으로 생각된다. 하지만 주전 44년 그가 시저의 입양아들이 되면서 부터 그의 공식적인 이름은 가이어스 율리어스 시저 옥타비아누스(Gaius Julius Caesar Octavianus)가 되었다. 그의 이름의 노멘은 누가 그를 새로운 가족의 일원으로 받아들였는지를 보여주고 있다.

로마시민이었던 바울도 그 당시 다른 로마시민들처럼 세 개의 단어로 이루어진 이름을 가지고 있었을 것으로 학자들은 생각한다. 하지만 불행하게도 우리는 그의 이름 전체가 어떤 것이었는지 알지 못한다. 단지 그가 "바울"로 알려져 있었다는 (물론 처음에는 히브리식 이름인 사울로) 사실만을 알고 있을 뿐이며 이 이름은 코그노멘이었다고 생각된다. 우리가 만약 그의 노멘을 알 수 있다고 하면, 유대인이었던 그의 부모 혹은 그 윗대의 조상이 어떻게 혹은 누구의 도움으로 로마시민이 되었는지에 대해서 알 수 있을 것이다. 하지만 우리는 그의 코그노멘만을 알고 있을 뿐이다.[14] 이름의 마지막 부분인 코그노멘이 바울(Paulus)이었던 디아스포라 유대인이 우리가 알고 있는 저 위대한 복음전도자 바울이다.

3. 바울의 언어

헬라문화와 철학을 깊이 가르쳤던 교육의 도시 다소에서 자라면서 교육을 받았던 바울은 그 당시 국제적인 언어였던 헬라어를 잘 알고 있었음에 틀림없다. 그는 헬라어를 알았을 뿐만 아니라 히브리어로 말할 수 있었다고 누가는 증언하고 있다(행 21:40; 22:2). 또 로마시민으로 태어나서 자란 바울은 라틴어를 구사할 수 있었던 것으로 생각된다.[15] 유대의 전통에 대한 분명한 의식을 가지고 있었던 바울의 부모들은 팔레스틴에서 주로 사용하였던 언어인 아람어를 집에

---

14) 이런 로마식 이름과 바울의 이름에 대해서는 부루스, 위의 책, 51; Tim Hegg, *The Letter Writer: Paul's Background and Torah Perspective* (Tacoma, WA: First Fruits of Zion, 2002), 28-31을 참고하라.

15) 샌더스, 『바울』, 27.

서 사용하였을 것이라고 생각하는 학자도 있다.[16] 어떤 이들은 바울이 예루살렘에서 성장했다는 표현(행 22:3)에 근거해서는 그가 아람어를 구사할 수 있었을 뿐만 아니라 심지어 그의 모국어가 아람어였다고 주장하기도 한다.[17] 하지만 바울이 자신의 서신들을 헬라어로 기록하고 있을 뿐만 아니라 구약을 인용할 때 히브리어가 아닌 칠십인역(LXX)을 인용하고 있는 모습은(갈 4:27,30)[18] 바울이 아람어나 히브리어가 아닌 헬라어를 주로 사용하고 있었음을 보여주는 증거가 될 수 있다.[19] 폴 악트마이어(Paul J. Achtemeier)와 그의 동료 학자들은 바울이 쓴 편지를 살펴보면 바울의 모국어가 헬라어였다는 것이 확실하다고 설명한다.[20] 여러 학자들은 바울이 헬라어, 아람어, 히브리어, 라틴어 이렇게 네 가지 언어를 구사할 수 있었으리라 생각한

---

16) 그닐카는 팔레스틴 출신이었던 바울의 가족들은 아람어를 즐겨 사용했다고 주장한다. 그닐카, 『바울로』, 37.

17) 브루스는 사도 바울이 예루살렘 사람들에게 히브리어로 말을 하고, 다메섹 도상에서 들었던 음성이 히브리어였다(행 26:14)는 것에 근거해서 아람어가 바울의 모국어였다는 주장을 한다. 브루스, 『바울』, 56. 하지만 히브리어와 아람어는 분명히 다른 언어로 바울이 히브리어를 말할 수 있었기 때문에 그의 모국어가 아람어였다고 주장하는 것은 설득력이 떨어진다.

18) Walter A. Elwell and Robert W. Yarbrough, *Encountering the New Testament* (Grand Rapids, MI: Baker Books, 1998), 256.

19) 사도행전 21장에 기록되어 있는 사건은 바울의 언어사용에 대한 정보를 제공한다. 3차 전도여행을 마친 바울은 예루살렘 성전에 올라가서 다른 유대인들을 만나게 된다. 하지만 이들은 바울이 율법을 훼방할 뿐만 아니라 이방인들을 성전으로 데리고 왔다고 주장하면서 바울을 잡아 죽이고자 한다. 이런 소동을 진정시키기 위해서 천부장과 로마군인들이 출동하게 되고 바울은 로마군인들에게 붙잡힌다. 로마군인들이 바울을 영내로 데리고 들어가려고 할 때 사도 바울은 천부장에게 "내가 당신에게 말 할 수 있느냐?"고 묻는다. 이 바울의 질문에 천부장은 "내가 헬라 말을 아느냐?"라고 다시 질문을 하고 있다(21:37). 사도 바울이 질문할 때 아람어로 질문했다기보다는 헬라어로 질문했을 가능성이 많다. 식민지였던 팔레스틴 땅에 주둔해있던 천부장은 유대인들이 질문할 때 아람어로 질문할 것을 예상하고 있었지만, 바울이 헬라어로 질문했기 때문에 천부장은 놀랐으며 바울에게 "헬라 말을 아느냐?"고 질문하고 있다고 이해하는 것이 좀더 자연스럽다.

20) Paul J. Achtemeier, Joel B. Green, and Marianne M. Thompson, *Introducing the New Testament: Its literature and Theology* (Grand Rapids, MI: Eerdmans, 2001), 289.

다.[21] 바울서신에 쓰여진 헬라어 단어와 표현들은 그가 상당한 수준의 문자교육, 즉 그 당시 사회의 중류층에 속하는 사람들이 받았을 법한 정도의 학문적 훈련을 받았음을 보여주고 있다.[22] 그리고 바울은 비서를 통해 편지를 작성하는 법도 알고 있었다(롬 16:22).

바울은 디아스포라 유대인 부모에게서 태어나 자라나면서 유대인들의 언어였던 히브리어와 아람어를 익혔을 뿐만 아니라 유대문화도 몸에 익히며 살았을 것으로 추측해볼 수 있다. 바울은 청소년기 어느 때에 예루살렘으로 와서 바리새인이 되기 위한 교육을 받으며 유대문화와 언어를 충분히 익혔을 가능성이 많다. 실제로 바울은 자신이 유대교의 가르침과 삶에 열심이었을 뿐만 아니라 "지나치게" 믿었다고 말하고 있는데(갈 1:14) 이런 언급은 그가 청소년기 때부터 유대적인 교육을 철저히 받았을 가능성이 많음을 시사해준다. 하지만 바울이 자신의 서신들을 헬라어로 썼다고 하는 것은 그의 사고와 언어사용이 그 당시 헬라문화에 깊이 영향을 받았다는 것을 반증하는 것이다. 이처럼 사도 바울은 상당히 다양한 언어와 문화에 어릴적부터 노출되어 있었고, 이런 문화들을 필요에 따라 받아들여서 자신의 것으로 만들어 사용할 수 있는 하이브리드적 창조성을 어릴적부터 계발해왔다는 것을 알 수 있다. 이렇게 다양성을 포용하면서도 자신의 것으로 소화시킬 수 있는 통합성과 창조성은 바

---

21) 안셀름 그륀, 이종한 역, 『사도 바오로와 그리스도 체험』(왜관: 분도출판사, 2007), 14.

22) 샌더스는 바울이 사용한 헬라어는 그 당시 많은 사람들이 사용하고 있었던 코이네 헬라어였음을 지적하면서, 바울의 헬라어는 "분명하고 박력이 있었으나 우아하지는 않았다"고 평가한다. 이런 평가는 바울의 문체가 그 당시 부유층들이 받았던 우아하고 고상한 산문체와는 차이가 있는 것이었으며, 소위 말하는 "중류층"에 속한 사람들이 사용하였던 헬라어를 사용하고 있었던 것으로 판단하는 근거가 된다. 샌더스, 『바울』, 27.

울이 초대교회를 이끄는 가장 중요한 목회자 중의 한 명으로 활동할 수 있는 중요한 요소가 되었음에 틀림없다.

II. 교육과 훈련

1. 천막 만드는 일

바울은 어린시절부터 여러 교육과 훈련을 받았는데, 그 중의 하나가 천막 만드는 일(행 18:3)이었다. 바울은 천막 만드는 일을 전문적으로 훈련받았고 이것이 그의 생업이 되었다. 사도 바울은 누구에게도 폐를 끼치지 않기 위해서 밤낮으로 일하면서(살전 2:9, 고전 4:12) 복음을 전하였다고 말한다. 천막 만드는 기술은 바울이 여러 도시를 다니면서 새롭게 교회를 개척할 수 있는 중요한 도구 역할을 하였다. 아마 바울은 나귀와 같은 짐승위에 천막을 만들 수 있는 재료와 그 재료들을 재단하고 자르고 기울 수 있는 도구들을 싣고 다녔을 것이다. 바울은 낯선 소도시에 도착하면 먼저 사람들이 물건을 사고파는 시장이었던 포럼(Forum)을 방문하여서 포럼의 한 부분을 얻어 자신의 천막 만드는 가게를 차렸다. 이 가게를 방문하는 사람들에게 천막에 대해서 설명하고 주문을 받고 그 천막을 만들면서 복음에 대한 이야기를 시작하였다. 천막을 만드는 일은 주로 몸으로, 특히 손을 사용하는 작업이었기 때문에 손님들에게 예수 그리스도의 복음에 대해서 자연스럽게 이야기할 수 있었다. 이렇게 전한 복음을 받아들이는 사람이 한두명씩 생겨나면서 그는 가정교회를 시작할 수 있었고 그런 가정교회가 바울이 로마의 거점도시들에 세워나갔던 초대교회가 되었다. 이런 면에서 바울의 장막 만드는 기술은 그의 선교와 목회에 있어 중요한 역할을 하였다고 할 수 있다.

학자들은 그가 취급하였던 장막의 종류가 무엇인가에 대해 논의하기도 한다. 학자들의 의견은 크게 두 가지로 정리될 수 있는데, 하나는 그가 동물의 가죽을 주로 사용하였다는 것이고, 다른 하나는 아마실로 짠 천인 린넨이었다는 것이다. 아마실로 짠 린넨이 그 도구였다고 생각하는 이들은 그 당시 가죽천막은 주로 군대에서 사용하는 것이었기 때문에 바울이 보통 사람들이 물건을 사고파는 포럼에서 천막을 구입하던 사람들에게 판매한 것은 주로 집에서 뜨거운 태양을 피하기 위해 사용했던 아마로 된 린넨이었을 것이라고 설명한다.[23] 하지만 어떤이들은 바울이 천막을 만들기 위해서 사용한 것은 동물의 가죽이었다고 추측하면서 바울은 그 당시의 관례를 따라 아버지가 가지고 있던 직업을 이어받았는데 그것이 가죽으로 천막을 만드는 일이었다는 것이다. 부루스는 바울의 아버지 혹은 할아버지가 로마 군대를 위해 가죽천막을 만들어주었고, 로마 군대에 크게 공헌한 결과로 로마 시민권을 얻었을 가능성에 대해 말하고 있다.[24] 성경은 바울이 어떤 종류의 재료를 사용해서 천막을 만들었는지 설명하고 있지 않다. 다만 그가 천막 만드는 기술이 있었으며 이 기술로 자신의 기본적인 생활을 꾸려 나갔을 뿐만 아니라 이를 계기로 브리스길라와 아굴라와 같은 좋은 동역자를(행 18:2-3) 얻게 되었다고 말하고 있다.

---

23) Achtemeier, *Introducing*, 290.
24) 브루스, 『바울』, 51.

2. 바리새인의 훈련

바울이 받았던 또 다른 중요한 훈련은 바리새인의 엄격한 교육이였고, 자신의 생애의 전반기를 열심있는 바리새인으로 살았다. 대표적인 구절을 소개한다면 다음과 같다.

"…가말리엘의 문하에서 우리 조상들의 율법의 엄한 교훈을 받았고…"(행 22:3)

"여러분 형제들아 나는 바리새인이요 또 바리새인의 아들이라 죽은 자의 소망 곧 부활로 말미암아 내가 심문을 받노라"(행 23:6b)

"일찍부터 나를 알았으니 그들이 증언하려 하면 내가 우리 종교의 가장 엄한 파를 따라 바리새인의 생활을 하였다고 할 것이라"(행 26:5)

"히브리인 중의 히브리인이요 율법으로는 바리새인이요"(빌 3:5b)

우리가 흔히 바울의 교육에 대해 이야기할 때 가장 먼저 떠올리는 것은 바울이 그 당시 가장 유명한 율법교사이면서 바리새인이였던 가말리엘(Gamaliel)의 문하에서 교육을 받았다는 것이다. 위의 구절에서 살펴본 것처럼 누가는 이 점을 분명하게 밝혀주고 있다. 클라우스 헥커(Klaus Haacker)는 바울이 율법교사가 되려는 목적을 가지고 있었는지에 대해서는 정확하게 알 수 없지만 "바울이 가말리엘의 집에서 혹은 가말리엘의 지도하에 있던 학교에서 자라났음에 틀림없다"고 주장한다.[25] 하지만 모든 학자들이 누가의 표현, 즉 바울이 가말리엘의 제자로 충실하게 교육을 받았다는 것에 동의하는 것은 아니다. E. P. 샌더스(Sanders)는 바울이 가말리엘의 제자였다는 사도행전의 언급(행 22:3)과 사도 바울이 교회를 극심하게 핍박했다(갈 1:13; 고전 15:9)는 고백이 서로 상충한다고 설명한다. 샌더스에 의하면 바울이 바리새인이었을 뿐만 아니라 열성적인 사람이었다는 것을 이야기하는 행동 중의 하나가 기독교 운동을 박해한 것이었다고 설명한다. 하지만 사도행전의 기록에 의하면 가말리엘이 초대교회 지도자들에 대한 관용적인 태도를 가지라고 조언하였다는 것을 언급하면서[26] 샌더스는 사도 바울이 초대교회에 대해서 적대적이지 않았던 가말리엘의 문하에서 훈련받은 사람이었다는 언급과 사도 바울이 극심하게 초대교회를 박해하였다는 묘사가 상충된다는 것을 지적한다.[27]

이런 상충되는 모습을 해결하기 위한 학자들의 설명을 몇 가지로 나누어 볼 수 있다. 먼저 분명한 것은 회심 이전의 바울이 초대교

---

25) Klaus Haacker, "Paul's life and work," *The Cambridge Companion to St. Paul* (ed. James D. G. Dunn; Cambridge, UK: Cambridge University Press, 2003), 21-22.

26) 베드로와 다른 사도들이 제사장을 따르던 무리들에게 잡혀 공회 앞에 끌려왔을 때 가말리엘이 나서서 사도들을 변호한다. 가말리엘은 드다와 갈릴리 유다의 예를 들면서 사도들의 하는 일이 사람에게 났으면 무너질 것이고, 하나님께로부터 왔으면 무너뜨릴 수 없을 뿐만 아니라 오히려 하나님을 대적하게 될 수 있다고 말하면서 그냥 내버려둘 것을 조언함으로 죽음의 위기에 처한 사도들을 도와주고 있다(행 5:33-39).

27) 샌더스, 『바울』, 24.

회의 교인들을 극심하게 박해하였다는 것이다.[28] 바울이 박해자였다면 두 가지 가능성이 생기게 된다. 하나는 바울이 가말리엘로부터 초대교회에 대한 관용적인 태도를 배우지 않은 것이다. 이런 입장을 주장하는 사람은 샌더스이다: "만일 바울이 가말리엘의 문하생이었다면 바울은 그로부터 가혹행위와 박해를 가하는 것을 배우지는 않았을 것이다.[29] 또 다른 입장은 바울 자신이 가말리엘의 문하에서 엄격한 교육을 받았다는 말이나(행 22:3) 가말리엘이 사도들을 도와주었다는 언급(행 5:33-39)중 하나가 사실이 아니라고 생각하는 것이다. 핵커는 사도행전 5장에서 가말리엘이 드다와 갈릴리 유다를 언급하는 것이 요세푸스의 기록과 차이가 많다는 이유로 이 사건의 역사성을 의심한다.[30] 가말리엘이 위기에 처한 사도들을 도와주었다

---

28) 스스로 바리새인이었음을 말하고 있는 바울이 초대교회를 핍박하였다고 하는 사실은 학자들로 하여금 바리새인들과 초대교회의 관계에 대해서 관심을 가지게 하였고, 누가복음과 사도행전에 나타나는 바리새인들의 초대교회와 그리스도인들을 향한 태도를 연구하게 하였다. 이런 연구는 두 가지의 입장으로 나누어진다. 일부의 학자들은 누가복음과 사도행전의 저자인 누가가 다른 복음서에 비해서 바리새인들을 긍정적으로 표현하고 있다고 생각한다. 이런 학자들은 바리새인들이 예수님을 저녁식사에 초대하고(눅 7:36; 11:37; 14:1), 헤롯왕이 예수님을 죽이려는 계획에 대해 경고하는(눅 13:31) 부분을 자신들의 주장의 근거로 제시한다. 하지만 다른 학자들은 누가가 다른 복음서의 저자들과 같이 바리새인들을 여전히 예수님과 초대교회에 대해 적대적인 사람들로 부정적으로 묘사하고 있음을 주장한다. 이들은 바리새인들이 예수님께서 세리와 죄인들과 함께 교제하시는 것(눅 5:30, 15:2)을 비판하고, 바리새인들이 돈을 사랑하는 자들로 소개되고(눅 16:14), 예수님께서 바리새인들을 심하게 꾸짖으시는 본문(눅 7:42-44)을 자신들의 주장의 근거로 제시한다. 누가의 바리새인들에 대한 묘사에 대한 연구는 다음의 연구물들을 참고하라. J. A. Ziesler, "Luke and The Pharisees," *NTS* 25(1978-9): 146-57; E. Springs Steele, *Jesus' Table-Fellowship with Pharisees: An Editorial Analysis of Luke 7:36-50, 11: 37-54, and 14:1-24*(Ann Arbor, MI: University Microfilms, 1981); Jack T. Sanders, "The Pharisees in Luke-Acts," The Living Text: Essays in *Honor of Ernest W. Saunders*(Lanham, MD: University Press of America, 1985): 141-88; John T. Carroll, "Luke's Portrayal of the Pharisees," *CBQ* 50 (1988): 604-21; David B. Gowler, *Host, Guest, Enemy and Friend: Portraits of the Pharisees in Luke and Acts*(New York: Peter Lang, 1991).

29) 샌더스, 『바울』, 24.

30) Haacker, "Paul's life and work", 22.

는 것이 사실이 아닐 가능성이 많다는 주장이다. 핵커는 또 다른 하나의 가능성을 제시하고 있는데, 그것은 바리새인이었던 가말리엘은 사형과 같은 극단적인 행동에 대해서도 긍정적인 입장을 가지고 있던 사두개인들(사도들을 붙잡았던 주된 세력들은 제사장과 사두개인들이었다. 행 5:17 참고)에 반대하는 입장에 서있었기 때문에 바울을 그냥 놔두라고 조언했을 가능성도 있다고 말한다.[31] 이런 설명들 가운데 사도행전 5장의 역사성을 의심하는 것보다는, 샌더스가 설명하는 것처럼 바울이 비록 가말리엘의 문하에서 공부를 하고 훈련을 받았지만, 그의 초대교회에 대한 관용적인 태도를 배우지는 않았다고 설명하는 것이 좀더 쉬운 이해라고 할 수 있다. 바울은 자신이 같은 나이의 어떤 유대인들보다 조상들의 전통을 지나칠 정도로 열심히 지켰다고 고백하고 있는데(갈 1:14) 그의 이런 지나칠 정도의 열심으로 인해 조상들의 가르침을 따르지 않는 무리들, 즉 초대교인들을 핍박하였던 것으로 생각해볼 수 있다.

III. 교육과 훈련의 장소

1. 학자들의 의견들

전형적인 헬라도시 다소에서 태어나 자란 바울이 언제 율법공부

---

31) 위의 책.

를 시작하였으며, 그가 예루살렘에 간 것은 언제였는지에 대해 학자들은 다양한 의견을 제시하고 있다. 이런 학자들의 입장은 세 가지 정도로 구분해 볼 수 있겠는데, 첫째는 바울이 아주 어린 시절에 예루살렘으로 옮겨가서 그 곳에서 자랐다는 견해이고, 둘째는 바울이 성인이 된 다음에 예루살렘으로 갔다는 견해이며, 셋째는 바울이 청소년 시절에 예루살렘으로 가게 되었다고 이해하는 입장이다. 이런 다른 견해를 보이는 학자들이 주목해서 해석하는 구절이 사도행전 22장 3절이다: "나는 유대인으로 길리기아 다소에서 났고 이 성에서 자라 가말리엘의 문하에서 우리 조상들의 율법의 엄한 교훈을 받았고…." 이 구절에 쓰이고 있는 표현을 어떻게 해석하느냐에 따라 바울이 이 구절에서 어떤 정보를 제공하고 있는지에 대한 이해가 달라진다고 할 수 있다. 이런 다른 견해들을 조금 더 자세히 살펴보자.

먼저 첫째 의견, 즉 바울은 아주 어린시절에 예루살렘으로 옮겨가서 자랐고, 거기서 율법을 공부하며 철저한 바리새인이 되는 훈련을 받았다는 입장을 주장하는 학자 중의 한 명으로 언급될 수 있는 사람은 운닉(W. C. van Unnik)이다. 운닉은 사도행전 22장 3절에서 분사의 형태로 사용되고 있는 동사들에 주목한다. 이 동사들은 "태어났고," "자랐고," 교훈을 받았고"라는 단어 이다. 이 가운데서도 특히 바울이 자신은 "이 성"[32] 즉 예루살렘에서 "자라나서"라는 표현을 하기 위해 "자라나다" 혹은 "양육되다"라는 뜻의 헬라어 동사

---

32) 바울이 말하는 "이 성에서"이라는 표현이 바울이 백성들 앞에서 자신에 대해 변증하고 있는 장소인 예루살렘을 가리키는 말이 아니라 바울이 바로 앞에 언급한 도시인 다소, 즉 자신의 태어난 도시를 말하는 것이라고 이해하는 학자도 있다. Nigel Turner, *Grammatical Insights into the New Testament* (Edinburgh: T & T Clark, 1965), 83-84.

아나트레포(ἀνατρέφω)의 완료 수동태 분사형인 아나테쓰람메노스 (ἀνατεθραμμένος)를 사용하고 있다는 것을 운닉은 강조한다. 운닉은 바울이 사용하고 있는 이 수동태 분사형을 통해 독자들이 알수 있는 사실은 바울은 아주 어릴적에 자신의 부모에 의해서 예루살렘으로 옮겨와서 자라게 되었고[33] 결과적으로 헬라어가 아닌 아람어를 자신의 모국어로 사용하며 자랐을 가능성을 말해주는 것이라고 주장한다.[34] 비슷한 입장에서 팀헤그(Tim Hegg)도 바울이 사용하고 있는 헬라어 단어 아나트레포가 어린아이를 기르다는 표현에 자주 쓰인다는 것을 언급하면서 바울이 다소에서 태어났지만, 그가 실제로 성장한 곳은 예루살렘이라고 주장한다.[35] 이런 학자들의 주장에 의하면, 바울이 헬라단어 아나트레포의 수동태 분사형을 사용한 것은 자신이 태어나기는 다소에서 태어났지만, 실제로 어린시절부터 자라난 곳은 예루살렘이었으며 그 결과로 헬라어보다는 그 당시 예루살렘에서 주로 사용되었던 아람어를 모국으로 배우고 익히면서 자랐다고 이해할 수 있다.

둘째 견해는 바울은 다소에서 태어나서 자랐으며, 그가 예루살렘으로 옮겨간 것은 10대 후반 내지 20대 초반이었을 것이라고 이해하는 것이다. 머피 오코너(Murphy-O'Connor)는 바울이 헬라교육

---

33) 팀헤그(Tim Hegg)는 예루살렘에 바울의 조카가 있었다는 누가의 언급에 근거해서 (행 23:16), 바울의 누이와 조카가 예루살렘에 살고 있었고, 이는 어느 시점에선가 바울의 가족 전체가 다소에서 예루살렘으로 이주하였다는 것을 보여주는 근거가 될 수 있다고 말한다. Hegg, *Letter Writer*, 36. 하지만 바울의 조카에 대한 짧은 언급을 근거로 바울의 온 가족이 예루살렘으로 이주해 왔다고 생각하는 것은 무리가 많은 추측이다.

34) W. C. van Unnik, *Tarsus or Jerusalem: The City of Paul's Youth*(trans. George Ogg; London: Epworth, 1962), 301-304.

35) Hegg, *Letter Writer*, 34-35.

의 중요 도시 중의 하나였던 다소에 있는 수사학교에 다니면서 헬라
철학과 수사학을 익혔으며, 이런 교육의 결과로 바울은 자신의 생
각을 분명하고 활기차게 전달할 수 있는 헬라어 구사능력을 가질 수
있게 되었다고 설명한다. 바울의 유대적 종교교육은 주로 자신의 가
정에서 그의 부모에 의해 이루어졌을 뿐만 아니라, 다소에 있었던
유대교 회당에서 행해진 공적인 예배와 교육에 참여함을 통해 이루
어졌다고 이해한다. 이때 바울이 주로 사용하였던 유대교 경전은 히
브리어 성경의 헬라어 번역본이었다. 이런 바울이 예루살렘을 향해
발걸음을 옮긴 것은 그가 수사학 공부는 마친 후인 19세 혹은 20세
정도였을 것이라고 오코너는 주장한다.[36] 레이몬드 브라운(Raymond
E. Brown)도 비슷한 견해를 밝히고 있는데, 다소에서 기본적인 유대
교 종교교육을 이미 받은 바울이 20대가 되면서 율법(토라)를 공부하
기 위해서 예루살렘으로 갔다고 설명한다.[37] 이런 학자들의 설명에
따르면, 바울은 어린 시절 다소에서 헬라철학과 문학, 그리고 수사
학을 충분히 공부한 후에 성인이 되어서 예루살렘으로 가서 율법을
전문적으로 공부하기 시작했다고 이해할 수 있다. 하지만 바울은 유
대적 전통을 자랑스럽게 생각하고 있었던 자신의 가정에서, 그리고
디아스포라 유대인들을 위한 유대교 회당에서 이루어진 종교의식
과 교육을 통해 토라에 대한 기본적인 지식을 이미 가지고 있었다고
생각할 수 있다.

　　셋째 의견은 바울이 청소년 시절에 예루살렘으로 옮겨갔다는

---

36) 제롬 머피 오코너, 정대철 역, 『바울 이야기』(서울: 두란노 서원, 2006), 17-29.
37) Raymond E. Brown, *An Introduction to the New Testament* (New York, NY:
　　Doulbleday, 1997), 425-26.

것이다. 길리기아 다소에서 태어나서 자란 바울은 유년기와 초등교육의 과정을[38] 다소에서 마친 후에 유대소년의 성인식인 바르 미츠바(Bar Mitzvah)를 즈음하여 예루살렘으로 갔고, 거기서 본격적으로 율법(토라)을 공부하였다고 이해하는 입장이다. 유대인들의 전통적인 교육방식에 관심을 가지고 있는 조영엽은 바르 미츠바를 치른 13세 이상된 학생들 가운데 명석하다고 평가받는 소년들은 랍비학교에 입학하여서 율법을 배웠기 때문에, 바울이 가말리엘의 문하생으로 교육을 받았다는 말은 그가 "적어도 13세 이전에 예루살렘으로 갔다는 것을 말해준다"[39]고 설명한다.

2. 사도행전 22장 3절

이런 다양한 의견 가운데 바울이 진술하고 있는 내용을 좀더 충실하게 설명하는 것은 무엇이며, 어떤 견해가 바울의 전체 그림과 조화를 이룰 수 있을까? 사도행전 22장 3절을 좀더 자세히 살펴보는 것이 도움이 될 것이다: "나는 유대인으로 길리기아 다소에서 났

---

38) 유대전통에 따르면, 유대가정에서 태어나서 자란 남자아이는 보통 5살이 되면 율법을 읽는 훈련을 시작하고, 10살 정도가 되면 구전토라(Oral Torah)를 적어놓은 미쉬나(Mishnah)를 배우기 시작하는데, 이런 교육의 가장 기본적인 책임은 부모에게 있었다. Hegg, *Letter Writer*, 35.

39) 조영엽은 유대교 가정에서 태어나서 자란 소년이 어떤 과정을 거쳐서 교육을 받고 자라게 되는가에 대해서 좀더 자세하게 설명해 주고 있는데, 그에 의하면 소년들은 5살 때부터 시편의 일부를 암송하기 시작하고, 10살 때는 미쉬나학교에 입학해서 유대교의 구전법(Oral law)과 장로들의 유전을 배우며, 13살 때 성인식인 바르 마츠바를 치르게 된다. 그리고 이 성인식 이후에 생업과 관련된 기술들을 배우기 시작하고, 이때 총명하다고 인정된 학생들은 랍비학교에 들어가서 랍비로부터 토라를 배우게 되며, 18-20세에는 결혼하게 된다. 조영엽, 『사도 바울의 생애와 선교』(서울: 기독교 문서선교회, 2011), 37, 55-56.

고 이 성에서 자라 가말리엘의 문하에서 우리 조상들의 율법의 엄한 교훈을 받았고…" 여기서 분명하게 설명되고 있는 것은, 첫째 바울은 자신이 팔레스틴 땅이 아닌 길리기아의 다소성에서 태어난 유대인이라고 말한다. 즉 그는 유대인의 혈통을 이어 받은 유대인이지만, 유대인들이 전통적으로 살아온 땅에서 태어난 것이 아니라 길리기아 지역으로 이민/이주한 부모로부터 태어났다는 것을 말한다. 이런 배경은 바울이 헬라문화가 발전한 로마의 도시에서 유대전통을 이어받은 아이로 태어났다는 것을 말하고 있다. 둘째는 가말리엘의 지도하에서 율법에 대한 교육을 받았다는 것이다. 한글 성경에서 "가말리엘의 문하에서"라고 번역된 헬라어 표현[παρὰ τοὺς πόδας Γαμαλιὴλ]을 문자적으로 번역한다면 "가말리엘의 발 아래에서"라고 할 수 있다. 헤그는 이스라엘의 전통적인 교육방법에 있어 학생들이 "교사의 발 아래에 앉는다"는 것은 실제적인 교육이 이루어지는 장면을 말하는 것이기도 하고 가르치는 선생님에 대한 존경의 표현이라고 설명한다. 바울은 1세기 유대문화에서 널리 사용되던 선생님과 학생과의 관계를 묘사하는 표현인 "발 아래에서"를 통해 자신의 배움과 훈련의 과정을 표현하고 있다고 설명한다.[40] 가말리엘이라고 하는 그 당시 유명한 바리새인 지도자의 "발 아래에서" 율법을 배우던 많은 학생들 중의 하나로 바울은 체계적인 교육을 받았다고 말하고 있다.

이런 두 가지의 비교적 분명해보이는 내용과 달리 조심스럽게 해석해야할 부분이 "이 성에서 자라"라는 표현이다. 앞에서도 잠깐

---

40) Hegg, *Letter Writer*, 34.

언급된 것처럼 바울이 말하는 "이 성"이란 자신이 태어난 장소인 다소성을 가리키는 것이라기보다는 자신이 지금 서서 말하고 있는 장소인 예루살렘성을 가리키는 말로 이해하여야 한다. 그런데 문제는 "이 성에서 자라"라는 표현과 "가말리엘의 발 아래에서"라는 표현을 서로 연결된 것으로 해석할 것인지 완전히 분리된 것으로 번역할 것인지와 관련되어 있다. 먼저 앞에서 언급된 첫째 견해를 지지하는 학자들은 이 두 표현이 분리된 것으로 해석하면서 바울은 "유대인으로 길리기아 다소에서 태어나 예루살렘에서 자랐고 가말리엘의 발 아래에서 조상들의 엄격한 교훈을 배웠다"라고 이해한다. "출생—성장—교육"이라는 일반적인 자녀교육의 과정을 따라 바울이 자신의 성장과 교육에 대해서 말하고 있다고 이해할 수 있다. 한글로 번역된 대부분의 성경은 이런 이해를 지지하는 모습을 보인다. 널리 읽히고 있는 영어성경인 NIV도 이 부분을 "I am a Jew, born in Tarsus of Cilicia, but brought up in this city. Under Gamaliel I was thoroughly trained in the law of our fathers…"라고 번역하면서 this city 다음에 마침표(.)를 찍어서 "자라나다"는 단어 (brought up)가 "가말리엘의 문하에서"(Under Gamaliel)라는 표현과 특별한 연결관계가 없는 것으로 해석하도록 하고 있다. 하지만 이 부분을 다르게 번역하고 있는 영어성경 번역들도 있는데, 예를 들어 킹제임스 성경(KJV)은 "I am verily a man which am a Jew, born in Tarsus, a city in Cilicia, yet brought up in this city at the feet of Gamaliel…"이라고 번역함으로 "이 도시에서 가말리엘의 발아래에서 자라났다"고 이해할 수 있는 여지를 주고 있다.[41] 만약

---

41) NRSV도 "I am a Jew, born in Tarsus in Cilicia, but brought up in this city at the feet of Gamaliel…"라고 번역함으로 해서 킹제임스 번역과 비슷한 이해의

"자라나다"는 단어와 "가말리엘의 발아래서"라는 표현이 서로 연결되어 있다고 이해할 수 있다면, 이 부분은 바울이 가말리엘의 문하에서 체계적인 교육을 받음을 통해 "율법에 대한 지식과 이해가 성장하였다"고 해석할 수 있는 가능성이 열리게 된다. 다시 말해 바울이 이 부분에서 말하려고 하는 것은 자신이 아주 어린시절에 예루살렘으로 옮겨와서 자라났고, 그렇게 성장한 이후에(예를 들어 성인식인 바르 미츠바를 치른 이후에) 가말리엘의 문하에 들어가서 율법공부를 하였다고 말하고 있는 것이 아니라, 다소에서 태어나서 유년기를 보낸 바울이 율법연구에 대한 체계적인 훈련을 시작하는 일반적인 시기인 10대 초반에 율법을 공부하는 학교에 입학하기 위해서 예루살렘으로 옮겨왔고,[42] 가말리엘의 문하에서 훈련을 받으며 성장하였다고 말하는 것으로 이해할 수 있다.

3. 청소년 시절의 유학

바울의 모국어가 아람어가 아니라 헬라어였다고 생각하는 학자들은 바울이 아주 어릴 때 부모와 함께 예루살렘에 와서 자라났으며, 그 결과로 아람어를 어릴적부터 첫번째 언어로 사용하면서 자라났다는 의견에 동의하지 않는다. 예를 들어 그닐카는 사도 바울의 서신을 통해 입증되는 것 중의 하나가 바울이 헬라어를 자유롭게 구사했다는 것인데, 이렇게 바울이 헬라어를 자유롭게 사용했다는 것

가능성을 남겨 두고 있다.

42) D. A. Carson, Douglas J. Moo, and Leon Morris, *An Introduction to the New Testament* (Grand Rapids, MI: Zondervan, 1992), 217.

은 그가 이 언어를 주로 사용하는 다소에서 성장했으며 헬라어를 제 2의 언어로 배우지 않았다는 것을 논증해 준다고 설명한다. 또한 바울이 자신의 서신에서 헬라어로 된 성경구절을 인용하는 방식은 그가 어린시절부터 헬라어로 된 성경을 접하면서 성장했음을 보여주고 있다고 설명한다.[43] 필자도 앞에서 구체적으로 설명한 것과 같이 바울이 아람어가 아니라 헬라어를 모국으로 사용하였다고 생각한다. 그렇기 때문에 바울이 아주 어릴적부터 예루살렘에서 자라났다기보다는 다소에서 태어나서 헬라문화권에서 이루어지는 기본적인 교육과정을 이수한 이후에, 유대율법에 대한 연구방법을 체계적으로 배우기 시작하는 일반적인 시기인 13살 즈음에 예루살렘으로 유학을 와서 가말리엘의 제자로 율법과 유대주의 전통과 바리새인으로서의 삶의 자세를 배웠다고 이해하는 것이 훨씬 자연스럽다.

IV. 바울의 가족

1. 부모와 로마 시민권

앞에서 살펴본 것처럼 바울은 디아스포라 유대인으로 태어나서 자랐으며 날 때부터 로마 시민권을 가지고 있었다고 한다. 그렇다면 바울의 가족적인 배경은 어떠했을까? 학자들은 바울의 부모

---

43) 그닐카, 『바울로』, 47-48.

는 어떤 영향을 아들에게 주었으며, 어떻게 다소에 정착하게 되었는지, 그리고 어떻게 로마 시민권을 얻게 되었는지에 대해 다양한 의견을 제시한다. 바울의 삶에 끼친 부모의 영향은 상당하다고 말할 수 있다. 빌립보서 3장 5절에서 바울이 "나는 팔일 만에 할례를 받고 이스라엘 족속이요 베냐민 지파요 히브리인중의 히브리인이요"라고 언급하고 있는 것을 통해 우리가 알 수 있는 것은 바울의 부모는 바울에게 유대 전통의 가치관과 정체성을 전달해주려고 노력했다는 것이다. 그의 부모는 자신들의 아들이 헬라 문화가 발달한 전형적인 로마 도시였던 길리기아 다소에서 태어났음에도 불구하고 전통적인 유대의 관습을 따라 난 지 팔일 만에 아들에게 할례를 행하였다. 아브라함이 아들 이삭을 얻고 팔일 만에 할례를 행함으로(창 21:4) 태어난 아들이 하나님의 선택된 백성임을 기억하도록 하였듯이, 바울의 부모도 바울이 하나님의 선택된 백성 이스라엘의 자손이라는 것을 깊이 인식할 수 있도록 이 예식을 행하였다. 바울의 부모는 그 당시 팔레스틴 땅에 거주하였던 유대인들이 주로 사용하던 아람어를 어린 바울에게 가르쳤을 가능성이 많다.[44] 특히 바울의 부모는 자신들은 이스라엘 자손이며, 특별히 그중에도 베냐민 지파에 속한 가문이라는 것을(특히 "사울"이라는 이름을 지어줌을 통해) 깊이 교육함을 통해 히브리인으로서의 민족적 자긍심을 깊이 심으려고 노력

---

44) 바울의 부모가 어린 바울에게 아람어를 사용하고 가르쳤다고 해서 바울의 모국어가 아람어였다고 주장할 수는 없다. 왜냐하면 어린 아이들의 언어는 집에서 사용하는 언어가 모국어가 되는 것이 아니라, 그가 속해 있는 사회에서 통용되는 언어가 모국어가 되는 것이 일반적이기 때문이다. 예를 들어 미국에 있는 한인가정에 아이가 태어나게 되면, 그 아이에게 한국말을 가르치고 한국말로 의사소통을 하게 된다. 그러면 그 아이는 한국어를 자연스럽게 습득하여 한국말을 사용한다. 하지만 유아원/유치원에 다니게 되면서 그 사회의 공식적인 언어인 영어로 교육을 받기 시작하면서 아이들은 한국말보다는 영어를 점점 선택하게 되고, 길지 않은 시간 안에 그들의 언어와 사고체계는 영어식으로 바뀌게 되는 것은 자주 목격되는 모습이다.

했다고 추측해볼 수 있다. 이런 부모의 기대에 부응하였던 바울은 청년이 되어서는 이스라엘 조상들의 전통에 열심이 특심한 그런 청년으로, 특히 율법의 의로는 흠이 없는 바리새인(빌 3:5-6)으로 자라게 되는 결과로 이어지게 되었다.

그렇다면 바울의 부모는 어떻게 헬라지방인 길리기아의 중심 도시인 다소로 오게 되었으며 로마 시민권을 가질 수 있게 되었을까? 오코너는 바울의 부모가 아람어를 사용하고 있던 갈릴리 북부 출신의 사람들이었다고 설명하면서, 헤롯대왕의 사후에 시리아의 총독이었던 바루스는 두 번 팔레스틴 지역에 군대를 파견했는데 두 번째 원정에서 갈릴리 지역을 점령하였고 이 때 바울의 부모가 노예로 끌려와서 다소에 거주하는 한 로마 시민의 노예로 팔리게 되었을 것이라고 설명한다. 그리고 노예로부터 해방되면서 로마 시민권을 획득했을 것이라고 설명한다.[45] 그닐카도 비슷한 의견을 제시하는데, 바울의 부모나 그 선조가 노예의 신분으로 유대 땅에서 소아시아로 잡혀와서 어느 로마 시민의 집에 속해있었다가 그 주인이 그들을 속량해줌을 통해 시민권을 얻었을 수 있다고 설명한다. 왜냐하면 로마 사회에서 태어나면서 로마 시민권을 가지고 있지 않았던 사람이 로마 시민권을 획득할 수 있는 길은 두 가지였는데, 하나는 황제가 특별한 공로를 인정하여서 한 가정이나 집단 전체에게 시민권을 수여하는 경우였고, 다른 하나는 노예 신분에서 벗어남을 통해 시민권을 얻는 것이었기 때문이라고 그닐카는 설명한다.[46] 로마 시민권을 획득하는 방식에 대해 좀더 구체적인 설명은 조영엽이 제공하

---

45) 오코너, 『바울』, 14-17.
46) 그닐카, 『바울로』, 40.

고 있는데, 그에 설명에 따르면 원래 로마 시민권은 로마에서 태어 난 자유인에게 주어지던 것으로 부모가 시민권을 가지고 있으면, 자 녀들은 자동적으로 시민권을 가지게 되었다. 이런 혈통적인 시민권 상속 외에 로마 시민이 될 수 있는 방법은 몇 가지가 있었다. 첫째는 돈을 주고 시민권을 사는 방법이었는데, 바울에게 질문을 하던 천부 장은 자신이 돈으로 주고 시민권을 샀다고 말한다(행 22:28). 둘째는 로마 정부에 큰 공헌을 한 자들에게 주어지는 것이었는데 전쟁에서 큰 공을 세우는 경우 등이 해당되었다. 셋째는 노예 신분으로 있던 사람들이 자신의 주인들을 잘 섬겼을 때 그 주인이 노예에서 해방시 켜주는 방법으로 시민권을 취득할 수 있었다. 넷째는 로마군의 높은 지위에서 25년 이상 근무한 군인들에게 시민권이 주어졌다. 다섯째 로 동화 정책의 하나로 지방의 저명한 인사들에게 시민권을 부여하 곤 했다고 한다. 조영엽은 로마 시민권을 얻기 위해서는 상당한 재 산이 있어야 했기 때문에 바울의 부모나 선조들은 부유했었다고 주 장하면서, 바울의 부모가 천막 만드는 사업을 통해 로마 군대에 천 막을 납품하는 일을 했을 수 있고 그 업적으로 시민권을 얻었을 수 있다고 설명한다.[47] 비슷한 맥락에서 부르스도 바울의 아버지나 그 의 선조가 로마 군인들이 쓰는 장막을 만드는 일을 통해서 로마에 크게 공헌을 함으로 시민권을 얻었을 가능성이 있다고 설명한다.[48] 사도 바울은 자신의 부모에 대해서 특별한 언급을 하지 않는다. 다 만 학자들은 유대적 전통과 혈통적 자부심을 강하게 가지고 있었던 바울이 어떻게 길리기아 다소에서 태어났으며 나면서부터 로마 시 민권을 가지게 되었고, 또 어떻게 천막 만드는 일을 직업으로 가지

---

47) 조영엽, 『사도 바울』, 68-72.
48) 부르스, 『바울』, 51.

게 되었는가에 대한 나름대로의 설명을 통해 바울에 대한 이해를 넓혀보려고 시도하고 있는 것이다.

2. 결혼 여부

학자들은 바울의 부모님뿐만 아니라 바울의 결혼 여부에 대해서도 나름대로의 의견을 제시한다. 오코너는 그 당시 바리새인들은 결혼을 의무사항중의 하나이자 절약의 수단으로 생각하였기 때문에 바울도 스무살이 훨씬 넘도록 결혼을 미루지는 않았을 것이라고 주장한다. 그리고 그의 아내는 바리새인 가문 출신이었고 아이도 생기게 되었는데, 끔찍한 사고로 아내와 아이 모두를 잃게 되었고 이런 기억을 떠올리기 싫은 바울은 이런 부분에 대해 전혀 언급하지 않았다고 설명한다.[49] 악트 마이어와 동료들은 바울이 고린도인들에게 편지하면서 "믿음의 자매 된 아내를 데리고 다닐 권리"(고전 9:5)에 대해서 말하고 있는 것에 주목하면서 충분한 증거를 제시할 수는 없지만, 바울이 결혼을 했으며 무슨 이유에서든지 아내가 죽게 되자 다시 결혼하지 않았다고 주장한다.[50] 이런 학자들의 주장은 유대 청년들은 18살이 되면 충분히 결혼할 수 있을 뿐만 아니라 많은 사람들이 18-20세 즈음에 결혼을 하였고, 특히 랍비가 되려는 사람들에게 결혼은 필수사항으로 생각되었기 때문에 유대인이면서 바리새인의 훈련을 받았던 바울이 결혼했을 가능성이 많다는 것을 설명하는 것뿐이지, 어떤 결정

---

49) 오코너, 『바울』, 30-31.
50) Achtemeier, *Introducing*, 289; 데이빗 G. 호렐, 윤철원 역, 『바울 읽기』(서울: 미스바, 2003), 50.

적인 근거를 가지고 있지는 않다. 바울의 언급을 통해서 우리가 비교적 분명하게 알 수 있는 것은 바울이 복음을 전하고 교회를 개척하는 공적인 사역을 하던 때는 혼자였다는 것이다.

바울의 결혼 여부에 대해서 말하면서 자주 언급되는 구절은 고린도전서 7장 8절인데, 여기서 바울은 "내가 결혼하지 아니한 자들과 과부들에게 이르노니 나와 같이 그냥 지내는 것이 좋으니라"고 말하고 있다. 이 구절은 두 가지의 해석 가능성을 가지고 있는데, 하나는 바울이 결혼하지 않고 독신으로 살았다고 하는 주장을 뒷받침하는 구절로서의 역할을 할 수 있고, 다른 한편으로는 바울 자신이 이전에는 결혼했었지만 이제는 혼자(홀아비) 되었다고 주장하는 입장을 지지하는 구절로도 인용될 수 있다. 여기에서 "나와 같이"(호스 카고, ὡς κἀγώ)라는 표현이 앞에 나오는 단어인 "결혼하지 않은 자들에게"(토이스 아가모이스, τοῖς ἀγάμοις)와 연결된다고 보면, 바울이 결혼하지 않고 혼자 살고 있는 사람들 중의 하나로 자신을 소개하고 있다고 이해할 수 있다. 이런 경우에 그 당시 바리새인들이 결혼을 의무사항 중의 하나로 여길 뿐만 아니라 유대 청년들이 20세를 전후로 결혼하는 시대적 상황 속에서도 바울은 결혼을 하지 않고 혼자 살고 있었다고 이해해야 한다. 이런 경우 흠이 없는 바리새인으로 살았으면서도 유독 결혼이라고 하는 중요한 부분을 이행하지 않았던 이유가 무엇인가에 대한 질문이 있을 수밖에 없다. 바울의 "나와 같이"라는 표현을 두 번째에 나오는 표현인 "과부들에게"(타이스 케라이스, ταῖς χήραις)와 연결할 수 있다면, 앞에서 소개한 몇몇 학자들이 주장하는 것과 같이 바울은 결혼하여 아내가 있었으나 어느 순간 아내를 잃었고, 주님의 복음을 전하던 때는 혼자였다고 이해할 수 있겠다. 충실한 바리새인으로 젊은 시절을 보냈던 바울의 삶을 깊이 헤아려볼 때 이 가설도 깊이 생각해 볼 가치가 있는 주장이라고 볼 수 있겠다.

V. 정리: 하이브리드 바울

바울의 생애를 정리해 본다면, 바울은 유대교 전통을 중요시하였던 유대인 디아스포라 가정에서 태어나서 헬라문화가 찬란하게 꽃피었던 길리기아 다소에서 성장하였고, 예루살렘에서 바리새인의 엄격한 교육을 받았다. 태어나면서부터 로마 시민권을 가졌고 중류층 이상의 혜택을 누릴 수 있는 배경을 가지고 있었다. 천막 만드는 기술을 익혔고 코이네 헬라어를 주로 사용하였지만, 다른 여러 언어들도 자유롭게 구사할 수 있었다. 하지만 바울은 자신이 가졌던 특권을 복음전파를 위해 기꺼이 내려놓았고 예수 그리스도와 교회를 위해 당하는 고난을 기쁨으로 받아들였다. 유대문화와 헬라문화의 경계를 자유롭게 넘나드는 하이브리드적 융통성과 창조성으로 로마제국 속에서 종말론적인 하나님 나라의 새로운 질서를 이루어 가려고 몸부림쳤던 사람이 저 위대한 사도 바울이었다.

2장
바울에 대한 최근 연구[51]

　　기독교의 핵심적인 가르침에 있어 바울이 차지하는 비중은 상당하다. 구원론, 인간론, 칭의론, 교회론, 종말론에 이르기까지 기독교의 중심적인 교리와 신학이 사도 바울의 편지에 그 기초를 두고 있는 경우가 많이 있다. 바울의 이런 깊은 영향력 덕분에 바울에 대한 학자들의 해석은 다양할 뿐만 아니라 때로는 상반된 모습으로 나타나는 경우도 자주 있다. 바울에 대한 최근 연구가 어떤 방향으로 진행되어 왔는가를 바울에 대한 새 관점 논의와 바울과 로마제국과의 관계에 대한 학자들의 의견을 중심으로 간략하게 살펴보자.

---

51)　이 글은 "최근 바울신학 연구 동향," 『성서마당』 Vol. 106 (2013년 여름호): 78–91에 게재된 것을 수정 보완한 것이다.

I. 바울에 대한 전통적 이해와 새 관점 논란

영국의 유명한 신약학자인 제임스 던(James D. G. Dunn)은 1982년 11월 맨체스터(Manchester) 대학교에서 있었던 맨슨 기념강연에서 "바울에 대한 새 관점"(New Perspective on Paul)이라는 주제로 논문을 발표한다. 이 때 사용된 "새 관점"이라는 표현은 바울 연구에 있어 큰 파장을 일으킨 새 관점 논쟁을 촉발하는 구체적인 계기가 되었다. 이 새 관점이라는 것은 바울에 대한 전통적 관점을 비판하며 새로운 시각으로 바울의 서신들을 읽어야 한다는 입장인데, 많은 학자들이 이런 입장에 동조하면서 바울 연구는 새로운 전환점을 맞이하였다.

1. 바울에 대한 전통적 관점

그렇다면 소위 말하는 바울에 대한 전통적인 이해는 무엇을 말하는 것일까? 여러 학자들은 이런 전통적인 이해가 종교개혁자 루터의 복음과 율법에 대한 이해로부터 발전해왔다고 생각한다. 루터는 자신의 종교개혁 중심사상 중의 하나인 "오직 믿음"을 강조하면서 바울이 전한 복음과 율법을 대립적인 관계로 이해하였다. 루터는 인간이 율법을 지키고 선한 행위들을 행함을 통해서가 아니라 하나님의 전적인 은혜의 통로인 예수 그리스도를 믿는 믿음을 통해 구원의 은총을 경험하게 된다는 것을 확신하였다. 이런 루터의 확신은 로마가톨릭 교회가 성베드로 대성당을 건축하기 위해 실시하고 있던 면죄부 판매를 비롯한 여러 잘못된 행태를 지적하고 비판하는 근거가 되었다. 95개조 반박문을 게시함으로 로마가톨릭 교회와 극한 갈등을 겪게 된 루터는 복음과 믿음을 강조하였던 바울과 자신을 연결하여 이해하였고, 공덕과 선한 행위를 강조하는 로마가톨릭 교회를 율법으로 상징되는 유대교와 연결하게 된다. 이를 통해 루터는 자신과 자신을 따르는 개혁세력들은 바울과 같이 예수 그리스도를 통해 허락된 하나님의 구원의 은총을 선포하는 복음의 편에 서있는 자들로, 로마가톨릭 교회는 인간의 행위와 율법준수를 강조하는 유대교와 비슷한 세력으로 이해되도록 하였다.

이런 루터의 사상은 헤겔의 변증법적 사고의 영향으로 기독교를 "정"(thesis)으로 유대교를 "반"(antithesis)으로 이해하는 방향으로 발전되었다. 독일의 정권을 차지한 나치정부는 자신들의 반유대적 행동들을 정당화하기 위해서 루터의 글들을 인용할 뿐만 아니라 조직적으로 배포하기도 하였는데, 그 중에 대표적인 것이 1543년에 작성된 "유대인들과 그들의 거짓말"(Von den Juden und ihren Lügen, The Jews and Their Lies)[52]이라는 글이다. 이 글에는 "유대인들의 회당과 학교를 불태우고 타지 않은 것은 흙으로 덮어 묻어버려서 사람들이 돌이나 재를 보지 않도록 해야 한다"는 표현뿐만 아니라, 기독교인들이 "유대인들의 신념은 거짓일 뿐만 아니라 그들은 모든 악한 것에 사로잡혀 있다는 것을 이해해야 한다"는 표현이 나온다. 일반적으로 받아들여지고 있는 바울에 대한 전통적인 이해는 다음과 같이 요약될 수 있다:

---

52) http://www.jewishvirtuallibrary.org/jsource/anti-semitism/Luther_on_Jews.html. 2013년 5월 20일 접속.

1. 바울은 유대교에서 기독교로 개종하였다.
2. 이방인들을 위한 사도로서의 그의 역할은 그로 하여금 이전의 삶으로부터 등을 돌리게 하였다.
3. 기독교 사도로서 바울은 모세의 율법, 모세오경과 할례를 거부하였는데, 이는 이방인들뿐만 아니라 유대인들에 대해서도 마찬가지였다.
4. 율법은 이방인들을 위해서나 유대인들을 위해서나 하나님에 의해서 구원의 길로 의도된 적이 없다.
5. 유대인들은 예수를 자신들의 메시아로 받아들이기를 거부함으로 인해 불순종하는 사람들이 되었고, 새로운 하나님의 백성이 된 이방인들에 의해 교체되었다. 이스라엘은 바울의 복음을 거부하였고 복음은 그들에게 걸림돌이 되었다.
6. 바울은 결과적으로 기독교의 반유대주의의 아버지가 되었고 율법의 거부와 교체를 주장한 신학자로 서 있다.
7. 바울은 후대의 기독교 공동체들이 기독교 경전과 신약성경을 형성한 것처럼, 유대주의는 거절되었고 교체되었다는 신약성경 의견의 중심에 서 있다.
8. 이런 의견들은 그의 서신에 잘 나타나 있다.[53]

    바울에 대한 전통적인 입장을 지지하고 있는 학자들은 바울의 이런 "반유대적", "반이스라엘적" 모습이 그의 주요 서신 곳곳에 구체적으로 나오고 있다고 지적하면서 이런 이해를 지지해주는 바울의 표현들을 제시한다. 그 대표적인 구절들은 다음과 같다:

---

53) John G. Gager, *Reinventing Paul* (New York, NY: Oxford University Press, 2000), 4-5. 개저는 비판을 목적으로 바울에 대한 전통적인 이해를 요약하고 있다.

1. "무릇 율법 행위에 속한 자들은 저주 아래에 있나니 기록된바 누구든지 율법 책에 기록된 대로 모든 일을 항상 행하지 아니 하는 자는 저주 아래에 있는 자라 하였음이라"(갈 3:10)

2. "또 하나님 앞에서 아무도 율법으로 말미암아 의롭게 되지 못할 것이 분명하니 이는 의인은 믿음으로 살리라 하였음이라"(갈 3:11)

3. "믿음이 오기 전에 우리는 율법 아래에 매인 바 되고 계시될 믿음의 때까지 갇혔느니라. 이같이 율법이 우리를 그리스도께로 인도하는 초등교사가 되어 우리로 하여금 믿음으로 말미암아 의롭다 함을 얻게 하려 함이라"(갈 3:23-24)

4. "할례나 무할례가 아무 것도 아니로되 오직 새로 지으심을 받는 것만이 중요하니라"(갈 6:15)

5. "그러므로 율법의 행위로 그의 앞에 의롭다 하심을 얻을 육체가 없나니 율법으로는 죄를 깨달음이니라"(롬 3:20)

6. "의의 법을 따라간 이스라엘은 율법에 이르지 못하였으니"(롬 9:31)

7. "복음으로 하면 그들이 너희로 말미암아 원수 된 자요 택하심으로 하면 조상들로 말미암아 사랑을 입은 자라"(롬 11:28)

8. "그러나 그들의 마음이 완고하여 오늘까지도 구약을 읽을 때에 그 수건이 벗겨지지 아니하고 있으니 그 수건은 그리스도 안에서 없어질 것이라. 오늘까지 모세의 글을 읽을 때에 수건이 그 마음을 덮었도다. 그러나 언제든지 주께로 돌아가면 그 수건이 벗겨지리라"(고후 3:14-16)

이런 구절들 중에 특히 강조되었던 부분들은 "율법 행위에 속한 자들은 저주 아래에 있나니", "율법으로 말미암아 의롭게 되지 못할 것이 분명하니", "율법의 행위로 그의 앞에 의롭다 하심을 얻을 육체가 없나니 율법으로는 죄를 깨달음이니라" 등의 표현이다. 하나님 앞에서 율법을 지킴을 통해 의롭다 하심을 받을 사람은 아무도 없으며, 오히려 율법을 통해 깨닫게 되는 것은 인간이 철저히 죄의 본성을 가지고 있다는 것이다. 인간의 죄인 됨과 인간을 의롭게 함에 있어 율법이 철저하게 무능하다는 것은 인간이 하나님의 전적인 은혜의 보좌 앞으로 나아가는 것 외에는 다른 길이 없다는 것을 의미한다. 그래서 율법은 죄인인 인간을 예수 그리스도를 통해 주어지는 하나님의 전적인 구원의 은혜 앞으로 인도하는 초등교사의 역할을 감당하고 있다고 이해된다.

바울에 대한 전통적 견해에 의하면 바울은 율법 중심적인 유대교에서 기독교로 개종했을 뿐만 아니라, 이 개종을 통해 이전의 삶에서 중요하게 여겨졌던 할례를 비롯한 율법은 그 의미를 상실하게 되었고 완전히 새로운 삶의 방향으로 나아가게 되었다. 예수 그리스도를 믿음으로 받아들이지 않는 유대인들은 하나님으로부터 버림을 받았고, 대신 이방인들이 새로운 하나님의 백성들로 선택받게 되었다. 이런 관점에서 볼 때 유대교는 율법을 지키는 행위를 통해서 하나님의 구원의 은총을 얻으려고 하는 종교이며(Works-righteousness) 율법에 묶여있는 율법주의(Legalism) 종교로 이해되어야 한다. 이러한 바울에 대한 전통적인 입장은 루터 이후로 독일 루터교 신학자들에 의해 강력하게 주장되어왔을 뿐만 아니라 많은 기독교 신학자들로부터 폭넓은 지지를 받아왔다. 하지만 이런 전통적인 바울 이해는 몇몇 학자들의 심각한 도전에 직면하게 된다.

2. 바울에 대한 새 관점

18세기와 19세기의 계몽주의와 산업혁명을 거치면서 서구사회에는 인간과 자연 과학기술의 발전이 가져다줄 찬란한 미래에 대한 낙관론이 형성되었다. 하지만 이런 낙관론은 1차 세계대전의 발발과 함께 진행된 인간 생명에 대한 철저한 파괴로 사정없이 무너져버린다. 그리고 2차 세계 대전을 겪으면서 사람들이 얼마나 사악하고 잔인할 수 있는가를 인류는 목격하게 되었는데, 가장 충격적인 사건 중의 하나는 독일의 나치정권과 그 협력자들에 의해 6백만 명의 유태인들에게 자행된 국가차원의 체계적이고 조직적인 탄압과 대량학살이었다. 홀로코스트(Holocaust)로 불리는 이 끔찍한 사건은 서구세계에 특정 인종에 대한 편견이 얼마나 잔혹한 결과를 가져다줄 수 있는가에 대한 커다란 반성이 일어나게 하였으며, 이런 분위기는 바울 연구에도 영향을 미치게 되었다. 일부 학자들은 전통적 바울 이해가 율법과 유대교를 지나치게 부정적으로 평가하였을 뿐만 아니라, 하나님께서 이스라엘 백성을 버리셨고 이방인들을 택하셨다고 주장함으로 반유대적 사상(Antisemitism)에 직간접적으로 공헌한 면이 있음을 지적하기 시작하였다.

1963년 텍사스에 있는 오스틴신학교에 초청받은 크리스터 스텐달(Krister Stendahl)은 "유대인들과 이방인들 중의 바울"(Paul among Jews and Gentiles)이라는 제목의 논문을 통해 그동안 큰 주목을 받지 못했던 로마서 9-11장을 로마서의 핵심적인 부분으로 제시하였다. 스텐달은 이스라엘을 향한 하나님의 약속은 파기되지 않았으며 유대인들이 예수 그리스도를 메시아로 받아들이지 않았기 때문에 구원이 이방인에게 주어진 것이라고 말한다. 이방인의 충만한 숫자가 들어올 때까지 이스라엘은 완악하게 되었지만, 결국 그들은 하나님의 구원을 받게 될 것이라고(롬 9:25-26) 주장한다. 스텐달의 이런 주장은 바울에 대한 새 관점의 가능성을 일부 제시하였다고 말할 수 있지만, 본격적인 논의는 E. P. 샌더스(Sanders)의 책이 출판됨으로 시작되었다고 말할 수 있을 것이다.

샌더스는 1977년 출판된 『바울과 팔레스틴 유대교』라는 책에서 이스라엘을 향한 하나님의 선택과 계약의 중요성에 대해 다음과 같이 설명한다:

> 하나님께서는 이스라엘을 선택하셨고 이스라엘은 그 선택을 받아들였다. 왕의 역할이신 하나님께서는 이스라엘에게 그들이 최선을 다해서 지켜야하는 계명들을 주셨다. 순종은 보상을 불순종은 벌을 가지고 온다. 그 계약관계에 머물기를 소원하는 한 그는 오는 세상에서의 삶을 포함하는 하나님의 언약의 약속들을 공유할 수 있다. 순종하려는 의도와 노력은 언약 안에 머무를 수 있는 조건 (condition for remaining in the covenant)을 형성하지만 그것을 얻지는(earn) 못한다.[54]

샌더스는 언약적 율법주의(Covenantal Nomism)라는 개념으로 바울 당시의 유대교를 설명하면서 이스라엘이 율법을 지키는 것은 하나님의 선택하심과 은혜에 대한 응답의 방법이며 하나님의 언약 안

---

54) E. P. Sanders, *Paul and Palestinian Judaism* (Minneapolis: Fortress Press, 1977), 180.

에 머무르고 있다는 행동의 표현이었지, 구원을 얻는 방편은 아니었다고 주장한다. 샌더스에 의하면, 바울에게 있어 유대교가 가지고 있었던 문제점은 "유대교가 기독교가 아니다"는 것이었다.

이런 샌더스의 주장을 적극적으로 수용하면서 새 관점 논쟁을 구체화하고 확장한 사람은 제임스 던이었다. 앞에서 잠시 언급한 것처럼 던은 바울의 새 관점이라는 표현을 본격적으로 사용하면서 바울이 유대교와 율법 전체를 거부하였던 것은 아니라고 말한다. 바울이 거절하였던 것은 "유대적 편협주의"(Jewish particularism)였다고 설명한다. 이스라엘 백성들은 할례, 음식, 절기와 같이 유대인의 정체성을 나타내는 표지(Identity marker)들을 자신들만의 특권으로 주장함으로 배타적인 성격을 가지게 되었으며, 이런 유대적 편협주의를 바울이 비판하였다고 주장한다.[55]

N. T. 라이트(Wright)도 이런 새 관점 흐름에 힘을 실어주는 역할을 하였는데, 그는 바울의 사상에 깊은 영향을 끼친 것 중의 하나가 유대 전통이었다고 설명한다. 특히 유대교에 있어서 핵심사상이었던 하나님의 창조와 언약에 대한 이해는 바울에게 있어서도 핵심적인 개념이었다고 이해한다. 하나님께서는 이스라엘과의 언약을 통해서 창조세계의 문제를 해결하고 그들로 하여금 세상의 빛이 되게 하려고 하셨지만, 그들은 율법을 배타적인 특권으로 간주하였다. 하나님께서는 그리스도를 통해 언약적 신실하심을 보여주셨고 이방인들과 유대인 모두를 하나의 가족으로 선택하셨다. 이스라엘

---

55) James D. G. Dunn, *The Theology of Paul the Apostle* (Grand Rapids, MI: William B. Eerdmans, 1998), 334-89.

의 메시아적 종말사상은 그리스도를 통해서 성취되었고, 종말론적 사건인 그리스도의 메시아적 죽음과 부활을 통해 하나님께서는 창조물들이 회복되도록 하셨다고 설명한다.[56]

이런 바울에 대한 새 관점을 주장하는 학자들 역시 자신들의 주장의 많은 부분을 바울서신에 기초하고 있는데, 이들이 사용하는 대표적인 바울의 표현들은 다음과 같다:

1. "그런즉 유대인의 나음이 무엇이며 할례의 유익이 무엇이냐? 범사에 많으니 우선은 그들이 하나님의 말씀을 맡았음이니라" (롬 3:1-2)
2. "그런즉 우리가 믿음으로 말미암아 율법을 파기하느냐 그럴 수 없느니라 도리어 율법을 굳게 세우느니라" (롬 3:31)
3. "그런즉 우리가 무슨 말을 하리요 율법이 죄냐 그럴 수 없느니라" (롬 7:7)
4. "이로 보건대 율법은 거룩하고 계명도 거룩하고 의로우며 선하도다" (롬 7:12)
5. "그들은 이스라엘 사람이라 그들에게는 양자 됨과 영광과 언약들과 율법을 세우신 것과 예배와 약속들이 있고 조상들도 그들의 것이요 육신으로 하면 그리스도가 그들에게서 나셨으니" (롬 9:4-5)
6. "하나님이 자기 백성을 버리셨느냐 그럴 수 없느니라" (롬 11:1)
7. "온 이스라엘이 구원을 받으리라" (롬 11:26)

---

56) N. T. Wright, *Paul: In Fresh Perspective* (Minneapolis: Fortress Press, 2005), 3-58.

8. "그러면 율법이 하나님의 약속들과 반대되는 것이냐 결코 그
   럴 수 없느니라"(갈 3:21)

　　새 관점을 주장하는 학자들은 위의 구절들을 인용하면서 바울
이 율법과 유대교 전체를 비판한 것이 아니며 이스라엘이 하나님으
로부터 버림을 받은 것도 아니라고 주장한다. 오히려 하나님께서는
결국 이스라엘을 구원하실 것이라고 말한다. 이들의 주장에 의하면
율법이 이스라엘과의 관계에서 거절된 것은 아니며, 단지 이방인 선
교에 있어 할례 없는 복음(Circumcision-free Gospel)이 채택된 것이라
고 설명한다. 다시 말해 바울의 주된 관심은 유대인들과 율법에 대
한 것이 아니라 이방인 선교였다는 것이다. 바울은 하나님께서 자
신에게 이방인을 위한 사도의 직분을 주셨으며(롬 11:13) 이방인들
에게 율법에 얽매이지 않는 복음을 전하도록 자신을 부르셨다(갈
1:16; 2:8-9)는 것을 확실히 인식하고 있었다고 주장한다. 이런 새
관점주의자들의 주장은 다음과 같이 요약될 수 있다:

1. 유대교는 율법을 지키는 행위를 통해 하나님의 의롭다하심을
   얻는 종교가 아니다.
2. 이신칭의가 바울신학의 핵심은 아니다.
3. 바울신학은 루터와 종교개혁의 관점으로 해석됨으로 인해 오
   해되었다.
4. 바울은 새로운 종교로 개종한 것이 아니라 이방인 선교를 위
   해 부름 받았다. 그는 평생 신실한 유대인으로 살았다.
5. 바울의 주된 관심은 인간의 보편적인 문제에 대한 것이 아니
   라 유대인과 이방인들의 문제, 특별히 이방인들의 개종에 관

계되어 있었다.

6. 바울은 율법 전체가 문제라고 생각하지는 않았다.

7. 바울이 문제 삼았던 것은 유대인들이 할례, 음식, 절기 등을 자신들의 정체성의 표지로 삼음으로 이방인들과의 분리를 강조한 것이었다.

8. 구약의 언약적 율법주의는 이스라엘을 위한 하나님의 구원의 방법이었고, 율법 없는 복음은 이방인들의 구원을 위한 하나님의 방법이었다.[57]

이러한 새 관점주의자들의 주장은 전통적 바울 이해와 충돌하고 있으며, 이로 인해 수많은 학문적 논의들이 진행되었고 지금도 그런 논의들은 진행 중에 있다. 종교개혁적 전통을 이어받은 한국교회의 상황에서는 새 관점주의자들의 주장을 비판적인 시각으로 평가하고 대화할 필요가 있다고 생각된다.

II. 바울과 로마제국

새 관점 논쟁과 함께 바울 연구에 있어 새로운 논의의 주제가 되고 있는 것은 바울과 로마제국과의 관계에 대한 것이다. 이런 논의는 1997년 리차드 홀슬리(Richard Horsley)가 『바울과 로마제국』이

---

57) Donald A. Hagner, "Paul & Judaism: Testing the New Perspective" in Peter Stuhlmacher, *Revisiting Paul's Doctrine of Justification* (trans. Daniel Bailey; Downers Grove Il: IVP Academic, 2001), 75-105. 해그너 역시 새 관점주의자들의 주장을 비판하기 위해서 그들의 주장을 요약정리하고 있다.

라는 책을 엮어 내면서부터 본격화되었다. 이 책에서 홀슬리와 이런 입장에 동조하는 여러 학자들은 바울을 로마제국이라고 하는 거대한 정치, 경제, 문화, 종교적 상황 속에서 이해하려고 시도한다. 홀슬리는 바울이 반대한 것은 유대교가 아니라 "악한 세대"(갈 1:4)로 표현하고 있는 현 세대를 통치하고 있는 로마제국이었다고 주장한다. 홀슬리는 학자들이 로마제국과 황제숭배 사상을 바울의 사상을 연구하는 데 부수적으로 필요한 역사적 배경 정도로만 편협하게 취급하였을 뿐만 아니라, 바울이 정치·경제적인 문제가 아니라 종교 문제에만 관심을 기울이고 있는 것처럼 해석해왔다고 비판한다. 그는 구약을 연구하는 학자들이 고대근동 제국들과의 역사적 상관성 속에서 구약의 본문을 해석해왔음을 지적하면서 신약성경, 특히 바울 연구도 그의 목회와 선교활동의 중요한 환경이었던 로마제국과의 관계를 염두에 두고 진행되어야 한다고 주장한다.

홀슬리의 주된 관심사는 세 가지 정도로 정리될 수 있는데, 첫째는 로마제국 전반에 걸쳐 이루어진 황제숭배의 배경 속에서 바울의 사상을 연구하는 것이다. 로마제국은 자신들의 황제들을 신적인 존재로 추앙하였을 뿐만 아니라 황제들은 사후에 신으로 선포되고 숭배되었다. 로마제국 내에서는 이런 신적인 존재인 황제를 위한 축제와 예식들이 만연해 있었는데, 이런 정치·종교적 상황 속에서 바울은 어떻게 예수 그리스도를 유일한 왕이요 구세주로 선포하고 있는가에 대한 연구를 진행해야 한다고 주장한다.

둘째는 바울이 그 당시 로마사회에서 널리 사용되던 단어들과 개념들을 통해 어떻게 그리스도의 복음을 전달하려고 노력하고 있는가에 대한 연구이다. 예를 들어 신약성경에서 "복음"이라고 번역된 헬라어는 "유앙켈리온"(εὐαγγέλιον)인데 로마사회에서 이 단어는 로마제국에 있는 좋은 일, 즉 황제의 즉위나 전쟁에서 승리하였다는 소식을 전할 때 사용되었으며 신약성경에서 "재림"이라고 번역되는 헬라어 "파루시아"(παρουσία)는 로마사회에서 황제가 식민지 도시를 방문하는 것을 가리키는 용어였음을 지적한다. 바울은 이런 단어들을 새롭게 정의할 뿐만 아니라 자신의 복음전파를 위해서 적극적으로 사용하였다고 설명하는데, 예수 그리스도의 십자가 달리심과 부활의 사건, 즉 하나님의 종말론적인 통치가 예수 그리스도를 통해 시작되었다고 하는 것을 "유앙겔리온"으로, 부활하시고 승천하신 그리스도께서 다시 오실 것을 "파루시아"로 재정의하여 사용하고 있다고 설명한다.

셋째는 바울이 대안적 공동체로 제시하였던 교회에 대한 연구이다. 홀슬리는 바울이 로마사회에서 주요한 결정을 위해 로마시민들과 거주민들이 모이곤 하던 정치적인 모임인 "에클레시아"를 새롭게 정의하여서 하나님 백성들의 거룩한 공동체로 제시하였을 뿐만 아니라 이를 로마사회 속에 있는 대안적 공동체로 제시하고 있다고 주장한다. 대안적 공동체로서 교회는 로마제국의 수직적 종속관계(Patronage system)와는 달리 평등한 공동체였으며, 그 당시 다른 세속적 모임과는 구별되는 윤리와 도덕을 갖춘 공동체였다고 주장한다.[58]

---

58) Richard Horsley, *Paul and Empire: Religion and Power in Roman Imperial Society* (Harrisburg, Pennsylvania: Trinity Press International, 1997), 1-24. N. T. 라이트도 이런 홀슬리의 견해의 적극적으로 받아들여서 로마제국을 바울의 신학과 사상 형성에 가장 중요한 영향을 끼친 세 개의 세상(world) 중의 하나로 제

반면 바울의 신학과 사상을 로마제국이라고 하는 정치·문화·종교적인 환경 속에서 이해해야 한다는 주장을 심각하게 비판하는 학자들도 많이 있다. 이런 비판의 중심에 서있는 학자 중의 한 사람이 김세윤이다. 그는 데살로니가전서, 빌립보서, 로마서, 고린도전서 본문을 분석함을 통해 바울의 신학사상에는 황제숭배에 대한 경고나 반로마제국적 메시지가 없었다는 것을 강하게 주장한다. 김세윤은 바울이 전도하는 중에 여러번 로마법정에 끌려갔음에도 불구하고 그때마다 풀려날 것을 확신하였던 이유는 "그가 주 예수 그리스도를 전하는 것에는 반제국적 의미가 없다는 것과 그의 메시지 또한 제국의 질서를 전복시킬 요소가 없다는 것을 로마법정에서 해명할 자신이 있었기 때문임에 틀림없다"고 설명한다. 김세윤은 바울이 서신을 작성할 때는 요한계시록에서 전제되는 것과 같은 극심한 황제숭배가 이루어지지 않았고, 바울의 임박한 종말의식은 그로 하여금 로마제국의 정치·사회 문제가 아니라 복음을 전파하는 선교에 집중하도록 했다고 주장한다.

바울이 전한 구원은 "이 세상의 정의, 평화, 자유, 번영과 같은 유형적 질서가 아니라 소극적으로는 인간존재들과 온 피조물이 죄와 사망의 세력에서 자유를 얻는 것이고, 적극적으로는 인간을 비롯한 피조물들이 창조주 하나님과의 관계를 회복하고 하나님의 생명과 영광에 참여"하는 것이며, "하나님은 그분의 아들 예수 그리스도로 하여금 인간 통치자들에 대항하여 정치, 경제, 사회적 혁명을 하게 함으로써가 아니라 죄와 사망의 우주적 세력들과 싸우게 함으로써, 즉 예수 그리스도의 속죄적 죽음과 부활을 통해서 그 구원을 이

시한다. Wright, *Paul*, 59-79.

루셨다"⁵⁹⁾고 주장한다. 김세윤은 바울이 세상의 통치자들에 대해서는 변증법적인 이해를 가지고 있었다고 이해한다. 즉 세상의 통치자들이 마귀적 측면이 있음에도 불구하고 로마제국의 체제가 자신의 선교사역에 도움이 되었을 뿐만 아니라 무정부 상태보다는 훨씬 나은 상황을 만들어주고 있다고 생각하였다고 설명한다.

홀슬리로 대표되는 여러 학자들은 바울의 복음이 반제국적인 성격을 가지고 있었으며 바울의 신학과 사상을 바로 이해하기 위해서는 로마제국의 경제, 정치, 종교, 문화적인 상황 속에서 바울서신을 연구하여야 한다고 주장하는 반면, 김세윤과 같은 학자들은 바울서신을 로마제국의 환경 속에서 이해하려는 시도를 "정치적 해석"이라고 비판하면서 바울을 전통적인 관점 즉 종교적인 측면에 초점을 두고 연구해야 한다고 주장한다.

III. 전 망

이상에서 살펴본 것과 같이 최근의 바울 연구의 중요한 흐름을 형성하였던 것은 바울에 대한 새 관점 논의와 바울과 로마제국과의 관계에 대한 논의이다. 새 관점 논쟁이 어느 정도 정리단계에 들어갔다고 말할 수 있음에도 불구하고 바울신학에 있어 칭의와 율법문제에 대한 연구는 앞으로도 전통적인 관점과 새 관점 사이의 긴장관

---

59) 김세윤, 『그리스도와 가이사: 바울과 누가의 저작에 나타난 복음과 로마제국』(서울: 두란노 아카데미, 2009), 124-26.

계를 조명하면서 진행될 것으로 생각된다. 바울과 로마제국과의 관계에 대한 연구는 현재도 활발하게 진행되고 있지만, 앞으로 그 중요성이 더욱 강조될 것으로 전망된다.

3장

바울의 목회 리더십:
"나를 본받으라" 본문을 중심으로

I. 서론[60]

　　신약성경에서 제시되고 있는 목회 리더십을 이해하기 위해 반드시 연구해야 할 인물 중의 한 사람은 사도 바울이다. 바울은 여러 초대교회에 보낸 편지들에서 자신의 신학적인 사상, 즉 예수 그리스도를 구원주로 고백하는 무리들이 믿는바가 무엇이며 또 어떻게 살아가야 하는지에 대한 신학적인 사상을 정리해 주고 있다. 하지만 바울이 자신의 신학적 사고를 정리할 목적으로 여러 서신들을 작성했다고 판단하기 보다는 자신이 설립한 교회들이 직면하고 있었던 여러 가지 신학적, 윤리적, 공동체적 문제를 해결하기 위한 목회적 노력의 구체적인 결과로 편지를 썼다고 이해하는 것이 좀 더 자연스럽다.[61] 본 논문에서는 초대 교회의 가장 중요한 신학자, 선교사, 목

---

60) 이 글은 "바울의 목회 리더십: '나를 본받으라' 본문을 중심으로," 『교회와 신학』 79집 (2015년 2월): 63-88에 게제된 것을 수정 보완한 것이다.

61) 바울의 신학적인 사상이 가장 체계적으로 서술되었다고 평가받는 로마서는 바울이 개척하지 않았을 뿐만 아니라, 방문해 본 적도 없는 로마교회에 보낸 서신이다. 그렇다면 왜 바울은 자신과 직접적인 관계가 없는 교회에 편지를 보냈을까? 바울이

회자로 인정받고 있는 사도 바울이 보여 주고 있는 목회 리더십을 연구함을 통해 성경적 리더쉽이 무엇인가를 살펴보고자 한다.

바울은 교회의 구성원들을 향하여 "(나를) 본받으라"(고전 4:16; 11:1; 빌 3:17; 살전 1:6, 2:14; 갈 4:12)고 권면함을 통해 자신을 교인들이 본받아야 할 중요한 모델로 제시하고 있다. 지금까지의 연구가 바울의 "나를 본받으라"는 본문을 그레코-로마 사회의 문헌 혹은 유대 문헌과의 비교를 바탕으로 이루어져 왔기 때문에, 믿는 자들의 공동체인 교회라고 하는 구체적인 상황 속에서 이루어진 바울의 권면을 이해하는 데에는 한계를 노출해왔다. 따라서 본 연구에서는 바울이 개척하여 세웠던 초대 교회의 목회적 상황 속에서 바울의 권면을 이해함을 통해 바울의 본래적인 의도를 추론해 보고자 한다. 특히 사도바울이 "나를 본받으라"고 권면할 때 함께 사용하고 있는 "아버지," "유모," "자녀들," "형제들," "사랑하는 자들," "해산의 수고," "복음으로 낳았다"는 표현에 주목하면서 바울이 권위적이며 가부장적인 문화 속에서 모성적이며 포용적인 리더십의 모습을 부각시키고 있다는 것을 구체적으로 살펴볼 것이다. 이런 바울의 리더십의 관점을 통해 최근 새로운 교회 유형으로 주목받고 있는 "이머징 교회"와 "선교적 교회"에서 제시하고 있는 목회 리더십을

로마 교회에 편지를 보낸 목적에 대해서 학자들은 1) 바울이 로마에 있는 교인들에게 자신이 전하는 복음의 내용을 구체적으로 설명할 뿐만 아니라, 로마의 교인들을 바른 복음의 가르침위에 세우기 위한 목적으로, 2) 로마교회 안에 있었던 바울의 대적자들의 활동을 적극적으로 견제하고, 로마 교인들에게 자신의 복음의 참 됨과 사역의 건전성을 변증하기 위한 목적으로, 3) 서바나로 선교 가기 원했던 바울이 로마교인들에게 자신의 복음의 내용과 선교 사역을 구체적으로 언급함을 통해 도움을 부탁할 목적 등으로 저술하였다고 생각한다. 페터 슈툴마허, 장흥길 역, 『(페터 슈툴마허의) 로마서 주석』(서울: 장로회신학대학교 출판부, 2002), 29-32; Douglas Moo, *The epistle to the Romans* (Grand Rapids, MI: William B. Eerdmans, 1996), 54.

살펴보고, 이를 통해 위기의 한국교회의 목회자들이 회복해야할 올바르고 성경적인 목회 리더십을 제안하자 한다.

II. 목회 리더십의 위기와 새로운 리더십 논의

1. 한국교회 리더십의 위기

시사저널은 대한민국의 각 분야 전문가 1천명을 대상으로 설문 조사를 실시하여 그 결과를 "누가 한국을 움직이는가?"라는 제목으로 매년 발표한다. 2015년 9월 발표된 "2015년 가장 영향력 있는 종교인" 부분을 살펴보면,[62] 가장 영향력 있는 종교인으로 천주교 추기경이었던 고 김수환이 선정되었다. 2위는 추기경인 염수정, 3위 역시 추기경인 정진석이 선정되었다. 4위는 조계종 총무원장인 자승이 선정되었다. 기독교 리더로서는 여의도 순복음교회 원로목사인 조용기가 7위에 선정되었는데, 10위 안에 든 유일한 기독교 지도자이다. 특이한 것은 한국의 종교인이 아닌 프란치스코 현 교황이 10위에 선정되었다는 것이다. 10위 안에 선정된 종교인 가운데 신부는 4명, 승려는 5명, 목사는 1명이다. 이런 순위는 6년 전 같은 기관에서 발표한 결과와 상당한 차이를 보이고 있는데, 2009년도에 실

---

62) http://www.sisapress.com/news/articleView.html?idxno=67754. 2015년 1월 6일 접속.

시된 설문조사에 의하면,[63] 영향력 있는 종교인 상위 10위 가운데 기독교 목사가 5명이었으며, 천주교 신부는 2명, 불교 승려는 3명이었다. 특히 조용기는 2009년 18.7%의 투표를 받아 전체 3위에 선정되었지만, 2015년에는 6.3%로 투표율이 급락했을 뿐만 아니라, 이미지도 긍정적인 것에서 부정적으로 바뀌었다. 최근 경험하고 있는 한국교회의 위기가 목회자들의 이미지 추락과 관련이 있다는 것은 부인하기 어려운 사실이다. 중대형 교회의 담임 목사직 세습과 소위 "스타" 목회자의 성추문[64] 등으로 한국교회는 사회적 영향력과 신뢰를 급속하게 상실해 가고 있는데, 이런 측면에서 한국교회의 리더십은 커다란 위기를 경험하고 있으며, 이를 극복할 수 있는 성경적 리더십을 회복해야하는 시대적 요청에 직면하고 있다.

2. 새로운 교회 유형으로서의 이머징 교회와 선교적 교회의 리더십 논의

최근 새로운 교회 유형으로 주목 받고 있는 것은 이머징(Emerging) 교회와 선교적(Missional) 교회이다. 그렇다면 이런 교회 유형에서는 어떤 리더십을 이야기 하고 있을까? 먼저 "이머징 교회"라고 통칭되는 교회들은[65] 포스트모던 사회 속에서 예수님께서

---

63) http://www.sisapress.com/news/articleView.html?idxno=49884&&srchid=
IIM/news/24576793/dd9f9ff3add3f7797d17ce22ef54e7cb. 2015년 1월 6일 접속.
64) 삼일교회를 이끌었던 전병욱목사의 성추문 사건은 2014년 8월, 도서출판 대장간에서 『숨바꼭질—스타목사 전병욱 목사의 불편한 진실』이라는 제목으로 출간되었다.
65) "이머징 교회"의 다양한 형태들에 대해서는 유재원, 『이머징예배 따라잡기: 변화하는 세상 속에서 풀어가는 현대 예배 이야기』(서울: 미션아카데미, 2011), 81-176을 참고하라.

선포하셨던 하나님 나라 운동을 추구하는 공동체라고 말할 수 있다. 이런 교회 운동을 이끌어 가는 사람들은 전통적인 형태의 교회가 가부장적이고 권위적인 리더십을 받아들였고, 성과 속을 철저하게 구분하며 살아왔기 때문에 포스트모던 사회에서 영향력을 잃어버리게 되었다고 판단하면서, 성과 속의 분리를 극복하고 삶의 모든 영역에서 예수님의 복음 선포의 중심 주제였던 하나님 나라를 추구하려고 노력할 뿐만 아니라, 예수님의 삶의 모습을 본받으면서 살아가려는 목회적 노력들을 시도하고 있다.[66] 이런 이머징 교회에서 추구하는 리더십은 "나를 의지하고 따라와라"고 선언하는 최고 경영자가 아니라, 신뢰와 친밀한 관계를 형성하면서 문제를 함께 해결해 나가는 "영적 안내자"와 같은 리더십이다.[67]

선교적 교회는 삼위 일체 하나님께서 행하시는 "하나님의 선교"를 중심 개념으로 삼고, 교회를 하나님의 부르심과 보내심을 받은 공동체로 이해한다. 그래서 철저히 지역 사회 속에서 역사하시는 하나님의 선교에 동참하는 것이 교회의 사명이며 존재 이유로 파악한다. 이런 교회에서의 리더십은 강력한 카리스마로 교회의 중심에서 자신의 역량을 발휘하는 "전횡적 목회자"가 아니라, 교인들로 하여금 하나님의 선교에 동참하도록 비전을 제시하며[68] 평신도들과 함

---

66) 에디 깁슨, 라이언 볼저, 김도훈 역, 『이머징 교회』(서울: 쿰란출판사, 2005), 39-145.

67) 댄 킴볼, 윤인숙 역, 『시대를 리드하는 교회』(서울: 이레서원, 2007), 272-95.

68) Dave Daubert, "Vision-Discerning vs. Vision-Casting: How Shared Vision can Raise up Communities of Leaders Rather than Mere Leaders of Communities," in The Missional Church & Leadership Formation: Helping Congregations Develop Leadership Capacity (ed. Craig Van Gelder: Grand Rapids, MI: William B. Eerdmans, 2009) 147-71.

께 팀을 만들어[69] 교회를 지도하는 사도적이며 예언자적인 리더십이다.[70] 최근의 학문적, 목회적 논의들에서 언급되고 있는 이러한 새로운 유형의 목회 리더십은 권위적이며 독선적인 모습을 보여 주곤 하였던 한국교회의 전통적인 목회 리더십과 상당한 차이를 보이고 있으며, 위기에 처한 한국교회 리더들의 모습을 되돌아보게 한다. 이런 새로운 유형의 목회 리더십은 바울이 보여주고 있는 리더십과 어떤 연관성을 가질 수 있을지 자세히 살펴보자.

III. 선행연구와 비판적 평가

1. 윌리스 피터 드 보

윌리스 피터 드 보(Willis Peter de Boer)의 책, The Imitation of Paul: An Exegetical Study는 바울의 "나를 본받으라"는 권면에 대한 학자들의 본격적인 연구의 출발점 역할을 한 책 중의 하나로 평가받는다. 드 보는 이 책에서 후대의 여러 학자들이 채택하고 있는 기본적인 연구 방법론의 전형적인 예를 보여 주고 있는데, 그것은 바울의 권면을 이해하기 위해, 그레코-로마 문헌과 유대 문헌을

---

69) Sharon Henderson Callahan, "Forming Lay Missional Leaders for Congregations and the world," in *The Missional Church & Leadership Formation: Helping Congregations Develop Leadership Capacity* (ed. Craig Van Gelder: Grand Rapids, MI: William B. Eerdmans, 2009) 120–46.

70) 대럴 구더, 정승현 역, 『선교적 교회』(인천: 주안대학원대학교 출판사, 2013).

먼저 연구하고, 이런 연구를 바탕으로 바울의 서신들을 해석하는 것이다. 드 보는 그레코-로마와 유대의 문헌들을 살펴보면서, "본받는 관계"는 부모와 자녀, 선생과 학생, 그리고 리더와 추종자들 사이에서 형성된다는 것을 발견한다. 드 보는 바울의 권면을 연구하면서, 특히 두 가지의 관계가 바울 연구에 중요하다고 판단하고 있는데, 그것은 "선생과 학생" 그리고 "부모와 자녀"와의 관계이다. 드 보는 바울이 "나를 본받으라"고 교인들에게 권면하는 것은 교육적인 목표가 있었다고 설명하면서, 그리스도 안에서 구원받은 성도가 어떻게 살아야 하는지를 교육하기 위해서 자신을 하나의 모델로 제시하고 있다고 해석한다. 하지만 바울의 이 권면은 단순히 교사가 학생들을 가르치는 것 보다는 좀 더 친밀한 것이었다고 분석하면서, "부모와 자녀"와의 관계를 좀 더 강조한다. 바울은 이방인 그리스도인들의 "영적 아버지"로서 영적인 자녀들인 교인들이 자신의 모습을 본받음을 통해 성숙해 나가기를 바라는 마음에서 자신을 본받으라고 권면했다고 설명한다. 드 보는 바울의 권면의 가장 주된 목적은 이방인 성도들의 성숙과 성장이었으며, 바울 자신의 모범을 통해 결국은 그리스도를 닮아가는 삶을 살도록 하기 위함이었다고 주장한다.[71] 드 보의 연구는 바울의 "나를 본받으라"는 본문에 대한 본격적인 연구를 시도한 면에서 긍정적인 평가를 받을 수 있다.

---

71) Willis Peter de Boer, The Imitation of Paul: An Exegetical Study (Grand Rapids, Michigan: J. H. Kok N. V. Kampen, 1962) 1-16; 92-216.

2. 엘리자베스 카스틸리

바울의 "나를 본받으라"는 본문을 포스트모던적인 시각으로 해석한 대표적인 학자로 언급되는 사람은 엘리자베스 카스틸리 (Elizabeth Castelli)이다. 카스틸리는 자신 이전에 이루어진 연구들, 즉 드 보를 비롯하여 이 주제에 대한 일련의 연구들을 "전통적 해석"으로 취급하면서, 자신의 연구야말로 본문들에 숨겨져 있는 바울의 원래적인 의도를 밝혀내는 새로운 분석이라고 주장한다. 카스틸리는 미셸 푸코의 힘과 권력에 대한 분석적 연구를 자신의 주요 방법론으로 선택함을 통해[72] 바울과 그의 교인들 사이에 형성되어 있었던 힘과 권력의 흐름에 관심을 집중한다. 카스틸리는 드 보가 했던 것처럼, 바울 본문을 분석하기 위한 배경적인 연구로 그레코-로마 문헌들을 분석하는데, 이런 분석을 통해 그레코-로마 문화 속에서 "나를 본받으라"는 요구는 철저히 계층 구조적 관계를 형성하기 위해서 사용되었으며, 이런 관계 속에서 본받아야 하는 위치에 있는 사람들은 모델로 추앙받는 사람의 권위에 전적으로 복종해야 했다고 주장한다. 또한 모델의 위치에 있었던 사람은 자신을 본받아야 하는 사람들에게 연합과 조화를 강조하였는데, 이것은 개별적인 독특함과 다름을 인정하지 않고 동질성만을 강조함으로 해서 다루기 쉬운 집단으로 만들어가는 과정이라고 분석한다. 이러한 연

---

72) 카스틸리와 함께 푸코의 권력과 힘에 대한 연구 결과를 활용하여 바울과 이방 그리스도인들과의 관계를 조명하려고 시도한 학자로는 산드라 폴라스키(Sandra H. Polaski)를 들 수 있다. 폴라스키는 바울이 초기 기독교 공동체와의 관계 속에서 자기 자신의 권위를 어떻게 표현하고 있으며, 어떻게 이 권위를 행사하고 있는지에 대해 연구하면서, 바울이 그 당시 문화 속에서 자연스럽게 발견할 수 있었던 대단히 권위적이고 가부장적인 리더였다는 결론에 도달한다. Sandra H. Polaski, *Paul and the Discourse of Power* (Sheffield: Sheffield Academic Press, 1999).

구를 바탕으로 바울의 서신을 해석하는 카스틸리의 주장에 의하면, 바울은 철저히 헬라 문화 속에서 "나를 본받으라"는 표현을 사용하고 있는데, 이 표현은 바울과 초대 교인들 사이의 관계가 상호적인 관계가 아니라 일방적이며 정치적인 관계라는 것을 보여 주고 있을 뿐만 아니라, 바울 자신을 권위 있는 연설자로 묘사함을 통해 자신의 특권을 강화하기 위한 수단으로 사용되고 있다고 분석한다. 카스틸리는 또한 바울이 이 표현을 통해 계층 구조적 질서를 곤고히 하고 있는데, 이 질서에서 자신을 예수 그리스도와 이방인 교인들 사이에 위치시킴으로써, "교인들-바울-그리스도"의 계층 구조적 질서를 형성하였으며, 이를 통해 자신의 특권과 권위를 강화하는 방편으로 "나를 본받으라"는 표현을 사용하였다고 이해한다.[73] 카스틸리의 이런 학문적 노력은 푸코의 힘과 권력에 대한 이론적 체계를 바울 연구에 적용하였다는 점에서 의미 있는 시도라는 평가를 받고 있음에도 불구하고, 바울의 권면을 너무 개인적이고 정치적인 개념으로 이해함으로 인해서 많은 비판을 받고 있다.

3. 시드니 박

카스틸리가 바울의 "나를 본받으라"는 권면을 푸코의 힘과 권력에 대한 철학적 분석 방법론을 통해 연구한 것에 대한 반박을 체계적으로 제시하고 있는 학자 중의 하나는 시드니 박(M. Sydney Park)이다. 박은 카스틸리가 바울의 권면을 분석하기 위해서 사용

---

73) Elizabeth Castelli, *Imitating Paul: A Discourse of Power* (Lousville, KY: Westminster/ John Know Press, 1991), 89-117.

하는 힘에 대한 이해는 푸코가 제시한 개념과 다를 뿐만 아니라, 카스틸리가 이데올로기를 바울의 권면을 분석하기 위한 중심적인 도구로 사용하고 있는 것은 푸코가 이데올로기적인 접근을 거부하고 있는 모습과는 상당한 차이가 있다고 비판한다. 박은 카스틸리가 그레코-로마 문헌들을 분석하면서 내렸던 결론들도 조목조목 반박하는데, 카스틸리가 그레코-로마 문화에 있었던 모델과 본받는 자의 관계를 너무 단순화 시켰을 뿐만 아니라 계층 구조적으로 분석하고 있다고 비판한다. 박은 그레코-로마 문헌에 나타난 본받는 관계는 다양한 모양으로 나타났는데, 그 목적은 단순히 "뛰어난 자"와 "열등한 자"의 관계를 형성하는 것이 아니라 보다 다양한 모델을 계발하는 것이었다고 주장한다. 또한 자녀들 교육과 공동체 형성에 있어 본받는 관계는 모델의 특권을 유지하기 위해서 이루어진 것이 아니라 공동체의 선을 달성하기 위해서 이루어졌다고 주장한다. 박은 카스틸리의 바울 본문에 대한 해석에 대해서도 비판하는데, 그녀의 설명에 따르면 바울은 "나를 본받으라"는 요구를 통해 자신의 힘을 유지하려고 한 것이 아니라 나누려고 하였고, 이런 요구를 통해 자기 자신을 내세우려고 한 것이 아니라, 그리스도를 나타내려 하였다고 주장한다. 그리고 바울은 자신이 세운 교회와의 차별과 분리에 관심이 있었던 것이 아니라, 일치와 상호적 관계 형성에 초점이 있었다고 주장한다. 그리고 이런 상호적 관계 형성은 그리스도인 공동체 안에서 이루어진 "상호 굴복"[74]을 통해 이루어지고 있다고 본다. 박의 연구는 카스틸리의 연구와 대척점에 있다고 할 수 있을 만큼 상

---

74) M. Sydney Park, *Submission within the Godhead and the Church in the Epistle to the Philippians: An Exegetical and Theological Examination of the Concept of Submission in Philippians 2 and 3* (New York: T & T Clark, 2007), 80-170.

당히 다른 해석을 제시하고 있는데, 카스틸리가 바울이 "나를 본받으라"는 표현을 통해 자신의 특권과 권력을 곤고히 하려고 하였다고 보는 것에 반대하면서, 박은 바울은 오히려 자신을 그리스도와 다른 교인들에게 "굴복"하고 있으며, 이런 굴복을 통해서 힘을 나누고 상호적 관계를 유지하려고 노력하였다고 주장한다. 박의 연구는 카스틸리의 해석을 구체적으로 비판한 것과 함께 바울의 "나를 본받으라"는 본문의 공동체적인 관점을 강조한 장점에도 불구하고, 빌립보서를 중심으로 한 자신의 연구의 주제인 "굴복"을 너무 강조함으로 인하여 바울의 다른 서신에 나오는 표현 전체를 아우르는데는 한계를 보이고 있다.

4. 기타 연구들

위에서 언급하고 있는 학자들의 연구들 외에도 바울의 권면은 다양한 방법론과 주제로 연구되었는데, 이를 정리하면 다음과 같다. 빅터 코팬(Victor A. Copan)은 바울의 권면을 분석함에 있어 영적 디렉터의 모습과 역할에 초점을 맞추면서, 그레코-로마 사회에서 중요하게 여겨졌던 "영광과 불명예"라는 개념을 바울 본문 연구에 도입한다. 코펜은 영적 아버지인 바울이 영적인 자녀들인 이방인 그리스도인들에게 자신이 아닌 그리스도와 복음을 본 받아야할 최종 목표로 제시하고 있다고 설명한다.[75] 보이킨 샌더스(Boykin

---

75) Victor A. Copan, *Saint Paul as Spiritual Director: An Analysis of the Concept of the Imitation of Paul with Implications and Applications to the Practice of Spiritual Direction* (Eugene, OR: Wipf and Stock, 2007), 40–71.

Sanders)는 바울이 "나를 본받으라"고 말할 때, 자신의 특권을 포기하거나 고난을 기꺼이 받아들이는 모습을 본받으라는 의미는 아니었다고 설명하면서, 바울의 목적은 유명한 리더들을 따라감으로 해서 생긴 고린도 교회의 분열을 극복하고 세례 받은 공동체로서의 하나됨을 유지하는 것이었다고 설명한다.[76] 윌리엄 쿠르즈(William S. Kurz)는 편집비평적인 관점으로 접근하면서, 빌립보서 2장에 나타나는 그리스도의 성육신과 3장에서 묘사되고 있는 바울의 자기 포기라는 두 개의 기둥, 즉 본받아야할 두 사람의 모델을 중심으로 이루어져 있다고 설명한다.[77] 린다 벨러빌(Linda L. Belleville)과 제랄드 호손(Gerald F. Hawthorne)은 "제자도"라는 관점에서 바울의 본문들을 해석하면서, 바울이 "나를 본받으라"는 권면을 통해서 이루고자 하였던 것은 이방 교인들이 그리스도의 충실한 제자로서의 삶을 배워가게 하기 위함이었다고 이해한다.[78] 케시 에렌스퍼거(Kathy Ehrensperger)은 힘과 역학관계의 측면에서 바울의 권면을 분석하는데, 바울이 "나를 본받으라"고 한 것은 통제와 지배를 위함이 아니라, 교인들의 삶을 인도하고 가르치기 위한 상호작용의 한 모습이라고 설명한다.[79] 최근에는 수사학적인 관점으로 바울의

---

76) Boykin Sanders, "Imitating Paul 1 Cor 4:16," *Harvard Theological Review*, Vol. 74, No. 4 (Oct., 1981): 353-363.

77) William S. Kurz, "Kenotic Imitation of Paul and of Christ in Philippians 2and 3," in *Discipleship in the New Testament* (ed. F. F. Segovia; Philadelphia: Fortress, 1985).

78) Linda L. Belleville, "Imitate Me, Just as I Imitate Christ: Discipleship in the Corinthian Correspondaence," in *Patterns of Discipleship in the New Testament* (ed. Richard N. Longenecker; Grand Rapids, MI: Eerdmans, 1996) 120-142; Gerald F. Hawthorne, "The imitation of Christ: Discipleship in Philippians" in *Patterns of Discipleship in the New Testament* (ed. Richard N. Longenecker; Grand Rapids, MI: Eerdmans, 1996) 163-179.

79) Kathy Ehrensperger, *Paul and The Dynamics of Power: Communication and Interaction in the Early Christ-Movement* (New York: T & T Clark, 2007) 117-

본문을 분석하려는 시도들이 있는데, 브라이언 도드(Brian Dodd)는 바울이 멀리 떨어져 있는 교회의 교인들을 직접 얼굴로 대면하여서 말할 수 없는 상황 속에서 그들을 설득하기 위한 수사적 기술로 사용하고 있는 것이 자신을 모델로 제시하는 것이라고 설명한다.[80] 피터-벤 스미트(Peter-Ben Smit)는 1세기 헬라 수사학의 한 방법론인 "심의 수사학"의 관점으로 바울 서신을 해석하면서, 바울은 "그리스도 안에 있음"을 통해 형성되는 특별한 형태의 정체성과 삶의 방식을 자신의 모델을 통해 이방인 그리스도인들에게 전달하기 위해 "나를 본받으라"고 권면하고 있다고 이해한다.[81]

5. 평가

바울의 "나를 본받으라"는 권면에 대한 다양한 연구들이 비슷하게 채용하고 있는 연구방식은 바울이 살았던 그레코-로마 시대의 문헌과 유대 문헌들 속에 나타나는 "본받는 관계"를 먼저 연구하고, 이런 연구의 결과를 배경으로 바울의 권면을 연구하면서 바울도 그 당시 문화 속에서 사용된 용례와 비슷한 개념을 가지고 있었다고 결론을 내는 것이다. 결론은 조금씩 다르지만, 연구의 핵심적인 방법은 비슷하다고 평가할 수 있다. 이런 연구들이 가지고 있는 한계는 바울의 권면을 이해함에 있어 "대안적 공동체"로서의 교회의 중

54.

80) Brian Dodd, *Paul's Paradigmatic 'I': Personal Example as Literary Strategy* (Shefield: Shefield Academic Press, 1999) 33-195.

81) Peter-Ben Smit, *Paradigms of Being in Christ: A Study of the Epistle to the Philippians* (London: Bloomsbury, 2013) 79-157.

요성을 간과한 것이다. 뿐만 아니라, 바울이 "나를 본받으라"고 권면하면서, 자주 함께 사용하고 있는 가족 관계적 언어인 "아버지," "자녀들," "형제"와 같은 단어들, 그리고 "유모," "해산의 수고," "복음으로 낳았다"는 모성적 표현들의 역할을 간과함으로 바울의 목회적 리더십을 통전적 시각으로 바라보지 못하고 있다. 그렇다면 바울이 보여주고 있는 목회 리더십은 어떤 모습일까? 바울이 사용하고 있는 표현들을 먼저 살펴보자.

IV. 바울의 목회 리더십

신약성경에서 "본받는 자"라는 뜻의 명사 미메테스(μιμητής) 와 "본받다"라는 뜻의 동사 미메오마이(μιμέομαι)는 3번의 예외를[82] 제외하고는 모두 바울이 저자로 나타나 있는 서신들에 등장하고 있다 (고전 4:16; 11:1; 빌 3:17; 살전 1:6, 2:14; 살후 3:7, 9; 엡 5:1[83]). 이런 구절들을 중심으로 바울 서신을 자세히 읽어보면, 몇 가지의 특징이 나타나고 있음을 발견하게 된다. 첫째, 명사 미메테스(μιμητής)가 "되다"라는 뜻의 동사 기노마이(γίνομαι)와 함께 사용되고 있다.[84] 이런 측면에서 본다면, "본받는 자" 혹은 "본받다"는 단어

---

82) 히 6:12; 13:7; 요3 11.

83) 데살로니가 후서와 에베소서는 바울이 저자로 표현되어 있음에도 불구하고, 바울의 친서인가에 대한 학자들의 논란이 있는 것이 사실이다. 하지만, 이 연구에서는 넓은 의미에서 바울 서신의 일부로 간주하면서 연구를 진행한다.

84) 데살로니가 후서에서는 미메테스(μιμητής)의 동사 형태인 미메오마이(μιμέομαι)가 사용되고 있다(살후 3:7, 9).

가 직접 쓰이고 있지 않음에도 불구하고, "되라"는 뜻의 동사 기노마이(γίνομαι)가 사용되어서, 갈라디아 교인들을 향해 "나와 같이 되라"(γίνεσθε ὡς ἐγώ)는 바울의 권면을 담고 있는 갈라디아서 4장 12절도 바울의 "나를 본받으라"는 본문 중의 하나로 간주하여 함께 연구할 수 있는 근거가 된다.[85] 둘째, 바울은 "나를 본받으라"고 권면하면서 자주 가족 관계를 표시하는 단어들과 출산과 양육과 관련된 이미지들을 사용하고 있다. 구체적인 예를 들어 본다면, 바울은 자신을 "아버지"(πατήρ, 고전 4:15; 살전 2:11) 혹은 "유모"(τροφός, 살전 2:7)로 부르면서, 이방인 그리스도인들을 "자녀들"(τέκνα, 살전 2:7; 고전 4:14)라고 부른다. 또한 바울은 자신이 이방인 그리스도인들을 위해서 "해산의 수고"를 하였다(ὠδίνω, 갈 4:19)고 말하기도 하고, "복음으로 낳았다"(γεννάω, 고전 4:15)는 표현도 사용하고 있다. 셋째, 바울이 교인들을 향하여 "나를 본받으라"고 외칠 때 자신이 복음을 전파하면서 겪었던 고난과 박해를 자주 언급한다(살전 1:6; 2:2,14; 고전 4:9-13; 10:13; 빌2:8, 17, 30; 3:8,10; 갈 4:13,14; 엡 5:2). 이를 좀 더 구체적으로 살펴보자.

1. 미메테스(μιμητής)와 기노마이(γίνομαι)의 사용

바울은 자신과 깊은 관계를 가지고 있었던 교회의 교인들에게 편지를 써 보내면서, "나를 본받으라"고 권면하고 있는데, 이 권면을 위해 명사 미메테스(μιμητής)와 동사 기노마이(γίνομαι)를 주

---

85) Susan Eastman, *Recovering Paul's Mother Tongue: Language and Theology in Galatians* (Grand Rapids, MI: William B. Eerdmans, 2007), 29.

로 사용하고 있다. 먼저 동사 기노마이(γίνομαι)는 2인칭 복수 명령 형태인 기네스데(γίνεσθε, 고전 4:16; 11:1; 빌 3:17; 갈 4:12; 엡 5:1)를 사용하기도 하고, 2인칭 복수 직설법 형태인 에게네데테(ἐγενήθητε, 살전 1:6; 2:14) 형태를 사용하기도 한다. 명령형을 사용함을 통해 바울은 자신의 편지를 읽거나 듣고 있는 사람들이 자신을 본받을 것을 강력하게 권면하고 있으며, 데살로니가 전서에서 사용되고 있는 복수 직설법을 통해서는 데살로니가의 교인들이 자신과 함께 선교 사역을 감당하고 있었던 선교팀을 훌륭하게 본받았다는 것을 인정함을 통해 그들을 격려하고 있음을 알 수 있다.

바울은 미메테스(μιμητής)의 복수형인 미메타이(μιμηταὶ, 고전 4:16; 11:1; 빌 3:17; 살전 1:6; 2:14; 갈 4:12; 엡 5:1)를 주로 사용함으로 해서, 믿는 자 개인이 독립적으로 자신을 본받는 것을 목표하기 보다는 각 지역에서 주님의 이름으로 모였던 믿음의 공동체 전체가 자신을 "본받는 자들"이 되기를 바라고 있다는 것을 분명히 하고 있다. 이렇게 복수 형태를 사용함을 통해 바울은 믿는 자들의 무리가 같은 마음을 가지고, 함께 본받는 자들이 됨을 통해 공동체성을 유지하고, 더욱 발전시켜 나갈 것을 기대하고 있었다는 것을 알게 된다. 빌립보서 3장에서는 "함께"라는 뜻의 전치사인 쉰(συν)이 미메타이(μιμηταὶ)와 결합되어 형성된 쉼미메타이(συμμιμηταὶ)를 사용함을 통해, 교회 공동체가 함께 움직이고, 같이 무엇인가를 해 나가기를 바랐다는 것을 분명하게 말해준다. 이런 이해는 바울이 빌립보서 2장에서 "마음을 같이하고," "뜻을 합하고," "한마음을 품고," "자기보다 남을 낮게 여기고," "다른 사람들의 일을 돌보라"(2:2-3)는 권면, 그리고 "함께 기뻐하고"(2:17-18) 또 복음을 위해 "함께 수고하였다"(2:22, 25)는 표현과 맥락을 같이 하고 있다고 이해할 수 있다. 이런 표현들은 바울이 교회 공동체를 세워감에 있어 함께 수고하고, 또 함께 기뻐하고, 서로를 돌봄을 통해 함께 하나님의 새로운 질서가 세워져 나가는 공동체를 만들어 가려고 노력하였다는 것을 알 수 있게 한다. 바울의 이런 공동체 의식은 소수의 능력자들이 자신의 재물과 특권을 평범한 사람들에게 나누어 줌을 통해 "주종관계"를 맺곤 하였던 당시 로마 사회의 분위기[86]와는 다르게 바울은 "함께" 수고하고, "함께" 기뻐하며, 나보다 오히려 남을 더 낮게 여기는 정의로운 공동체, 인종과 성별과 사회적 신분의 차별이 없는 평등한 공동체로 교회를 만들어 가려고 노력 하였다는 것을 분명히 알게 된다.

2. 가족 관계 언어의 사용

바울의 "나를 본받으라"는 목회적 권면을 통해 우리는 바울과 바울의 편지를 읽고 듣는 초대 교회 교인들을 "모델"과 "본받는 사람"의 관계로 이해할 수 있다. 하지만 이런 관계 외에 바울이 의도적으로 형성하고 있는 중요한 관계가 있는데, 그것은 친밀한 가족과 같은 관계이다. 이런 관계 형성을 위해서 바울은 가족 구성원들 간

---

86) 로마의 주류 사회에서 "주종 관계"의 사회적 인맥을 형성하는 주된 방법은 "후원제도"(Patronage System)였다. 물질과 권력을 가지고 있는 개인은 자신이 가지고 있던 재물을 나누어 주거나, 자신이 행사할 수 있는 영향력을 통해 혜택을 나누어 줌으로 "후원자"(Patron)가 되고, 그렇게 나누어지는 물질이나 혜택을 받는 사람은 "후원을 받는 자"(Client)가 된다. 이런 후원제도는 로마의 중상류층을 중심으로 자유민에 이르기 까지 폭넓은 주종관계를 형성하였고, 거미줄과 같이 사회 전반에 형성됨으로 해서 로마제국을 지탱해 주는 강력한 사회구조를 형성하였다. Richard P. Saller, *Personal Patronage under the Early Empire* (Cambridge, UK: Cambridge University Press, 1982).

에 많이 사용되던 단어들을 선택하고 있다. 바울은 자신과 관련된 언급을 하면서 "아버지"(πατήρ, 고전 4:15; 살전 2:11)라는 단어를 사용하고, 교인들을 말하면서는 "자녀들"(τέκνα, 살전 2:7; 11, 빌 2:15; 고전 4:14; 갈 4:19; 엡 5:1)이라는 표현을 사용한다. 이런 표현을 통해 바울은 자신과 각 교회에 있는 회중들과의 관계를 "영적 아버지와 영적 자녀들"로 정의하고 있다. 카스틸리와 같은 학자들은 바울의 이런 관계 형성은 상당히 의도적인 것으로, 이런 "부모와 자녀" 관계를 통해 바울 자신은 권위와 위엄을 가진 아버지의 자리에 올려놓고 회중들은 그 권위 아래에 있는 자녀들로 묘사함을 통해 철저히 계층 구조적 관계를 형성하고 있으며, 바울은 추앙받고 존경받아 마땅한 모델로, 회중들은 전적으로 권위에 복종하며 충실하게 모델을 모방해야 하는 사람들의 자리에 위치시키고 있다고 설명한다.[87] 하지만 이런 주장은 바울이 이런 표현들과 함께 사용하고 있는 단어들을 충분히 고려하지 못한 결과라고 말할 수 있다. 왜냐하면, 바울은 자신의 편지를 읽고 듣고 있는 교인들은 단순히 자신의 말에 전적으로 복종해야 하는 대상으로서의 자녀가 아니라, 자신의 깊은 사랑의 대상이요, 또 사랑받는 존재로서의 소중한 자녀들로 묘사하고 있기 때문이다.

바울은 회중들을 향해 "나의 사랑하는 자들"(ἀγαπητοί μου, 고전 10:14; 빌 2:12)이라고 부르거나, "사랑받는 자들"(살전 1:4; 2:8; 고전 4:14)이라고 지칭한다. 이런 표현들을 통해 유추해 볼 때 바울은 자신의 권면을 듣고 있는 초대 교인들을 자신의 권위에 무조건 복종해야하는 "아랫것들"이 아니라 자신의 사랑의 대상이요, 소중

---

87) Castelli, *Imitating Paul*, 89-99.

한 존재들이라는 것을 보여 주고 있다. 뿐만 아니라, 바울은 회중들을 "형제들"(ἀδελφοί, 살전1:4; 2:1,9,14,17; 고전 4:6; 빌 3:1,13,17; 4:1; 갈 4:12)이라고 부르고 있는데, 이는 바울이 자신의 회중들을 자신의 동역자로 이해하고 있었다는 것을 보여 준다. 이런 이해의 근거는 바울이 에바브로디도를 자신의 "형제요, 동역자요, 함께 군사 된 자"(ἀδελφὸν καὶ συνεργὸν καὶ συστρατιώτην μου, 빌 2:25)로 지칭하고 있는 데서 찾을 수 있다. 이 구절을 통해 바울이 회중들을 "형제"라고 부르는 것은 그들을 사역의 동역자요, 함께 복음을 위해 영적인 전투를 벌이는 동료 군사라고 이해하고 있음을 알게된다. 바울이 사용하고 있는 가족 관계적 언어들은 일부 학자들이 주장하는 것처럼, 바울 자신의 우월성과 권위를 나타냄을 통해 계층 구조적 관계를 형성하려는 목적이 아니라, 오히려 회중들로 하여금 자신들이 하나님의 사랑받는 소중한 사람들이며, 바울의 복음 전파 사역의 동역자들 이라는 것을 깨닫게 하는 역할을 하였다. 이런 측면에서 볼 때, 바울의 리더십은 포용적이며 평등 지향적인 특성을 가지고 있었다는 것을 알 수 있다.

3. 모성적 이미지의 사용

바울이 "나를 본받으라"고 권면하면서, 자신을 "아버지"로만 표현하고 있지는 않다. 데살로니가 전서에서 바울은 자신을[88] "유

---

88) 바울은 1인칭 복수 동사(ἐγενήθημεν)를 사용하면서 자신을 포함한 "선교팀"이 있었다는 것을 보여 주고 있다(살전 2:7-8). 이 선교팀에 실루아노와 디모데(살전 1:1)도 포함되었을 가능성이 크다.

모"(τροφὸς, 살전 2:7)라고 표현한다. 유모는 자신의 젖을 먹이며 아기를 기르고, 자녀를 사랑으로 양육하는 역할을 하였는데, 이 표현을 통해 바울은 자신이 믿음 안에서 자녀 된 데살로니가의 교인들을 먹이고 양육하는 역할을 기쁘게 감당하였다는 것을 말하고 있다. 이를 통해 바울은 자신의 것을 기쁨으로 나누며 교인들을 사랑으로 양육하는 리더였음을 보여주고 있다.

바울은 고린도 교인들에게 편지하면서, "예수 그리스도 안에서 복음을 통하여 내가 너희를 낳았다"(ἐν γὰρ Χριστῷ Ἰησοῦ διὰ τοῦ εὐαγγελίου ἐγὼ ὑμᾶς ἐγέννησα, 고전 4:15) 라고 말한다. 바울은 자신이 고린도에 거주하고 있던 이방인들에게 복음을 전하였고, 자신의 복음 전파 사역의 결과로 그 이방인들이 예수 그리스도를 주님으로 고백하고 하나님의 전적인 은혜 가운데 하나님의 자녀가 된 일련의 사건을 두고, "그리스도 예수 안에서 이방인이었던 고린도인들을 영적인 자녀로 낳았다"고 말하고 있다. 이 표현은 갈라디아서에서 사용되고 있는 주요 단어와 깊이 연결되어 있는데, 바울은 갈라디아 4장에서 갈라디아 교인들 속에 그리스도의 형상이 이루어지까지 "해산의 수고"를 하였다(ὠδίνω,[89] 갈 4:19)고 말한다. 여기서 바울은 임신한 여성이 아이를 생산하는 이미지를 사용하고 있다. 바울은 자신이 갈라디아에 있는 이방인들에게 복음을 전하고, 그들과 함께 신앙생활하고, 그들을 사랑으로 섬기고 목회하면서 겪었던 어려움을 아기를 생산하는 여인의 해산의 고통과 연결시킨다. 바울은 특히 "너희를 위하여 다시(πάλιν) 해산의 수고를 한다"고 표현함을

---

89) 바울은 자신의 서신들에서 오디노(ὠδίνω)라는 단어는 3번 사용하고 있는데, 갈라디아서 4장 19절과 27절에서 사용하고 있으며, 전치사 쉰(συν)이 결합된 쉬노디노(συνωδίνω)를 로마서 8장 22절에서 사용하고 있다.

통해 자신이 갈라디아 지역을 떠난 후에 갈라디아 교회가 율법을 중시하는 자들이 전해준 "다른 복음"(갈 1:6, 7, 8, 9)으로 인해 혼란과 갈등의 상황에 있음을 듣고 그런 혼란을 극복하고 복음의 능력을 다시 회복할 수 있도록 또 다시 수고하였음을 말하고 있다. 여기서 바울이 사용하고 있는 해산하는 여인의 고통은 구약성경에서 두 가지의 의미로 자주 사용되었다. 하나는 하나님의 임박한 심판을 묘사하기 위해서,[90] 또 하나는 하나님께서 베풀어 주시는 구원의 은혜를 묘사하기 위해서 사용되었다.[91] 다시 말해 해산의 고통을 경험하고 있는 여인의 이미지는 하나님의 종말론적인 구원과 예수 그리스도를 통해 허락하시는 새로운 질서에 대한 희망과 연결될 수 있다.[92] 해산하는 고통의 종말론적인 이미지는 하나님의 새로운 질서가 이 땅 위에서 실현되는 공간으로서의 교회를 세워가려고 노력하였던 바울의 수고를 표현하는 좋은 도구였다고 판단된다. 갈라디아 교인들을 향한 바울의 목회적인 노력은 종말론적인 하나님의 구원 역사가 현실 속에 구현되는 통로의 역할을 하였다.

바울은 "유모," "복음으로 낳았다," 그리고 "해산의 고통"이라는 모성적인 이미지를 통해 자신과 초대 교인들과의 관계가 엄마가 아기를 낳고 젖을 먹여 기르는 것과 같이 친밀한 것이었으며, 사랑과 양육의 관계였음을 보여 주고 있다. 이런 사랑과 양육의 친밀한 관계를 통해 보여 주고 있는 리더십은 자신의 소중한 것을 먼저 나

---

90) David Schnasa Jacobsen, *Preaching in the New Creation* (Louisville: Westminster John Knox Press, 1999), 99-104.

91) Sylvia C. Keesmaat, *Paul and his Story: (Re)Interpretation the Exodus Tradition*(Shef-field: Sheffield Academic Press, 1999), 102-114.

92) 천세종, "로마서 8장 18-25절에 나타난 바울의 '창조' 이해와 종말론적 구원," 『장신논단』 45-2집 (2013년 6월): 109-112; Eastman, *Recovering Paul's*, 92-93.

누며, 한 생명을 얻기 위해 치러야 하는 고통을 기꺼이 받아들이고 감내하는 인내와 긍휼의 리더십이다. 그리고 이런 고난의 시간 속에서 종말론적인 하나님 나라의 구원의 역사를 바라보았으며, 그 미래적 희망으로 현재의 고난을 극복해 나가는 리더십이다.

4. 고난을 언급함

바울은 "나를 본받으라"고 권면하면서 자신이 경험한 고난과 박해를 언급한다. 데살로니가 교인들에게는 자신이 빌립보에서 고난과 능욕을 당하였고(살전 2:2), 또 유대인들로부터 박해를 받았다는 것(살전 2:14)을 말하고, 고린도 교인들에게는 자신이 복음을 위해서 주리고, 목마르고, 헐벗고, 매 맞고, 비방을 당하고, 정처가 없이 다니며 수고하였음을 언급한다(고전 4:11-13). 빌립보서에서 바울은 자신이 복음을 위하여 이전에 중요하게 여겼던 것들을 배설물처럼 여기고, 그리스도의 고난에 스스로 참여하였음을 밝히고 있다(빌 3:7-11). 바울이 복음을 전하면서 겪은 고난과 고통을 언급하는 것은 자신이 그리스도의 낮아지심과 십자가에 달려 고난당하신 모범을 충실하게 본받고 있음을 보여 주는 것인 동시에 복음을 위해 자발적으로 희생하는 리더의 모습을 보여 주고 있다. 이런 면에서 바울의 리더십은 철저한 자기 부인과 자발적 낮아짐, 그리고 복음을 위해 고난을 감수하는 삶이었다는 것을 알게 된다.

5. 바울의 리더십

이상의 논의를 정리해 본다면 바울의 리더십은 교인들과 친밀하면서도 평등한 관계를 형성하면서 그들을 자신의 복음 사역의 동역자로 초대하여 함께 하나님의 새로운 공동체를 만들어 가는 포용적 리더십이다. 특히 자신의 특권과 권리를 행사하기 보다는 먼저 내려놓고 스스로 낮은 위치에서 섬기며 양육하고, 복음을 위해 고난과 박해를 기꺼이 감수하는 자기희생적 리더십이다. 바울은 회중들과 함께 "악한 현 세대"인 로마 사회에 신선한 충격을 줄 수 있는 새로운 형태의 대안적 공동체로서의 교회를 세워나가려고 노력하였던 교회 중심적 리더십을 보여 준다. 이런 바울의 지도력은 앞에서 살펴본 이머징 교회의 "신뢰와 관계 형성을 통하여 문제를 함께 해결해 나가는 영적 리더"로서의 리더십과 비슷하다는 평가할 수 있다. 또한 선교적 교회의 리더들이 교인들에게 하나님 나라의 비전을 제시하고, 교인들과 함께 팀을 만들어서 교회를 이끌어 가는 사도적 리더십을 추구하고 있음을 앞에서 언급하였는데, 이런 리더십을 바울은 이미 실천하고 있었음을 알 수 있다.

V. 결론: 회복해야 할 목회 리더십을 제안하며

바울이 자신의 삶과 편지를 통해 보여주고 있는 성경적 리더십은 자기의 특권을 스스로 부정하고, 십자가의 고난에 자발적으로 참여하기를 주저 하지 않는 자기 희생적 리더십이다. 특히 한 생명을 얻기 위해 해산의 고통을 마다하지 않는 엄마처럼, 자신의 젖을 아기에게 물려주며 그를 사랑으로 양육하는 유모같이 교인들을 사랑으로 감싸 안는 모성적이면서 관계 중심적인 리더십을 바울은 보여주고 있다. 바울은 사람들 위에 군림하기 위해 권력과 권위를 추구하는 세상의 지배자들과는 달리 스스로 낮은 자리에 위치하여 섬기며, 세상의 질서와는 다른 하나님의 새로운 질서가 통용되는 대안적 공동체로서의 교회를 세워 나가는 리더십을 제공한다. 바울은 하나님 나라의 종말론적인 비전을 제시하고, 교인들을 동역자로 초청하여 억압적이고 계층 구조적인 세상의 질서를 하나님 나라의 새로운 질서로 변화시켜 나가고자 노력하였다. 이런 측면에서 볼 때 바울의 리더십은 종말론적이며 역사 변혁적이다. 이런 바울의 모습이 한국 교회의 목회자들이 회복해야할 리더십은 아닐까?

3부
바울의 창조 이해와 성경해석

1장

바울의 "새 창조" 이해[1]

    성경의 시작과 끝은 하나님의 창조와 "새 창조" 이야기로 구성
되어 있다고 말할 수 있다. 성경의 첫 책인 창세기의 시작부분이 하
나님께서 말씀으로 온 세상을 창조하셨다는 것을 증언하고 있다면
(창 1:1절 이후), 마지막 책인 요한계시록의 결론부분은 하나님께서 허
락하시는 새 하늘과 새 땅에 대한 비전(계 21:1절 이후)에 대해서 말씀
하고 있다. 만물을 새롭게 창조하시는 하나님의 역사는 성경 전반에
지속적으로 나타나는 주제 중의 하나이며, 바울 역시 이 주제를 자
신의 중요한 신학적인 논점으로 받아들이고 있다. 이런 바울의 태도
는 그가 사용하는 표현인 "새 창조"(카이네 크티시스, καινὴ κτίσις, 고후
5:17; 갈 6:15)를 통해 잘 나타나고 있다. 바울의 주요 신학적 주제로서
"새 창조"가 그의 목회적, 선교적 상황 속에서 어떻게 구체적으로
나타나고 있는가를 갈라디아서를 중심으로 고찰해 보면서, 예수 그

---

1) 이 글은 "바울의 새 창조," 『성서학 연구원 저널』 Vol. 3 (2012년 가을): 19–27에 실
    렸던 것을 수정 보완한 것이다.

리스도의 죽으심과 부활하심을 통해서 시작된 하나님의 종말론적 통치로서의 "새 창조"가 바울이 세워갔던 교회들을 통해서, 특히 교회들의 연합운동인 "예루살렘 모금"을 통해서 어떻게 표현되고 있는지 자세히 살펴보자.

I. "새 창조"에 대한 다양한 해석들

학자들은 바울의 "새 창조"에 대해 다양한 해석을 제시해왔다.[2] 이런 해석들 가운데 가장 폭넓은 지지를 얻고있는 견해는 두 가지라고 말할 수 있는데, 첫째 견해는 바울의 "새 창조"를 인류학적 관점으로 이해하는 것이고, 다른 하나는 우주론적 관점으로 이해하는 것이다. 인류학적 관점으로 접근하는 견해는 믿는 자 개인의 내면적 변화에 초점을 맞추는 것이라고 한다면, 우주론적 관점은 옛 질서를 대신하는 새로운 우주적 질서의 도래에 초점을 맞추는 것이라고 말할 수 있다. 이 두 가지의 접근방식에 대해 좀더 알아보자.

먼저 인류학적인 해석은 바울의 "새 창조"를 개종, 세례, 혹은 성령의 역사를 통해 개인이 새로워지는 것을 의미한다고 이해한다. 이

---

2) 아담스는 바울의 새 창조에 대한 학자들의 의견을 세 가지의 부류로 "개별 신자", "믿는 자들의 공동체" 그리고 "새로운 우주질서"로 나눈다. Edward Adams, *Constructing the World: A Study in Paul's Cosmological Language* (Edinburgh: T&T Clark, 2000), 226.

러한 인류학적 이해는 초대 교부들로부터 시작해서 칼빈[3], 루터[4]와 같은 종교개혁자들, 그리고 2차 세계대전 이전까지 신약학계에서 가장 폭넓게 지지를 받았던 견해이며 여러 현대 성서학자들도 받아들이고 있다.[5] 이 해석을 지지하는 학자들은 헬라어 표현 "카이네 크티시스"(καινὴ κτίσις)를 주로 "새로운 피조물"(New creature)로 번역하는 모습을 보이고 있으며, 개인의 내면 속에서 역사하시는 성령의 역사를 강조하고 한 개인이 전혀 새로운 경험을 통해 삶 자체가 새롭게 변화되는 것을 "새 창조"라고 부른다. 어떤 사람이 한 종교에서 다른 종교로 개종하는 것과 같이 개인의 내면적 변화, 즉 "한 개인 속에서 일어나는 하나님의 새로운 창조의 역사"[6]를 "새 창조"라고 이해한다. 이런 이해의 초점은 믿는 자 개인의 변화와 새로워짐에 있다고 할 수 있다.

두 번째로 우주론적인 접근은 바울의 "새 창조"는 단순히 개인의 변화를 이야기하는 것이 아니라 예수 그리스도의 십자가와 부활 사건을 통해서 이루어진 새로운 우주 질서의 도래라고 이해한다. 이러한 우주론적인 접근은 20세기 전반부까지 지배적이었던 인류

---

3) John Calvin, *Commentary on the Epistles of Paul the Apostle to The Corinthians*(trans. John Pringle; Grand Rapids, Michigan: Wm. B. Eerdmans, 1948), 233; *John Calvin, Commentaries on the Epistle of Paul to the Galatians and Ephesians*(trans. William Pringle; Grand Rapids, Michigan: Wm. B. Eerdmans, 1948), 184-85.

4) Martin Luther, *Commentary on Saint Paul's Epistle to the Galatians* (trans. Erasmus Middleton; London: William Teggand Co, 1875), 473.

5) R. Alan Cole, *Galatians* (Tyndale New Testament Commentaries; Grand Rapid: Wm B. Eerdmans, 1989), 235; Timothy George, *Galatians* (NAC 30; Nashville: Broadman & Holman Publishers, 1994), 438; Philip Graham Ryken, *Galatians* (Phillipsburg, New Jersey: P&R Publishing, 2005), 278.

6) Moyer V. Hubbard, *New Creation in Paul's Letters and Thought*(Cambridge, UK: Cambridge University Press, 2002), 232.

학적인 접근에 반대하며 등장한 입장으로, 에른스트 케제만(Ernst Käsemann)의 바울에 대한 "종말론적 해석"(Apocalyptic interpretation)으로부터 발전되어 왔다고 말할 수 있다. 케제만은 바울에게 있어 "구원으로서의 종말론적 자유는 우주적 차원"[7]이었다고 이해한다. 이러한 케제만의 "종말론적인 해석"을 발전시킨 사람은 크리스챤 베커(J. Christian Beker)라고 할 수 있는데, 그는 "바울의 사상을 지배한 것은 유대 종말론적인 주제"[8]였다고 주장하면서 그리스도의 십자가와 부활사건은 우주적 사건이었으며 따라서 사도 바울의 "새 창조" 역시 우주적인 것이었음을 주장한다.[9] "새 창조"에 대한 이러한 우주론적 접근은 울릭 멜(Ulrich Mell)의 "새 창조"에 대한 전승사적인 연구와,[10] 루이스 마틴(J. Louis Martyn)의 바울의 "새 창조"에 대한 종말론적인 해석[11]에 의해서 더욱 확고한 해석의 방법으로 자리 잡게 된다. 우주론적인 접근을 하는 학자들은 "카이네 크티시스"를 주로 "새로운 창조"(New creation)라고 번역하는 모습을 보인다. 이런 우주론적 시각은 두 가지 중요한 견해를 공유하고 있는데, 첫번째 것은 바울이 유대 종말론적 전통의 영향을 깊이 받았다는 것을 인정하는 것이고, 다른 하나는 예수 그리스도의 십자가와 부활사건이 우주적인 사건이었음을 강조하는 것이다. 이런 두 가지 공유된 견해의 결과로서 바울의 "새 창조"는 단순히 믿는 자의 내면적, 개인적 변

---

7) Ernst Käsemann, *Commentary on Romans* (trans. Geoffrey W. Bromiley; Grand Rapids, Michigan: William B. Eerdmans, 1980), 234.

8) J. Christian Beker, *The Triumph of God: The essence of Paul's Thought* (trans. Loren T. Stuckenbruck; Minneapolis: Fortress Press, 1990), 19.

9) 위의 책, 21-27.

10) Ulrich Mell, *Neue Schöpfung: Eine Traditionsgeschichte und Exegetische Studie zu Einem Soteriologischen Grundsatz Paulinischer Theologie* (Berlin: Walter de Gruyter, 1989), 47-257.

11) J. Louis Martyn, *Galatians* (AB 33a; New York: Doubleday, 1997), 565-73.

화를 이야기하는 것이 아니라, 하나님의 종말론적인 새로운 질서의 도래를 말하는 것으로 이해한다.

이 두 가지의 중요한 해석 이외에 다른 여러 해석 가능성도 제시되었다. 어떤 이들은 위에서 설명한 인류학적, 우주론적 접근이 서로 배타적 관계가 아니라 상호 보완적인 역할을 할 수 있다고 이해하면서 바울의 "새 창조"는 이런 두 가지 접근방식 모두를 포용한다고 주장하기도 하고,[12] 다른 이들은 "새 창조"를 바울의 종말론적인 "이미"와 "아직 아니"(Already but not yet) 사이에 발생하는 "종말론적인 긴장"(Eschatological tension)이라고 이해하기도 한다.[13] 소수 학자들의 의견임에도 불구하고 중요한 주장은 "새 창조"를 "새로운 공동체"(New community)로 이해하는 입장이다. 이런 공동체적인 주장은 기본적으로는 인류학적 접근을 수용하는 이해이지만, 인류학적 접근이 믿는 사람 개인에 초점을 맞춘 것에 비해, 믿는 사람들의 공동체에 관심을 집중하는 것이 특징이라 할 수 있다. 알버트 애이머(Albert J. D. Aymer)는 바울의 "새 창조"는 개인보다는 믿는 자들의 공동체를 가리키는 것이며 믿는 자들이 예수 그리스도 사건을 통해서 이미 주어진 종말론적인 세상에 참여하는 것이라고 설명한다.[14] 이러한 공동체로서의 "새 창조"에 대한 이해는 울프강 크라우

---

12) Philip E. Hughes, *Paul's Second Epistle to the Corinthians* (Grand Rapids, Michigan: Wm. B. Eerdmans, 1962), 204.

13) Herbert Joel Hoover, "The Concept of New Creation in the Letters of Paul" (Ph.D. diss., The University of Iowa, 1979).

14) Albert Joseph Daniel Aymer, *Paul's Understanding of 'KAINEKTISIS' : Continuity and Discontinuity in Pauline Eschatology* (Ann Arbor, MI: University Microfilms International, 1985), 174–81.

스(Wolfgang Kraus),[15] 스캇 맥나이트(Scott McKnight)[16]와 같은 학자들에 의해서 지지되고 발전되었다. 이렇게 "새 창조"를 믿는 자들의 공동체로 이해하는 견해는 "새 창조"를 개인적 차원의 범위 내에서 이해하려 했던 인류학적 접근의 부족한 부분을 어느 정도 해결하고 있다는 평가를 받을 수 있겠다.

이상과 같이 바울의 "새 창조"에 대한 다양한 해석들이 제시되었고 이런 해석들은 나름의 장점을 가지고 있는 것이 사실이다. 앞에서 언급한 것처럼 인류학적 해석과 우주론적 이해는 가장 많은 학자들의 지지를 받는 주된 해석방법으로 자리잡고 있다. 하지만 이런 주된 접근방법은 많은 경우 바울의 "새 창조"를 "추상적이고 관념적인 개념"(Abstract concept)으로 이해한다. 여러 학자들은 바울이 사용하는 "새 창조"라는 단어가 무슨 뜻인지를 알기 위해서 그 단어가 사용되는 구약의 본문들과 사해사본을 포함한 다양한 유대문헌들을 찾아보고 그 단어의 배경과 역사적/문헌적 변천사를 이해하는 데 많은 노력과 시간을 할애한다.[17] 이러한 연구가 학문적으로 충분한 의미를 가진다는 데는 이견이 없지만, 예수 그리스도의 십자가 사건과 부활을 통해서 시작된 종말론적인 하나님 나라를 구체적인 역사의 현장 가운데 이루어가려고 몸부림쳤던 사도 바울의 선교적/목회적 활동들을 고려해볼 때 제한적인 이해라고 평가할 수 있겠다.

---

15) Wolfgang Kraus, *Das Volk Gottes: Zur Grundlegung der Ekklesiologie bei Paulus* (Tübingen, Germany: J.C.B.Mohr, 1996), 251.

16) Scott McKnight, *Galatians*(The NIV Application Commentary; Grand Rapids, Michigan: Zondervan Publishing House, 1995), 302.

17) 대표적인 예로 올릭 멜(Ulrich Mell)은 그의 방대한 책의 2/3이상을 카이네 크티시스라는 용어가 어떻게 시대에 따라 발전되어왔고 사용되었는지에 대한 연구에 할애한다.

II. 갈라디아서에 나타난 바울의 "새 창조" 이해

갈라디아 교인들에게 보낸 편지의 결론부분에서 사도 바울은 이렇게 외친다: "왜냐하면 할례도 무할례도 아무것 아닙니다. 오직 '새 창조' 입니다"(6:15). 몇몇 학자들은 바울의 이 "새 창조" 선언과 이 선언을 포함하고 있는 편지의 마지막 부분을 갈라디아서를 이해함에 있어 핵심적인 부분이라고 설명한다. 대표적인 예로 한스 디터 베츠(Hans Dieter Betz)는 6:11-18절을 "친필 추신"[18]라고 부르면서 이 마지막 부분은 "편지에 나타나고 있는 바울의 주요 관심사 전체를 이해할 수 있는 해석적 단서들을 포함하고 있으며, 이 부분은 사도의 의도에 대한 해석학적 열쇠로 이용되어야 한다"[19]고 주장한다. 리차드 롱제네커(Richard N. Longenecker)는 15절을 "유대주의의 위협과 관련하여 1:16-5:12에 나타나는 바울의 주장과 권면의 절정"이라고 표현하고,[20] 제프리 웨이마(Jeffrey A. D. Weima)는 "'새 창조'는 갈라디아서에 나타나는 바울신학을 이해함에 있어 가장 중요한 개념이다"[21]라고 설명한다. 이런 학자들의 의견에 의하면, 사도 바울은 편지의 마지막 부분에서 자신이 그동안 설명하고 주장해 왔던 의견들을 정리해주고 있을 뿐만 아니라 함축적인 언어로 핵심적인 사상

---

18) 베츠의 설명에 의하면 "친필 추신"(Autographic postscript)은 편지의 진정성을 더해주는 역할, 편지의 중요내용을 정리해 주는 역할, 그리고 편지를 마무리 한 후에 저자에게 떠오른 관심사를 덧붙이는 역할을 감당한다고 설명한다. Hans Dieter Betz, *Galatians*(Hermeneia; Philadelphia: Fortress Press, 1979), 312.

19) 위의 책, 313.

20) Richard N. Longenecker, *Galatians*(WBC 41; Dallas: Word Books, 1990), 296.

21) Jefferey A. D. Weima, "Gal. 6:11-18: A Hermeneutical Key to the Galatian Letter," *CTJ* 28 (1993): 102.

을 표현하고 있다고 할 수 있다. 그런 집약된 사상이 잘 드러나고 있는 것이 바울의 "새 창조"이다.

그렇다면 사도 바울이 말하고 있는 "새 창조"를 어떻게 이해할 수 있을 것인가? 먼저 15절에 나오는 "새 창조"라는 표현을 이해하기 위해서는 이 구절과 밀접하게 연관되어 있는 14절을 살펴볼 필요가 있다. 14절과의 비교를 통해 15절에서 바울이 말하려고 하는 의도가 좀더 분명히 드러날 수 있기 때문이다. 첫째, 사도 바울이 말하는 "새 창조"는 "악한 현세대"로 이해될 수 있는 "코스모스"(κόσμος)와는 상반되는 새로운 세상이다. 14절에서 사도 바울은 "그러나 나에게는 우리 주님 예수 그리스도의 십자가 외에 자랑 할 것이 없고, 그를 통하여 세상이 나에게 십자가에 못박혔고 내가 또한 세상에게 그렇게 되었다"고 말한다. 이 구절에서 바울은 몇 개의 중요한 단어를 반복해서 사용하고 있는데 하나는 "세상"이고, 다른 하나는 "십자가"이다. 먼저 "세상"으로 번역된 "코스모스"는 "새 창조"와는 상반되는 세상, 즉 하나님의 새로운 질서인 "새 창조"가 교체해 나가고 있는, 하지만 아직도 옛 질서가 힘을 발휘하고 있는 현재의 세상을 나타낸다고 할 수 있다. 이 세상에서 중요한 것은 "할례냐? 무할례냐?" 하는 것으로 표현되는 종교적, 인종적 차별이며 이런 차별로 인한 계급적 사회 구조를 너무도 당연하게 받아들이는 그런 사회라고 말할 수 있다. 학자들은 이 "코스모스"의 의미에 대해서 여러 해석을 제공하고 있는데, 예를 들어 왈터 한센(G. Walter Hansen)은 이 세상은 "국가적 정체성, 사회적 신분 그리고 종교적 관습을 자랑스럽게 과시하는" 그런 사회를 말한다고 설명하고,[22] 마틴은 "코스모스"를 지나가고 있는 세상이라고 설명하면서 이것은 "모든 종교적 구별이 있는 세상"[23]이라고 해석한다.

사도 바울이 언급하고 있는 이 "코스모스"는 갈라디아서의 첫 부분에 나오는 "악한 현 세대"와도 깊이 연관되어 있다는 것을 알 수 있다. 1장 4절에서 사도 바울은 "그리스도께서 우리의 아버지 하나님의 뜻에 따라 우리들의 죄를 위하여 우리들을 '이 악한 현 세대로부터' 건져내시려고 자신을 주셨으니"라고 말한다. 예수 그리스도가 십자가에서 자신의 몸을 희생하신 궁극적인 이유는 이 악한 현재의 세상으로부터 믿는 자들을 건져내시기 위함이라고 바울은 말한다. 갈라디아서의 첫 부분에서 언급하고 있는 이 "현 세대"와 편지의 마지막 부분에서 반복되고 있는 "코스모스"는 사도 바울의 신학적 이해에 있어 하나님께서 이루어 가시는 "새 창조"와 대립되는 개념으로 이해할 수 있다. 이 "현 세상"은 할례와 무할례와 같은 종교적 차이, 출신지역과 피부색깔에 의한 인종적 구분, 그리고 귀족과 노예와 같은 출신성분의 차이를 자랑하는 사회이며 이런 차이들이 사회적 지위, 경제적 상태 등을 결정하는 중요한 요소가 되는 세상, 이를 테면 바울이 경험하고 있던 로마시대와 같은 사회를 가리킨다고 해석할 수 있다.

둘째로 "새 창조"는 바울이 "코스모스"에 대한 죽음 선언과 이

---

22) G. Walter Hansen, *Galatians* (The IVP New Testament Commentary Series; Illinoiis: Inter Varsity Press, 1994), 200.

23) Martyn, *Galatians*, 565.

별을 통해 경험하게 되는 새로운 질서이다. 사도 바울은 6장 14절에서 "그를 통하여 <u>세상이</u> 나에게 십자가에 못박혔고 내가 또한 <u>세상에게</u> 그렇게 되었다"는 표현을 통해서 자신은 그런 현 세상과 이별하였다는 것을 말한다. 즉 사도 바울은 이 표현을 통해서 현재 세상을 지배하고 있는 질서에 대해서 "죽음 선언"을 하고 있는 것이다. 사도 바울은 "십자가에 못 박혔다"는 표현을 통하여 그리스도께서 십자가에 달리셔서 운명하신 것과 같이 자신도 현 세대에 대해서 죽음을 경험하였다는 것을 말하고 있다. 사도 바울의 세상에 대한 죽음 선언은 차별적이고 계급적인 세상과의 이별을 의미하는 동시에, 예수 그리스도 안에서 새로운 생명을 얻음과 예수 그리스도의 사건을 통해서 허락하시는 하나님의 새로운 나라에 들어가게 되었다는 것을 함축적으로 보여준다.

셋째로 이 새로운 질서 속에서는 이전에 중요하게 생각되었던 가치들이나 소중한 것들이 그 중요성을 잃어버리게 된다. 빌립보서 3장에서 사도 바울은 자신이 한때 자랑스럽게[24] 여겼던 것, 예를 들어 팔일 만에 할례를 받고 베냐민 지파로 태어나 히브리인 중의 히브리인으로 자라 바리새인이 된 것, 율법의 의로는 흠이 없을만큼 열심으로 지냈던 그 모든 것들을 그리스도 안에서 새롭게 발견되기 위해서 배설물처럼 여기게 되었다고 말한다(빌 3:3-9). 이전의 세상에 대하여 죽음을 선언하며 이별을 경험하게 되면서 그 세상의 질서

---

24) 사도 바울은 빌립보서 3장 3절과 갈라디아서 6장 14절에서 몇 개의 중요한 단어를 공통적으로 사용하고 있으며(공통적으로 쓰이는 단어들은 "자랑하다"는 뜻의 동사인 카우카오마이 καυχάομαι, 전치사 엔 ἐν, 그리고 명사인 예수스 Ἰησοῦς와 크리스토스 Χριστός이다), 이러한 사용은 두 구절을 연관성을 가지고 살펴볼 수 있는 가능성을 제공한다.

속에서는 소중하게 여겼던 많은 것들이 그리스도 안에서 새로운 세상에 속하게 된 자들에게는 마치 죽은 것들과 같이 더 이상 의미 없는 것이 되었다고 바울은 설명하고 있다. 그래서 바울은 6장 15절에서 "할례도 무할례도 아무것도 아니다"라고 선언할 수 있는 것이다. 왜냐하면 누가 할례를 받았느냐, 받지 않았느냐 하는 종교적이면서 또한 인종적인 논쟁은 옛 질서의 세상에 속한 것으로 더 이상 사도 바울에게는 의미가 없게 되었다. 이것이 바울이 말하는 "새 창조"의 세계에 참여하는 자에게 일어나는 변화의 모습이다.

넷째로 바울이 말하는 "새 창조"는 그리스도 십자가 중심적인 사건이다. 바울은 6장 14절에서 "십자가"와 관련된 명사(스타우로, σταυρῷ)와 동사(에스타우로타이, ἐσταύρωται)를 사용함으로 예수 그리스도의 십자가를 강조하고 있다. "십자가에 못 박혔고"라는 표현을 통해 세상과의 이별을 경험하는 통로가 십자가였고 이러한 이별은 "새 창조"로 이어지게 된다고 이야기한다. 다시 말해 사도 바울의 세상을 향한 죽음의 경험과 "새 창조" 안에서 새로운 생명을 얻는 사건의 중심부에는 그리스도의 십자가가 놓여 있는 것이다. 이런 관점에서 보면 "십자가는 바울을 종교적 세상 전부로부터 완전히 분리되게 하였다"[25]는 마틴의 설명은 옳은 것이다. 그리스도의 십자가는 사도 바울로 하여금 세상에 대해서는 죽음을 선언하고 그리스도를 통해 주어진 하나님의 새로운 생명에 대해서는 긍정적이고 적극적으로 응답하도록 하였다.

---

25) Martyn, *Galatians*, 565.

다섯째로 "새 창조"는 그리스도의 십자가와 부활을 통해서 시작된 하나님의 새로운 질서이며 종말론적인 하나님 나라의 현재적 실제이다. 사도 바울의 확신 가운데 하나는 그리스도의 십자가와 부활의 사건을 통해서 하나님의 새로운 세상이 이 현세대 가운데 시작되었다는 것이다. 찰스 쿠살(Charles B. Cousar)의 설명에 의하면 "그리스도의 죽으심과 부활을 통하여 완전히 새로운 세상이 창조되었고, 이 세상은 지나가고 있는 세상과 동시적으로 존재할 뿐 만 아니라 경쟁적인 모습으로 존재한다."[26] 이런 "새 창조"는 하나님의 종말론적인 통치의 영역이며 하나님의 종말론적인 시간과 장소라고 할 수 있다. 이곳은 율법의 정죄와 죽음의 세력이 영향력을 행사할 수 없는 생명의 영역이며, 이전 세상에서 가치 있던 종교적, 인종적, 사회적, 경제적, 신분적 차별이 설 자리가 없는 새로운 영역이다. 이런 하나님의 종말론적인 통치는 죽음 이후에만 경험되는 어떤 것이 아니라 예수 그리스도의 고난과 죽으심에 동참함을 통해 현재적으로 경험되는 새로운 질서이다.

여섯째, 이런 하나님의 새로운 질서를 경험하는 길은 "그리스도 안에" 있음을 통해서이다. 다른 표현으로 하자면 예수 그리스도의 고난과 죽으심에 동참함을 통해 하나님의 종말론적인 통치의 영역 안으로 들어가게 된다. "그리스도 안에" 있음이 "새 창조"와 연결되어 있음을 가장 분명하게 보여주는 구절은 고린도후서 5장 17절이다: "εἴ τις ἐν Χριστῷ, καινὴ κτίσις." 번역한다면 "누구든지 그리스도 안에 있으면, 새 창조"라고 할 수 있겠다. 이 구절은 갈라디아서 6장 15절과 함께 사도 바울이 카이네 크티시스라는 표현을

---

26) Charles B. Cousar, *Galatians* (Interpretation; Atlanta: John Knox Press, 1982), 154–55.

사용하고 있는 본문이다. 위에서 언급한 갈라디아서 6장 15절의 번역 문제와 마찬가지로, 고린도후서 5장 17절 후반절의 카이네 크티시스에 대한 번역도 학자들간의 이견을 보이는 것이 사실인데 영어번역에 있어서는 크게 세 종류 "He is a new creation"[27], "He is a new creature"[28], 혹은 "There is (a) new creation"[29]로 나누어진다. 이외에도 자기 나름의 표현으로 번역하고 있는 학자들도 있다.[30] 이러한 번역들 역시 바울의 "새 창조"에 대한 학자들 나름의 해석에 기

---

27) Scott J. Hafemann, *2 Corinthians* (The NIV Application Commentary Series; Grand Rapids, Michigan: Zondervan Publishing House, 2000), 243; Charles H. Talbert, *Reading Corinthians: A Literary and Theological Commentary* (2d ed.; Macon, Georgia: Smyth & Helwys Publishing, 2002), 199; David J. Val-leskey, *2 Corinthians* (People's Bible Commentary; St. Louis, MO.: Concordia Publishing House, 1992), 90.

28) Philip E. Hughes, *Paul's Second Epistle to the Corinthians* (Grand Rapids, Michigan: Wm. B. Eerdmans, 1962), 201; James Denney, *The Second Epistle to the Corinthians* (The Expositor's Bible; New York: A. C. Armstrong and Son, 1903), 198; David E. Garland, *2 Corinthians* (NAC 29; Nashville, TN: Broadman & Holman Publishers, 1999), 268; Richard T. Mead, "Exegesis of 2 Corinthians 5:14-21," in *Interpreting 2 Corinthians 5:14-21: An Exercise in Hermeneutics* (ed. Jack P. Lewis; Lewiston: Edwin Mellen Press, 1989), 143; Joseph B. Lightfoot, *The Epistle of St. Paul to the Galatians* (2d ed.; Grand Rapids, Michigan: Zondervan Publishing House, 1957), 224.

29) Adams, *Constructing the World*, 234; Ralph P. Martin, *2 Corinthians* (WBC 40; Waco, Texas: Word Books, 1986), 135; Simon J. Kistemaker, *Exposition of the Second Epistle to the Corinthians* (NTC; Grand Rapids, Michigan: Baker Books, 1997), 192; Paul Barnett, *The Second Epistle to the Corinthians* (Grand Rapids, Michigan: Wm. B. Eerdmans Publishing Co., 1997), 297; Victor Paul Furnish, *II Corinthians* (AB 32A; Garden city, New York: Dou-bleday & Company, Inc., 1984), 306; Frank Stagg, "Exegesis of 2 Corinthians 5:14-21," in *Interpreting 2 Corinthians 5:14-21: An Exercise in Hermeneutics* (ed. Jack P. Lewis; Lewiston, NY: E. Mellen Press, 1989), 163.

30) Lambrecht, "that person is a new creation, a newly-created person." Jan Lambrecht, *Second Corinthians* (Sacra Pagina Vol. 8: Collegeville, Minnesota: The Liturgical Press, 1999), 96; Thrall, "if anyone exists in Christ, that person is a newly-created being." Margaret E. Thrall, *The Second Epistle to the Corinthians* (ICC Vol. 1; Edinburgh: T&T Clark, 1994), 427.

초하고 있음을 알 수 있다.

예를 들어 인류학적인 시각으로 해석하는 사람들은 일반적으로 "피조물"(creature)이라는 단어를 쓰는 것을 좋아하고, 우주론적인 시각으로 접근하는 학자들은 "창조"(creation)라는 단어를 선호하는 경향을 보인다. 이런 번역들에서 보는 바와 같이 학자들은 "He is" 혹은 "There is"라는 표현을 사용하고 있는데, 고린도후서 5장 17절의 후반 절을 형성하고 있는 헬라어 표현인 카이네 크티시스 앞뒤에 어떤 단어도 사용되고 있지 않기 때문에 어떤 주어나 서술어를 번역에 첨가하는 것은 전적으로 이 부분을 번역하는 학자의 해석의 결과라고 말할 수 있겠다. 필자는 이 부분을 "누구든지 그리스도 안에 있으면, 새 창조"라고 번역한다. 이 구절에서 사도 바울이 하나님의 "새 창조"에 참여할 수 있는 방법을 하나 제시해주고 있는데, 그것은 "누구든지 그리스도 안에 있으면"이라는 것이다. "그리스도 안에"(In Christ) 있는 것이 "새 창조"로 나아가는 길이라고 바울은 말한다. 그렇다면 "그리스도 안에"라는 뜻은 무엇인가?

학자들은 "그리스도 안에"라는 표현의 의미를 여러 가지로 제시하고 있고 그중의 대표적인 해석은 세 가지 정도로 요약[31]될 수 있는데, "그리스도와의 개인적 연합", "그리스도의 영역 안에 삶", "그

---

31) 마가렛 쓰랄(Margaret E. Thrall)은 "그리스도 안에"라는 표현에 대한 학자들의 의견을 네 가지로 요약하고 있는데, 그녀에 의하면 이 표현은 1) "믿음을 통해 그리스도에게 속하는 것," 2) "그리스도의 권능의 영역 안에 있는 것," 3) "그리스도와의 개인적 연합," 그리고 4) "세례를 통해서 그리스도의 몸인 교회의 일원이 되는 것"을 의미한다고 설명한다. Thrall, *Second Epistle*, 425. 이런 학자들의 의견에 대한 좀더 구체적인 설명은 A. J. M. Wedderburn, "Some Observations on Paul's Use of the Phrases 'in Christ' and 'with Christ,'" *JSNT* 25 (1985): 83-97을 참고하라.

리스도의 몸 된 교회의 일원이 됨"이 그것이다.

첫번째, "그리스도와의 개인적 연합"은 "그리스도와의 신비적 연합"이라는 표현과 같은 의미로 많이 사용되며, 세례나 혹은 어떤 영적인 경험을 통해 믿는 개인이 그리스도의 몸의 일부가 되는 경험을 말한다. 오스카 쿨만(Oscar Cullmann)은 "그리스도 안에"라는 표현은 믿는 자가 "그리스도의 몸 안에 정말로 자리하는 것"[32]이라고 설명하고, 테란스 칼란(Terrance Callan) 역시 그리스도와의 연합이라는 것은 "믿는 자들이 그리스도의 일부로 포함되는 것(Incorporated into Christ)으로 그리스도의 몸의 일부분이 되는 것"[33]을 의미한다고 설명한다.

두 번째, "그리스도의 영역 안에 산다"는 것을 뜻한다고 해석하는 학자들은 "그리스도 안에" 있다는 것은 그리스도의 온전한 영향력 아래에 살게 된다는 것, 즉 "그리스도의 영역(Domain of Christ)안에 포함되는 것"[34]을 의미한다고 해석한다.

세 번째, "그리스도의 몸 된 교회의 일원이 됨"이라고 하는 것은 세례라고 하는 공적인 방법을 통해서 그리스도의 몸인 교회의 구성원이 될 뿐만 아니라 다른 믿는 자들과 교제를 나눔을 의미한다. C. H. 다드(Dodd)는 "그리스도 안에 있다는 것은 황홀경이나 몽환적

---

32) Oscar Cullmann, *Baptism in the New Testament*(trans. J. K. S. Reid; London: SCM Press, 1950), 31.

33) Terrance Callan, *Dying and Rising with Christ: The Theology of Paul the Apostle*(New York: Paulist Press, 2006), 128.

34) Leander E. Keck, *Paul and His Letters*(Proclamation Commentaries, 2d ed.; Philadelphia: Fortress Press, 1988), 56.

상태에 의지하는 것이 아니라… '그리스도의 구성원들'과의 적극적인 친교(Active fellowship)에 의지하는 것"[35]이라고 설명함으로 교회의 일원이 됨을 강조한다.

이러한 설명들 가운데 두 번째 해석, "그리스도의 통치의 영역에 들어가서 거기에 살게 되는 것"이라는 해석이 지금까지 필자가 전개해 온 "새 창조"에 대한 개념에 가장 근접하는 것으로 판단된다.

다시 갈라디아서로 돌아와서 살펴본다면, 바울이 "새 창조"를 선언하고 있는 6장 15절과 가장 유사한 단어들이 사용되고 같은 문법구조를 가지고 있는 구절은 5장 6절로 "할례도 무할례도 아무것 아니다"라는 언급과 거의 유사한 표현이 등장한다. 두 구절을 비교해 보면 다음과 같다:

ἐν γὰρ Χριστῷ Ἰησοῦ οὔτε περιτομή τι ἰσχύει οὔτε ἀκροβυστία,
ἀλλὰ πίστις δι' ἀγάπης ἐνεργουμένη (5:6).

οὔτε γὰρ περιτομή τί ἐστιν οὔτε ἀκροβυστία,
ἀλλὰ καινὴ κτίσις (6:15).

아랫줄을 그은 부분들을 보면 두 구절이 많은 단어들을 함께 사용하고 있음을 알 수 있을 뿐만 아니라 같은 문장구조(우테…우테…알

---

35) C. H. Dodd, *The Epistle of Paul to the Romans* (The Moffatt New Testament Commentary; London: Hodder and Stoughton, 1932), 88.

라, οὔτε…οὔτε…ἀλλὰ)도 나타남을 알 수 있다. 앞에서 살펴본 고린도 후서 5장 17절에 대한 분석을 갈라디아서 5장 6절과 6장 15절에 대한 이해와 연결시켜 본다면 "그리스도 안에" 있음을 통해 경험하게 되는 것은 "할례도 무할례도 그 어떤 것도 능력이 없다"는 것이다. 그리스도께서 통치하시는 종말론적인 하나님의 새로운 나라에서는 할례와 무할례와 같은 종교적, 인종적 "정체성 표시"(Identity marker)들, 기존의 질서 속에서는 중요한 역할을 감당했던 이런 표시들이 그 의미를 상실하게 되고 그 효력이 정지된다는 것이다. 그곳은 "사랑을 통해 역사하는 믿음"만이 능력을 가지게 되는 새로운 영역이라는 것을 말하고 있다. 고린도후서 5장 17절에서 주장한 것과 비슷한 맥락에서 사도 바울은 갈라디아서 5장과 6장에서도 하나님의 새로운 창조의 역사가 "그리스도 안에" 있음을 통해서 또한 그리스도 안에서 이전에 의미 있던 것들이 그 의미를 상실하는 결과로 나타나게 됨을 말해주고 있다.

일곱째, 바울의 "새 창조"에 대한 이해는 구약성경과 유대 종말론의 영향 하에서 생성되었다고 할 수 있다. 구약성경의 여러 곳에서 하나님은 온 세상 만물을 새롭게 하시며 때론 다시 창조하시는 분으로 나타난다. 노아홍수 이후에 하나님께서는 살아있는 생명들과 새로운 언약을 맺으시는 과정(창 9:1-17)에서 만물을 새롭게 하시는 분으로 묘사되고 있다. 특별히 이사야서에 나오는 종말론적 비전으로서 새 하늘과 새 땅에 대한 언급(사 65:17; 66:22)은 사도 바울의 "새 창조" 이해에 깊은 영향을 준 것으로 판단된다. 리차드 헤이즈(Richard B. Hays)는 이사야 65장 17-25절이 바울의 "새 창조" 사상에 깊은 영향을 주었다고 설명하면서 다음과 같이 주장한다: "하나님의 '새 창조'에 대한 비전은 바울신학의 근본을 형성한다. 바울은 단지 영혼의 구원만을 선언한 것이 아니라 창조물의 종말론적인 구원에 대해 선언한 것이다."[36] 바울의 "새 창조"에 대한 이해는 에녹1서(72:1)와 주빌리(The book of Jubilees 1:29; 4:26)에 나오는 하나님의 새로운 창조의 역사에 대한 이해와도 연결되어 있다고 볼 때[37] 유대 묵시문학에서 강조하는 종말론적인 비전과도 그 맥을 같이한다고 볼 수 있다.

정리한다면, 갈라디아서에 나타나는 바울의 "새 창조"는 예수 그리스도의 십자가와 부활사건을 통해 시작된 종말론적인 하나님 나라의 현재적 실제로서 "그리스도 안에" 있음을 통해서 참여하고 경험될 수 있다. 이 "새 창조"는 "악한 현 세대"라고 바울이 표현한 코스모스와는 상반되는 세상으로 바울은 이 코스모스에 대하여 죽음과 이별을 선언하면서 하나님의 새로운 질서에 동참하고 있으며 이런 동참을 통해 새로운 생명과 삶을 얻게 되었다. 이런 바울의 "새 창조" 이해는 구약성경과 유대 종말론 사상이 바울의 신학에 끼친 영향을 드러낸다.

---

36) Richard B. Hays, *The Letter to the Galatians* (NIB XI; Nashville: Abingdon Press, 2000), 345.

37) Sejong Chun, "New Creation" in *The Cambridge Dictionary of Christianity* (ed. Daniel Patte; New York: Cambridge University Press, 2010), 864.

III. 바울의 교회에 대한 이해

앞에서 언급한 것과 같이 사도 바울의 "새 창조"는 어떤 추상적이고 관념적인 개념이었다기보다는 그의 열정적인 선교와 목회를 통해서 구체적인 모습으로 나타났으며, 그 대표적인 "전형"(embodiment)이 교회였다고 할 수 있다. 예수 그리스도 사건을 통하여 하나님의 통치를 경험한 바울이 눈을 뜨게 된 것은 믿는 자들의 모임인 교회였다. 바울에게 있어서 교회는 종말론적인 하나님의 통치의 영역이며, 하나님의 새로운 질서가 성립되고 운행되는 하나의 구체적인 현장이었다고 할 수 있다. 바울이 또한 교회를 "대안적인 공동체"로 제시하면서 "악한 현 세대" 가운데 하나님의 새로운 세상을 이루어가려고 노력했다는 것을 기억할 때 교회에 대한 이해와 사도 바울이 교회를 어떤 공동체로 소개하고 있는지를 아는 것은 중요한 부분이다.

1. 교회(ἐκκλησία)에 대한 이해

학자들은 교회에 대한 다양한 이해의 가능성을 제시해왔는데, 그 논의의 중심주제 중의 하나는 교회(에클레시아, ἐκκλησία)가 정기적인 종교모임을 가리키는 용어였는지, 그렇지 않은지에 대한 부분이다. L. 세포(L. Serfaux)는 교회를 "광야에 있었던 이스라엘 백성들의 모임"과 비교하면서 이해하려고 노력한다. 그의 주장에 의하면 광야생활을 하던 이스라엘 백성들은 정기적인 모임을 통해 자신들을 "메시아의 사람들"로 이해하게 되었고 이러한 이해는 예루살렘에 있던 초대교인들에 의해서 받아들여져 이후에 지중해 연안에 위치한 믿는 자들의 공동체에까지 전파되게 되었다는 것이다. 그 결과로 에클레시아라는 말은 "기독교인들의 공동체"를 지칭하며 "예전적 모임을 가리키는 상당히 전문적 의미"로 헬라사회에 인식되게 되었다고 설명한다.[38] 이러한 세포의 설명에 의하면, 교회라는 말은 하나님의 선택받은 백성으로서의 이스라엘 회중들의 정기적 모임과 연결되어 있기 때문에 종교적이고 예전적인 의미를 가지고 있는 개념으로 이해되어야 한다.

이런 주장에 반하여 캠벨(J. Y. Campbell)은 에클레시아라는 용어는 단순히 사람들의 모임이었으며 종교적인 의미를 나타내는 것은 아니었다고 주장한다. 캠벨의 주장에 의하면 신약시대에 에클레시아라는 단어는 헬라사회에서 정기적인 모임이라기보다는 사람들이 여러가지 이유로 모였던 비정기적인 모임을 가리키는 말이었고, 70인역에 나타나는 에클레시아라는 개념 역시 단회적이고 비정기적인 회중들의 모임이었다고 주장한다. 결론적으로 캠벨은 이 에클레시아라는 용어를 통해서 초대교회의 교인들이 자신들이 하나님의 참된 백성이라는 것을 표현했다고 하는 설명은 설득력이 없다고 주장한다.[39]

로버트 뱅스(Robert J. Banks)는 한편으로는 캠벨이 주장하는 것

---

38) L. Cerfaux, *The Church in the Theology of Paul* (trans. G. Webb and A. Walker; New York: Herder and Herder, 1959), 187-88.

39) J. Y. Campbell, "The Origin and Meaning of the Christian Use of the Word *EKKΛHΣIA*," in *Three New Testament Studies* (Leiden, Netherlands: E. J. Brill, 1965), 43-52.

처럼 에클레시아라는 단어 자체에 어떤 종교적이거나 예전적인 의미가 들어있지는 않았다는 것은 인정하면서도 이 용어가 종교적인 목적으로, 또한 거룩한 뜻에 의해 세워진 모임을 가리키는 것이라고 주장한다. 구약성경과 헬라문헌들을 살펴본 후에 뱅스는 이 단어 자체에는 어떤 종교적인 의미가 담겨있지는 않지만, 초대교인들이 자신들의 모임이 회당에서 모이던 유대교 모임과 다르고, 헬라사회에서 행해졌던 제의적 의식이나 정치적인 모임과도 다르다는 것을 표현하기 위해서 이 단어를 수용하였다고 설명한다. 뱅스는 사도 바울 역시 그 당시 사회에서 사용되던 용어인 이 에클레시아를 받아들이고 있지만, 그것을 사용함에 있어서는 독특성을 드러낸다고 믿는다. 뱅스에 의하면 사도 바울이 가장 먼저 에클레시아라는 단어를 사용한 곳은 데살로니가전서 1장 1절이라고 생각되는데, 여기서 바울은 "하나님 아버지와 주 예수 그리스도 안에 있는 데살로니가인들의 교회에게"라는 표현을 사용하고 있다. 이렇게 바울은 "하나님 아버지와 주 예수 그리스도 안에"라는 표현을 사용함으로써 믿는 자들의 모임이 헬라도시 내의 다른 곳에서도 이루어지고 있는 정치 혹은 제의적 모임과는 그 성격이 다른 것일 뿐만 아니라 하나님께서 이 모임을 시작하신 분이시고 예수 그리스도께서 이 모임을 가능케 하신 분이라는 것을 보여준다.[40] 그렇기 때문에 "교회는 단순히 인간들의 모임이 아니라 종교적인 목적을 공유하는 사람들의 모임이요 거룩하게 만들어진 행사"[41]라고 뱅스는 주장한다.

---

40) Robert J. Banks, *Paul's Idea of Community: The Early House Churches in Their Cultural Setting* (2d ed.; Peabody, Mass.: Hendrickson Publishers, 1994), 27-29.
41) 위의 책, 31.

이러한 학자들의 의견들을 종합해 볼 때 캠벨이 주장하는 것처럼 에클레시아라는 용어 자체가 어떤 종교적인 의미를 가지고 있지는 않으며, 헬라 사회에서 어떤 필요에 의해서 일회적으로 만들어졌다가 없어지는 그런 비정기적인 모임을 가리키는 말이었다고 이해하는 것은 옳은 판단일 수 있다. 하지만 뱅스가 설득력 있게 주장하는 것처럼 초대교인들과 사도 바울은 이 용어를 수용하면서 거기에 새로운 종교적, 예전적 의미를 부여했다고 보아야 한다. 왜냐하면 헬라사회의 다른 모임들이 이방신들을 위한 제의적 행위 혹은 정치적 논의를 위하여 모였다고 한다면, 초대교인들의 모임은 하나님을 찬양하고 예수 그리스도를 통해 주어진 하나님의 은혜와 말씀을 묵상하고 나누는 모임이었기 때문이다.

갈라디아서 1장 13절에서 사도 바울은 "하나님의 에클레시아"(τὴν ἐκκλησίαν τοῦ θεοῦ)라는 표현을 사용한다. 이 표현을 통해서 바울은 에클레시아로 불리던 이 모임이 하나님께 속한 만남이었고 하나님께 속한 자들의 모임이었음을 보여주고 있다. "하나님의"라는 속격적 표현을 통해서 사도 바울은 이 모임을 시작하시고 이 모임의 주인 되시는 분이 하나님이심을 말하고 있으며, 이런 만남의 목적이 하나님께 영광 돌리는 것이 되어야 함을 말하고 있다.

2. 하나님의 종말론적인 통치가 실현되는 대안적 공동체

사도 바울은 "악한 현 세대"의 질서 속에서 중요하게 취급되는 종교적, 인종적, 사회적, 신분적 구별과 그런 구별을 기초로 형성된 계층적 사회구조와는 다른 새로운 모습의 공동체를 제시하는데 그것이 바로 교회이다. 이런 교회의 모습을 잘 표현해주는 본문이 갈라디아서 3장 28절이다: "유대인도 헬라인도, 종도 자유인도, 남자도 여자도 없습니다. 왜냐하면 모든 이들이 그리스도 예수 안에서 하나이기 때문입니다." 이 구절을 통하여 사도 바울은 하나님의 새로운 세상에서는 이전의 사회에서 중요하게 생각되었던 여러 차별들이 그 의미를 상실하게 되었다는 것을 말한다. 이러한 의미에서 바울이 말하는 "새 창조"라는 것은 "하나님께서, 이전에 사람들을 갈라놓았던 인종적, 신분적, 성별적 장벽들을 그리스도 안에서 무너뜨리신 것이다"[42]라는 프랭크 마테라(Frank J. Matera)의 설명은 옳다. 혹자가 지적하듯이 바울은 이 구절을 통해서 억압적이고 권위적인 사회 구조 속에서 일그러진 하나님의 거룩한 형상이 회복되는, 또한 그런 회복의 역사가 가능한 공동체의 모습을 제시하고 있다.

바울에게 있어 교회는 "새 창조"의 대표적 전형(Embodiment)이며 하나님의 종말론적인 통치가 실현되는 영역인 동시에 새로운 하나님의 질서가 시행되는 거룩한 장소이다. 여기서 교회가 "새 창조"의 "전형"이라고 표현하는 것은 앞에서 살펴본 학자들이 주장하듯이 "새 창조"가 곧 "새로운 공동체"라고 이해하는 입장과는 조금 다른 견해이다. 좀더 구체적으로 표현한다면, 새로운 공동체로서 "교회 자체가 '새 창조'"가 아니라 이 "'새 창조'가 구체적으로 표현되는 모습" 즉 전형이 교회라는 의미이다. 제임스 삼라(James G. Samra)

---

42) Frank J. Matera, *Galatians* (Sacra Pagina Series, Vol. 9; Collegeville, Minnesota: The Liturgical Press, 1992), 226.

가 설명하듯이 "교회는 그리스도가 주인이 되시는 우주적 영역이 이 세상 속에서 표현되는 모습"[43]이라고 이해할 수 있다. 교회는 하나님의 종말론적 질서가 이전의 질서를 무너뜨리고 새로운 세상을 만들어가고 있음을 가시적으로 보여주는 공동체이며 "새 창조"의 구체적인 표현이라고 할 수 있다. 교회라는 공동체 속에서는 옛 질서 속에서 당연하게 여겨졌던 여러 가지 차별들이 만들어낸 사회적 분열[44] 현상이 극복되어진다. 예수 그리스도 안에서 차별에 기초한 세상의 질서들이 무너지고 하나님의 종말론적인 새로운 질서가 세워져감에 있어 교회는 전초기지의 역할을 감당한다.

바울은 믿는 자들의 공동체인 교회를 현재의 질서를 대신하는 "대안적 공동체"(Alternative community)로 제시하고 있다. 학자들은 사도 바울이 교회를 대안적 공동체로 이해하고 있음을 밝히고 있는데[45] 브래드 브랙스톤(Brad Braxton)도 교회를 바울이 그 당시 사회에 제안한 대안적 공동체로 이해한다. 브랙스톤에 의하면 이 대안적 공동체에서 강조되었던 중요한 덕목은 "상호성과 겸손"이었는데, 이 덕목들은 그 당시 로마사회의 주류 공동체가 "명예와 힘"을 중시하던 것과는 상당히 대조적이었다는 것을 강조한다.[46] 대안적 공동체

---

43) James G. Samra, *Being Conformed to Christ in Community: A Study of Maturity, Maturation and the Local Church in the Undisputed Pauline Epistles* (New York: T&T Clark, 2006), 134.

44) Bruce Hansen, *ALL OF YOU ARE ONE: The Social Vision of Gal 3.28, 1 Cor 12.13 and Col 3.11* (New York: T&T Clark, 2010), 194-95.

45) Richard A. Horsley, "1 Corinthians: A Case Study of Paul's Assembly as an Alternative Society," in *Paul and Empire: Religion and Power in Roman Imperial Society* (ed. Richard Horsley; Harrisburg, Pennsylvania: Trinity Press, 1997), 244-47.

46) Brad Braxton, *Preaching Paul* (Nashville: Abingdon Press, 2004), 60-61.

로서 교회는 그 당시 주류 로마사회가 중요하게 여기던 가치와는 다른 가치 체계를 형성해가고 있었다고 할 수 있는데, 이것은 하나님의 새로운 질서가 실현되던 교회 내에서는 자연스러운 것이었다고 이해할 수 있다. 그리고 이 대안적 공동체는 자신들의 정체성과 유대를 강화하기 위해 서로간의 네트워크를 만들어가고 있었으며 공동의 목표를 가지고 사회적/목회적 운동을 벌여 나가기도 하였는데, 그것이 뒤에서 살펴보게 될 "예루살렘 모금"이다.

사도 바울이 하나님의 "새 창조"를 선포하고 이 "새 창조"의 구체적인 모습을 담아내는 대안적 공동체로서 교회를 제시하는 것은 아직도 옛 질서가 영향력을 행사하고 있는 "악한 현 세대"에 대한 강력한 비판이라고 이해될 수 있다. 위에서 살펴본 것처럼, 사도 바울은 코스모스에 대하여 죽음을 선언하고 이별을 고하면서 자신이 그런 세상을 떠나 하나님의 종말론적인 통치가 실현되는 새로운 나라에 들어가게 되었다는 것을 말한다. 이러한 바울의 행동들은 한때 자기 자신이 속했던 옛 질서에 대한 부정이요 비판이다. 바울은 사회적, 인종적, 종교적, 성별적, 신분적 차별이 너무도 당연하게 받아들여졌던 세상을 바라보면서 어떤 이들은 다른 이들을 지배하고, 한 부류의 사람들은 다른 사람들을 종속시키는 억압적인 사회구조 속에서는 모든 사람들이 함께 고통받을 수밖에 없다는 것을 로마제국의 현실을 보면서 뼈저리게 느꼈을 것이다. 이런 "악한 현 세대"의 한계와 폐해를 깊이 알고 있었던 사도 바울은 하나님의 새로운 질서가 대안적인 공동체인 교회 내에서 실현되어야 하고, 또한 이미 그 실현이 시작되고 있음을 말하고 있다.

IV. "새 창조"와 예루살렘 모금

하나님의 "새 창조"가 사도 바울의 신학 그리고 그의 선교와 목회에 중요한 부분이었다면, 바울이 교회들과 함께 오랫동안 전개하였던 "예루살렘 모금"과는 어떤 연관성을 가질 수 있을까? 예루살렘 모금에 대한 언급은 바울이 쓴 중요 서신들에 자주 등장한다(갈 2:10; 고전 16:1-4; 고후 8-9; 롬 15:25-31). 갈라디아서 2장 10절에서 사도 바울은 "가난한 자들을 기억해 달라"는 예루살렘교회 리더들의 부탁을 받고 자신이 "그것을 열심으로 행하여 왔다"고 말한다. 사도 바울은 예루살렘에서 모였던 회의에서 예루살렘교회에 있는 가난한 자들을 기억해달라는 부탁을 받았고, 이것을 그의 선교/목회사역을 통해 열심으로 감당해왔음을 말하고 있다. 이런 바울의 모금운동을 학자들은 "예루살렘 모금"(Jerusalem collection)이라고 부른다. 이 모금에 대한 학자들의 해석을 간단하게 정리한다면 다음과 같다.

1) "종말론적/신학적 해석"은 예루살렘 모금이 종말의 때에 온 땅의 백성들이 시온으로 순례를 할 것이라는 구약예언의 성취이며, 또한 이런 이방 그리스도인들의 순례를 통해 이스라엘 백성들의 시기심이 자극되어 유대인들의 구원이 성취될 것이라고 이해한다.[47]

2) "에큐메니칼적 해석"은 예루살렘 교인들을 위한 모금은 유대인 중심의 예루살렘교회와 지중해 연안 이방인 교회들 간의 일치

---

47) Johannes Munck, *Paul and the Salvation of Mankind* (trans. Frank Clarke; Richmond, VA: John Knox Press, 1959), 301-308; Dieter Georgi, *Remembering the Poor: The History of Paul's Collection for Jerusalem* (Nashville: Abingdon Press, 1992), 118.

와 연합의 표시라고 간주한다.[48]

　3) "정치적 해석"은 바울이 예루살렘 모금과 전달을 통해 유대주의자들의 편협한 민족중심주의를 타파하려고 노력하였다고 보는 입장이다.[49]

　4) "예전적/종교적 해석"은 예루살렘 모금을 통해 하나님의 은혜를 강조하였다고 보면서 모금을 이방인들의 헌금이라고 해석한다.[50]

　5) "물질적 해석"은 예루살렘 모금은 물질적인 가난으로 고통받고 있던 예루살렘 교인들을 위한 것이었고, 그것을 통해 그 당시의 어려운 경제사정을 분석한다.[51]

---

48) Oscar Cullmann, "The Early Church and the Ecumenical Problem," *Anglican Theological Review* Vol. XL (1958): 296; C. E. B. Cranfield, *The Epistle to the Romans* vol. II (ICC; Edinburgh; T&T Clark, 1979), 770; N. T. Wright, *The Letter to the Romans* (NIB vol. X; Nashville, Abingdon Press, 2002), 756; John Dominic Crossan and Jonathan L. Reed, *In Search of Paul: How Jesus's Apostle Opposed Rome's Empire with God's Kingdom, A New Vision of Paul's Words and World* (New York: Harper Collins, 2004), 398.

49) Nicholas Taylor, *Paul, Antioch and Jerusalem: A Study in Relationships and Authority in Earliest Christianity* (Sheffield, England: Sheffield Academic Press, 1992), 214; Sze-kar Wan, "COLLECTION FOR THE SAINTS AS ANTI-COLONIAL ACT: Implication of Paul's Ethnic Reconstruction," in *Paul and Politics: EKKLESIA, ISRAEL, IMPERIUM, INTERPRETATION* (ed. Richard Horsley; Harrisburg, Penn.: Trinity Press International, 2000), 196.

50) James R. Harrison, *Paul's Language of Graceinits Graeco-Roman Context* (Tübingen, Germany: Mohr Siebeck, 2003), 297–324; Beverly Roberts Gaventa, "The Economy of Grace: Reflections on 2 Corinthians 8 and 9," in *Grace upon Grace: Essays in Honor of Thomas A. Langford* (eds., R. K. Johnston, L. G. Jones, and J. R. Willson; Nashville: Abingdon Press, 1999), 55–58; David J. Downs, *The Offering of the Gentiles: Paul's Collection for Jerusalem in Its Chronological, Cultural, and Cultic Contexts* (Tübingen, Germany: Mohr Siebeck, 2008), 136–58.

51) David Horrell, "Paul's Collection: Resources for a Materialist Theology," *Epworth Review* vol. 22, no. 2 (May 1995): 76; Steven J. Friesen, "Paul and Economics: The Jerusalem Collection as an Alternative to Patronage," in *Paul Unbound: Other Perspectives on the Apostle* (ed. Mark D. Given; Peabody, MA: Hendrickson Publishers, 2010), 33–35; Justin J. Meggitt,

6) "의무적 해석"은 예루살렘 모금을 성전세와 관련하여 보거나, 예루살렘교회에 빚을 진 이방 그리스도인들이 그 빚을 갚는 형식으로 이루어진 것이 모금이라고 보는 견해[52]이다.

이런 학자들의 의견을 참고하면서 사도 바울의 예루살렘 모금이 어떤 성격의 활동이었는지 살펴볼 필요가 있다. 첫째, 이 예루살렘 모금은 바울이 상당히 의무감을 가지고 펼쳐나간 "목회적 운동"으로 이를 통해 예루살렘교회의 영향력으로부터 독립하고자 하는 의도를 가지고 있었다. 바울이 예루살렘 모금의 전달에 대해 언급하고 있는 본문은 로마서 15장 25-33절이다. 이 본문에서 사도 바울은 예루살렘 성도들이 "영적인 것"(프뉴마티코이스, πνευματικοῖς)을 이방 그리스도인들과 나누었기 때문에 이방 그리스도인들은 "물질적인 것"(사르키코이스, σαρκικοῖς)으로 섬기는 것이 마땅하다고 말한다(롬 15:27). 바울은 특히 이 구절에서 "빚진 자"라는 뜻의 오페이레테스(ὀφειλέτης)와 "빚을 지다" 혹은 "반드시 하다"라는 뜻의 오페이로(ὀφείλω)를 사용함으로 이방 그리스도인들이 물질적인 것으로 예루살렘 성도들을 반드시 섬겨야 한다는 것을 강조하고 있다. 이런 용어 사용과 어투를 볼 때 그 당시 로마사회의 "후원 제도"였던 Patronage System[53]을 익숙하게 알고 있었다고 생각되는 바울이

Paul, Poverty, and Survival (Edinburgh: T&T Clark, 1998), 99-100.

52) Karl Holl, "Der Kirchenbegriff des Paulus in seinem Verhältnis zu dem der Urgemeinde," in *Gesammelte Aufsätze zur Kirchengeschichte*. Vol. II. (Tübingen, Germany: J. C. B. Mohr, 1928), 44-67; Stephan Joubert, *Paul as Benefactor: Reciprocity, Strategy and Theological Reflection in Paul's Collection* (Tübingen, Germany: J. C. B. Mohr, 2000), 17-70.

53) 이 제도에 대해서는 Richard P. Saller, *Personal Patronage under the Early Empire* (Cambridge, UK: Cambridge University Press, 1982); Peter Garnsey and Richard Saller, "Patronal Power Relations," in *Paul and*

236 하이브리드 바울

소아시아 지역교회에 있는 이방 그리스도인들이 의무감을 가지고 예루살렘 교인들을 위한 모금운동에 참여해야 한다고 말하고 있는 것으로 보인다.

여기서 주목해 볼 필요가 있는 것은 이 모금이 예루살렘에 전달되는 일을 위해 바울이 로마교인들에게 기도를 부탁하고 있는 부분(롬 15:31)이다. 기도 부탁의 내용은 두 가지이다. 먼저는 "내가 유대에서 믿지 않는 자들로부터 구원받도록"이다. 이 표현은 사도 바울이 유대 땅에서 믿지 않는 자들로 인해 목숨을 잃을 수도 있다는 것을 암시하고 있다. 바울을 죽일 수 있을 만큼 악의를 가진 믿지 않는 자들이 누구인지 정확하게 알기는 쉬운 일이 아니지만,[54] 로버트 주윗(Robert Jewett)은 그들이 호전적인 율법 옹호자들인 열심당(Zealot)이었다고 설명한다.[55] 두 번째 내용은 "예루살렘을 위한 나의 섬김이 성도들에 의해 받아들여지도록"이다. 사도 바울은 자신이 이방 그리스도인들과 함께 동참한 모금을 섬김(디아코니아, διακονία)의 행위라고 이야기하면서 이 섬김이 예루살렘에서 받아들여지도록 기도해 달라고 부탁하고 있다.

앞에서 살펴본 것처럼, 사도 바울이 예루살렘에 있는 가난한 성도들을 위한 모금을 시작한 것은 예루살렘 회의 때 교회 지도자들로

Empire: Religion and Power in Roman Imperial Society(ed. Richard Horsley; Harrisburg, Pennsylvania; Trinity Press, 1997): 96-103을 참고하라.

54) 사도행전 23장 12절에 보면 유대인들이 당을 지어 "바울을 죽이기 전에는 먹지도 아니하고 마시지도 아니하겠다"고 맹세하였다는 언급이 나온다.

55) Robert Jewett, Romans(Hermeneia; Minneapolis: Fortress Press, 2007), 934-35.

부터 부탁을 받았기 때문이다. 부탁받은 것을 열심으로 모금해서 이제 전달하려고 하는 그가 이 모금이 잘 받아들여질 수 있도록 기도해 달라고 부탁하는 것은 무슨 이유에서일까? 왜 바울은 그의 모금이 받아들여지지 않을 수 있다는 걱정을 하고 있는 것일까? 바울이 걱정하는 이유 중의 하나로 생각해볼 수 있는 것은, 바울이 예루살렘교회와 갈등이 있었다는 것이다. 학자들이 설명하는 것처럼[56] 그 당시 예루살렘교회 내에는 율법주의적 파당이 있었고, 갈라디아 교인들을 미혹한 바울의 대적자들이 이 파당에서 파송한 사람들이라고 간주될 수 있다면, 사도 바울이 그의 모금이 예루살렘에서 받아들여지지 않을 수 있는 가능성이 있다고 생각하며 이 일을 위해서 기도해 달라고 부탁하는 것은 자연스러운 일이었을 것이다.

만약 그렇다면 다른 의문 하나가 떠오를 수 있다. 바울이 예루살렘교회 내 율법주의자들의 영향을 받고 있는 예루살렘 지도자들과 갈등을 겪고 있었다면, 왜 굳이 모금을 열성적으로 감당했고 목숨을 잃을 수도 있는 위험을 무릅쓰고 그것을 전달하려고 하였을까? 가능한 대답 중의 하나는 바울이 이 일에 대하여 어떤 의무감을 가지고 있었다고 보는 것이다. 앞에서 잠깐 언급한 것 같이, 사도 바울은 이방 그리스도인들이 예루살렘 교인들로부터 영적인 것을 나누어 가짐으로 "빚진 자"들이 되었기 때문에 꼭 그것을 갚아야 한다고 말하였다. 이것은 바울 자신이 세운 교회의 교인들에게만 해당되는 것이 아니라 자신에게도 해당된다고 보았을 가능성이 크다.

---

56) Ian J. Elmer, *Paul, Jerusalem and the Judaisers: The Galatian Crisis in Its Broadest Historical Context* (Tübingen, Germany: Mohr Siebeck, 2009), 80-162.

사도 바울은 갈라디아서 2장에 구체적으로 소개되고 있는 예루살렘 회의를 통해 예루살렘교회 지도자들에게 빚을 지게 되었다. 사도 바울은 바나바와 디도와 함께 예루살렘에 올라갔고, 사적인 만남을 통해 그들 앞에 자신이 이방인들에게 전파하는 복음을 제시하였다. 그 이유를 그는 "내가 달려가는 것이나 달음질한 것이 헛되지 않게 하려 함이라"(갈 2:2)고 말한다. 바울은 이방인 중에서 행한 자신의 복음전파가 헛되지 않으려면(바울 복음의 진정성과 사도성을 의심하는 사람들은 곳곳에 있었다), 그 당시 가장 영향력 있던 교회 리더들인 예루살렘 지도자들의 "인증"이 필요했던 것이다. 예루살렘 회의에서 "기둥과 같은" 교회 지도자들은 이런 필요를 가지고 있던 바울을 이방인들에게 보냄을 받은 사도로, 그리고 그의 할례를 요구하지 않는 복음을 공적으로 인정하였다(갈 2:8-9). 이런 예루살렘교회 지도자들의 "인증"을 사도 바울이 그들에게 빚을 진 것으로 생각하였기에, 로마의 후원제도에 익숙했던 바울은 자신이 무엇인가로 반드시 되갚아야 한다는 생각을 하였을 것이다. 자신과 자신이 세운 교회가 예루살렘교회에 진 빚을 갚고 해야 될 의무사항을 성실하게 이행함으로써 이제 좀더 독립적이고 동등한 위치를 가지게 된다고 생각하였다면, 바울은 목숨을 걸고라도 그 모금을 전달하려고 노력했던 것으로 보여진다.

　　둘째, 바울이 전개하였던 예루살렘 모금은 하나님께서 허락하신 풍성한 은혜를 자발적으로 나누는 "나눔운동"이었다. 로마서 15장 26절과 27절에서 사도 바울은 "기쁘게 되다"는 뜻의 단어인 유도케오(εὐδοκέω)를 반복적으로 사용하고 있는데, 이 단어를 통해 바울은 이방 그리스도인들이 이 모금운동에 "기쁨으로" 동참하였음을 보여주고 있다.[57] 조셉 피츠마이어(Joseph A. Fitzmyer)는 "이 모금은 예루살렘에 있는 가난한 자들을 위한 이방 그리스도인들의 자발적인 헌금의 결과였다"[58]고 설명한다. 고린도후서 8장 2-3절에도 보면 사도 바울은 마게도냐에 있는 성도들이 환란과 극심한 가난 가운데서도 "넘치는 기쁨"으로 "풍성한 헌금"(고후 8:2)을 하였는데, 때로는 그들의 "능력에 따라 할 뿐만 아니라 때로는 능력에 넘치도록"(고후 8:3) 기부하였다는 것을 말하고 있다. 로마서 15장에서 사도 바울은 이런 자발적인 참여가 나눔의 행위라고 말한다. 바울은 25절과 31절에서 "나눔"(코이노니아, κοινωνία)이라는 명사를, 27절에서 "나누다"(코이노네오, κοινωνέω)는 동사를 사용함으로 이 모금에 동참하는 것이 나눔의 행위라는 것을 설명해주고 있다. 이런 본문들을 통해서 사도 바울은 예루살렘 모금은 성도들의 자발적인 참여를 통해서 이루어진 나눔운동이라는 것을 말하고 있다.

그렇다면 이런 자발적인 나눔운동인 예루살렘 모금에 교인들이 기꺼이 동참할 수 있었던 이유는 무엇인가? 그것은 이방 그리스도인들이 경험한 하나님의 은혜 때문이다. 예수 그리스도의 성육신 하심과 십자가 위에서 피흘려 돌아가신 희생을 통하여 주어진 하나님의 풍성하신 은혜와 그 은혜에 대한 체험이 이방 그리스도인들로 하여금 넘치는 기쁨 가운데 풍성함으로 이 운동에 동참하게 하였던 것이다. 제임스 헤리슨(James R. Harrison)은 마게도냐의 교회들이 이

---

57) C. E. B. Cranfield, *The Epistle to the Romans* (ICC; Edinburgh; T&T Clark, 1979), 771. Douglas J. Moo, *The Espistle to the Romans* (Grand Rapids, Michigan: William B. Eerdmans, 1996), 904.

58) Joseph A. Fitzmyer, *Romans* (AB; Garden city, New York: Doubleday & Company, 1993), 722.

모금운동에 참여하는 것은 "그리스도의 성육신적 가난의 희생"[59]을 자신들의 삶으로 보여준 것이라고 설명한다. 베블리 가벤타(Beverly Roberts Gaventa) 역시 예루살렘 모금에 있어 하나님 은혜의 중요성을 강조한다. 그녀는 하나님의 은혜가 그리스도인들의 나눔의 "기원이면서 동시에 힘"이라고 말하면서 "믿는 자들이 하나님과 그리스도의 은혜로운 행위들을 이미 받았기에 주는 것"[60]이라고 설명한다. 예수 그리스도를 통해 허락하신 하나님의 풍성한 은혜를 경험한 이방 그리스도인들은 자신들의 형편에 따라 때로는 자신의 힘에 지나도록 자원하여서 모금에 동참하였다.

그렇다면 이 예루살렘 모금은 어떻게 바울의 "새 창조"와 연결되는가? 앞에서 설명한 것과 같이 사도 바울은 교회를 하나님의 종말론적인 통치의 공간이요 새로운 질서가 시작되고 또 실행되는 곳으로 이해하였다. 또한 믿는 자들의 공동체인 교회는 로마사회의 다른 모임과는 구별될 뿐만 아니라 하나님의 "새 창조"의 모습이 구체적으로 보여지는 대안적 공동체라고 설명하였다. 예루살렘 모금은 이런 대안적 공동체들이 함께 동참한 "목회적 나눔운동"이었다. 바울은 이 모금을 함에 있어 한두 개의 능력 있는 교회에만 부탁하지 않았고, 자신이 세우고 섬겼던 마케도냐와 아가야와 갈라디아와 같이 방대한 지역에 흩어져 있는 믿음의 공동체들이 참여하도록 하였다.

로마사회의 "후원제도"(Patronage system)에서는 한 명 혹은 두 명의 능력 있는 개인(Patron)이 자신이 가지고 있는 물질 혹은 사회

---

59) Harrison, *Paul's Language of Grace*, 297.
60) Gaventa, "Economy of Grace," 58.

적 혜택들을 나누어줌으로 그 혜택을 받는 사람들(Clients)이 계속적으로 그들의 영향력 하에(빚진자의 상태로) 머물도록 하였다면, 바울은 흩어져 있는 교회 공동체들이 가진 것을 공동으로 나누게 함으로 어떤 특정한 교회가 "은혜 베푼 자의 특권" [61]을 주장하지 못하게 하였다. 바울은 이방 그리스도인들이 물질적인 것을 나누는 것이 오히려 자신들이 예루살렘 교인들에게 진 빚을 갚는 것이라고 말하기도 하였다.

사도 바울은 흩어져 있는 교회들이 공동의 목표-예루살렘에 있는 가난한 교인들을 돕는 것-를 가지고 함께 힘을 모으도록 함으로써 하나님의 새로운 질서 속에서 자연스럽게 일어나야 하는 일, 즉 자발적인 나눔을 통해 가난한 성도들을 돕는 일을 추진해 나가고 있었던 것이다. 하나님의 "새 창조"의 전형으로서 교회들이 자발적으로 참여하는 "목회적 나눔운동"은 하나님의 새로운 질서가 이 땅 가운데 이미 시작되었다고 하는 "공동체적 웅변"인 동시에, 새로운 질서가 무엇인지를 구체적으로 보여주는 행위였다고 할 수 있다.

---

61) Patronage system 속에서 Patron은 자신이 나누어준 물질적, 사회적 혜택에 대한 응답으로 Clients가 공적인 모임에서 자신의 덕행을 찬양하는 것과 여러 종류의 봉사를 할 것을 기대하였고, 이런 찬양과 봉사를 자신이 누릴 수 있는 특권으로 여겼으며 이런 기대에 부응하는 것은 Clients가 반드시 해야 하는 일이었다. Garnsey and Saller, "Patronal Power Relations," 96-97 참고하라.

V. 결 론

지금까지 우리들은 사도 바울의 신학적 주요 주제로서 "새 창조"가 무엇이며, 바울의 목회적/선교적 활동 속에서 이 "새 창조"가 어떻게 구체적으로 표현되었고 어떤 역할들을 하였는지를 살펴보았다. 사도 바울에게 있어 "새 창조"는 예수 그리스도의 십자가와 부활사건을 통해 시작된 종말론적 하나님 나라의 현재적 실제이며 새로운 질서이다. 이런 종말론적 새 질서는 교회라고 하는 믿는 자들의 공동체 내에서, 또한 그 공동체를 통하여서 구체적으로 나타나기 시작하였다. 바울은 교회를 "악한 현 세대"에 속한 여러 모임과는 구별되는 "대안적 공동체"로 이해하였으며, 이 공동체에 속한 이방 그리스도인들과 함께 예루살렘에 있는 가난한 자들을 위한 모금운동을 벌여나갔다. 이 모금운동은 하나님의 풍성하신 은혜를 체험한 자들이 자발적으로 동참하는 목회적 나눔운동이었으며, 이 운동을 통해 하나님의 새로운 질서가 어떤 모습으로 나타나야 하는지를 보여주고자 노력하였다. 하나님의 "새 창조"의 역사를 삶의 현장 속에서 이루어 가려고 노력하였던 사도 바울처럼, 한국교회도 예루살렘 모금과 같이 흩여져 있는 교회들이 함께 힘을 모으는 목회적 나눔운동을 공동으로 펼쳐나감으로 하나님의 새로운 질서를 세워가려고 몸부림친다면, 지금의 위기를 기회로 전환할 수 있는 새로운 계기가 될 수 있지는 않을까?

2^장

바울의 창조 이해: 로마서 8장[62]

I. 서 론

로마서 8장 18-25절에서 사도 바울은 우리들이 경험하고 있는 현재의 고난이 장차 나타날 영광과는 비교할 수 없는 것이라고 말하고 있다. 하지만 이 현재적 어려움은 로마에 있는 가정교회들이 겪고 있는 현실일 뿐만 아니라,[63] 하나님께서 만드신 창조세계가 경험

---

62) 이 글은 "로마서 8장 18-25절에 나타난 바울의 '창조' 이해와 종말론적 구원." 『장신논단』 45-2 (2013년 6월): 93-116에 게제된 것을 수정 보완한 것이다.

63) 로마에 있는 교회가 어떤 어려움을 경험하고 있었는지에 대한 학자들의 의견은 다양하다. 페터 슈툴마허(Peter Stuhlmacher)는 로마교회 내에 바울의 복음에 대한 입장차이로 갈등이 있었다고 설명한다. 그의 설명에 의하면 주후 49년 글라우디우스 황제의 명에 의해 유대인들이 로마로부터 추방될 때 로마의 가정교회들에 속해 있었던 유대인 그리스도인들도 함께 쫓겨나게 되었고, 이방인 그리스도인들이 남아서 교회를 지키게 되었다. 그러던 중 주후 54년 글라우디우스가 죽고 네로가 황제로 등극함으로 추방되었던 유대인 그리스도인들이 가정교회들로 돌아오기 시작하였는데, 마게도니아와 소아시아의 여러 지방들로 흩어져 살았던 이 유대인 그리스도인들은 그 지방에서 바울과 그의 동역자들을 만났을 뿐만 아니라 바울을 극심하게 반대하였던 사람들도 만나게 되었고, 이런 과정 중에 바울의 복음에 대한 의구심을 가지게 되었다. 바울의 복음에 대한 의구심을 가진 사람들로 인해 로마의 가정교회들은 갈등을 경험하고 있었다. Peter Stuhlmacher, *Paul's Letter to the Romans: A Commentary*(trans. Scott J. Hafemann; Westminster/John Knox Press: Louisville, KY, 1994), 6-8. 로마 가정교회들이 경험하고 있었던 문제들에

하고 있는 현실적 문제이다. 바울은 특별히 크티시스(κτίσις)라는 단어를 반복적으로 사용함으로(8:19, 20, 21, 22) 하나님께서 만드신 창조물들이 겪는 고통에 대해서 말하고 있다. 많은 학자들은 바울이 사용하는 단어 크티시스를 "인간을 제외한 창조물"로 이해하면서, 창조물들이 겪는 고통스런 현실을 창세기 3장 18-19절에 묘사되어 있는 자연만물에 대한 하나님의 심판 이야기를 배경으로 이해하려 한다. 이런 해석은 많은 학자들의 지지를 받음으로써 "지배적 해석"[64]의 위치를 가지게 되었다. 필자는 이런 지배적 해석에 의문을 제기하면서 바울이 사용하고 있는 크티시스를 "인간을 포함한 창조물 전체"를 가리키는 신학적 개념으로 이해하려는 시도인 "포괄적 해석"의 가능성을 제시하고자 한다. 그리고 사도 바울이 본문 22절에서 사용하고 있는 "함께 탄식한다"와 "함께 해산의 고통을 겪는다"는 표현에 주목하면서, 사도 바울이 어떻게 현재적인 고통과 미래적 하나님의 구원을 종말론적 관점으로 연결하고 있는지를 살펴보고자 한다.

대한 논의는 Douglas J. Moo, *The Epistle to the Romans* (New International Commentary on the New Testament; Grand Rapids, MI: William B. Eerdmans, 1996), 18-22를 참고하라.

64) 로마서 8장 18-25절에서 바울이 사용하고 있는 단어인 크티시스를 "인간을 제외한 창조물"로 이해하면서, 로마서 8장 20절 - "허무한데 굴복하였다" - 을 자연만물에 대한 하나님의 심판이라는 시각으로 해석하는 학자들의 입장이 소위 말하는 "지배적 해석"이다. 이런 입장과는 달리 크티시스를 "인간을 포함한 모든 창조물"로 해석하려는 입장을 필자는 "포괄적 해석"이라고 지칭하고자 한다.

II. 크티시스에 대한 이해

사도 바울은 로마서 8장 18-25절에서 창조세계가 경험하고 있는 현재적 고난에 대해 언급하고 있다. 창조세계의 고통을 표현하기 위해 바울이 특별히 사용하고 있는 단어가 있는데 그것이 크티시스 (κτίσις, 8:19, 20, 21, 22)다. 크티시스는 "창조," "창조물," "피조물," 혹은 "창조세계" 등으로 번역될 수 있는데, 이 단어의 의미에 대한 이해는 학자들이 이 본문을 어떻게 해석하느냐와 깊이 관련되어 있다. 학자들은 바울이 사용하고 있는 크티시스의 의미에 대해 많은 의견들을 제시해왔는데,[65] 에드워드 아담스(Edward Adams)는 크티시스에 대한 학자들의 견해를 대표적인 세 가지로 정리하고 있다. 아담스에 의하면, 학자들의 첫번째 견해는 크티시스를 "믿지 않는 사람들의 세계"로 이해하는 것이며, 두 번째는 "믿지 않는 자들과 인간을 제외한 창조물"로, 세 번째는 "인간을 제외한 창조물"로 해석하는 입장이라고 설명한다. 이런 의견들 가운데 가장 많은 학자들의 지지를 받고 있는 것은 세 번째 의견으로, 바울의 크티시스를 인간을 제

---

65) 크티시스에 대한 해석의 역사를 연구한 크리스토퍼슨(Christoffersson)은 5가지의 해석 가능성을 제시하고 있는데, 첫째 가능성은 "우주적 해석"인데 이는 초대교부 오리겐이 주장했던 의견으로, 크티시스는 인간과 다른 피조물들을 포함할 뿐만 아니라 천사들과 하늘의 별들도 포함하는 것이라고 이해한 것이며, 둘째는 "우주적-천사학적 해석"으로 크티시스가 인간을 제외한 피조물들과 천사들을 가리키는 것으로 해석하는 입장이며, 셋째는 "우주적 해석"으로 크티시스가 인간을 제외한 창조세계를 가리킨다는 입장이며, 넷째는 중세학자들과 어거스틴에 의해서 강조되었던 입장인 "인류학적 해석"으로 크티시스가 인간을 가리키는 것이라고 이해하는 입장이고, 다섯째는 "천사학적 해석"으로 크티시스는 다른 존재가 아니라 바로 천사들을 가리키는 것이라고 이해하는 견해이다. Olle Christoffersson, *The Earnest Expectation of the Creature: The Flood-Tradition as Matrix of Romans 8:18-27* (Coniectanea Biblica New Testament Series 23; Stockholm, Sweden: Almqvist & Wiksell International, 1990), 19-34.

외한 다른 창조물로 이해하는 것은 학자들 사이에 "합의"가 이루어 졌다고 아담스는 주장한다.[66] 바울이 사용하고 있는 크티시스를 인 간을 제외한 창조물로 이해하는 학자들이 많다는 사실에도 불구하 고 학자들 사이에 합의가 이루어졌다고 하는 아담스의 주장은 섣부 른 판단이라 할 수 있겠다. 왜냐하면 여전히 여러 학자들은 이런 해 석에 반대하고 있고 이들의 의견은 상당한 설득력을 가지고 있기 때 문이다. 그렇다면 학자들이 주장하는 내용을 조금 더 자세히 살펴보 자.

1. 크티시스에 대한 지배적 해석과 평가

먼저 바울의 크티시스를 "인간을 제외한 다른 창조물"이라고 이해하는 견해부터 살펴보자. 이런 해석을 지지하는 학자 중의 한 명인 브랜단 버니(Brendan Byrne)는 왜 다른 입장들이 바른 해석이 될 수 없는지를 설명한다. 먼저 그는 크티시스가 인간을 포함하는 창조물 전체를 가리킬 수 없는 중요한 이유로 바울이 23절에서 사 용하고 있는 일인칭 복수 대명사, 헤메이스(ἡμεῖς)를 지적한다. 버니 는 여기서 사용되고 있는 헤메이스는 예수 그리스도를 믿는 자들 을 지칭하는 말로, 바울이 명시적으로 이 단어를 사용하고 있는 것

---

66) Edward Adams, *Constructing the World: A Study in Paul's Cosmological Language* (Edinburgh: T&T Clark, 2000), 175-76. 버니(Byrne)도 학자들의 의 견을 비슷하게 정리해 주고 있는데, 그에 의하면 크티시스는 1) "모든 인간을 포함 하는 창조물 전체" ; 2) "믿는자를 제외한 창조물 전체" ; 3) "인간을 제외한 창조 세계" ; 4) "전체로서의 인간세상" ; 5) "천사들의 세상"이라고 해석되어 왔다고 설 명한다. Brendan Byrne, *Romans* (Sacra Pagina 6; Collegeville, Minnesota: Liturgical Press, 1996), 255.

은 "믿는 자들"과 크티시스를 분명히 구분하고 있기 때문이라고 설명한다.[67] 다음으로 버니는 바울이 본문에서 사용하고 있는 "기다리다" 혹은 "함께 탄식하다" 등의 동사들은 "의인화된 표현들"[68]이며, 이렇게 자연을 의인화하여 표현하는 것은 시적인 표현이나 종말론적 문헌에서 자주 발견되는 것이라고 주장한다.[69]

이런 해석을 지지하고 있는 또 다른 학자인 크랜필드(C. E. B. Cranfield)는 좀더 강경한 입장을 고수하고 있는데, 그는 크티시스를 "인간을 제외한 창조물"을 가리키는 개념 이외의 다른 것으로 이해할 수 있는 가능성은 거의 없다고 주장한다. 크랜필드는 바울이 본문에서 묘사하고 있는 크티시스의 현실은 창세기 3장에 언급되어 있는 하나님의 심판과 연결되어 있다고 믿기 때문이다. 바울이 크티시스의 현재적 고통의 상황을 설명하는 20절은 크랜필드에게 있어서는 자신의 주장을 뒷받침하는 중요한 증거가 된다. 크랜필드는 바울이 "크티시스가 허무한 데 굴복하게 된 것은 자기 뜻이 아니요"라는 표현을 사용하면서 마음에 떠올리고 있는 장면은 창세기 3장에 나오는 하나님의 심판사건, 구체적으로 창세기 3장 17-19절이었다고 설명한다. 특히 20절에서 허무한 데 "굴복하게 되었다"(휘페타게, ὑπετάγη)라는 수동태 표현을 바울이 사용하고 있는 것은 "땅은 너로

---

67) 바울의 일인칭 복수 대명사의 사용은 크티시스가 인간을 제외한 다른 창조물이라고 하는 견해를 지지하는 학자들이 제시하는 중요한 증거로 사용되고 있다. Ben Witherington III, *Paul's Letter to the Romans: A Socio-Rhetorical Commentary* (Grand Rapids, MI: William B. Eerdmans, 2004), 222-23을 참고하라.

68) "의인화되었다"는 표현 자체가 이런 행동의 주어 역할을 하고 있는 것은 사람이 아니라는 의미를 내포한다고 할 수 있다.

69) Byrne, *Romans*, 255-56.

말미암아 저주를 받고"(창 3:17)라는 표현을 염두에 두고 있었기 때문이라고 주장한다.[70] 이런 확신 가운데 크랜필드는 크티시스가 허무한 데 굴복하게 된 것은 범죄한 아담에 대한 하나님의 심판의 결과이며, 크티시스가 통곡하고 있는 것은 심판받은 창조물이 경험하고 있는 현재적 고통이라고 말한다.[71] 해리 해네(Harry Alan Hahne)도 인간의 범죄와 이어진 하나님의 심판의 결과로 크티시스가 허무한 데 굴복하게 되었는데 그것은 "타락, 죽음, 그리고 썩어짐의 노예"가 되는 것을 의미하는 것이고, 이런 노예적 상태가 "현 세대의 계속되는 특징"이라고 설명한다.[72] 다시 말해 크티시스가 허무한 것 아래에서 고통의 소리를 내고 있는 것은 심판받은 상태의 표현이라는 것이다. 이런 해석에 따르면, 로마서 8장 18절 이후의 본문은 창세기 3장에 나타나는 인간의 범죄와 하나님의 심판 장면, 특히 땅이 저주받는 장면과 연관되어 있기 때문에 크티시스의 현재상태를 묘사하고 있는 바울의 표현은 이런 구약적인 배경에서 이해되어야 한다.

크티시스를 "인간을 제외한 창조물"로 이해하는 입장은 많은

---

70) C. E. B. Cranfield, *Romans: A Shorter Commentary* (Grand Rapids, MI: William B. Eerdmans, 1985), 196.

71) C. E. B. Cranfield, *A Critical and Exegetical Commentary on the Epistle to the Romans* (International Critical Commentary; Edinburgh: T & T Clark, 1975), 416. 다른 학자들도 인간의 죄의 결과로 크티시스가 허무한 데 굴복하게 되었다고 설명한다: Robert H. Mounce, *Romans* (New American Commentary 27; Nashville: Broadman & Holman, 1995), 185; Thomas R. Schreiner, *Romans* (Grand Rapids, MI: Bakerbooks, 1998), 436.

72) Harry Alan Hahne, *The Corruption and Redemption of Creation: Nature in Romans 8.19-22 and Jewish Apocalyptic Literature* (London: T & T Clark, 2006), 210. 탈버트(Talbert)에 의하면, 창조물이 허무한 데 굴복하게 된 상태는 "썩어짐과 고통의 상태"에 처하게 된 것을 가리키는 것이다. Charles H. Talbert, *Romans* (Macon, Georgia: Smyth & Helwys Publishing, 2002), 214.

학자들의 지지를 받고 있다.[73] 학자들의 폭넓은 지지는 아담스가 주장하는 것과 같이 학자들 간의 "합의"를 도출하지는 못하였지만, 바울의 크티시스 이해에 있어 지배적 해석의 위치를 가지게 된 것은 분명해 보인다. 이런 지배적 해석은 다른 해석과 마찬가지로 장점과 단점을 가지고 있는데, 장점으로 이야기 될 수 있는 것은 창조세계가 현재 경험하고 있는 고통의 원인을 죄의 문제와 연결하고 있다는 것이다. 아담의 범죄 이후로 인간들과 자연만물은 하나님의 심판을 경험하게 되었고, 창조세계는 죄의 권세 아래, 그리고 죄를 도구로 삼아 역사하는 죽음의 권세 아래에서 신음할 수밖에 없는 존재가 되었다. 그 결과로 현재적 고통의 상황 속에서 통곡할 수밖에 없고 누군가가 나타나서 구원의 손길을 내밀어 주기를 기다릴 수밖에 없는 처지가 되었다고 하는 것은 나름대로의 설득력을 가지고 있다고 평가할 수 있다.

이런 긍정적인 측면에도 불구하고 지배적 해석은 여러 가지 한계점을 노출하고 있다. 첫째, 지배적 해석을 지지하는 학자들은 버니가 설명하고 있는 것처럼 바울이 23절에서 일인칭 복수 대명사, 헤메이스를 사용하고 있는 것에 주목한다. 이들은 바울이 19-22절까지는 크티시스를 주어로 사용하면서 "인간을 제외한 창조물"들

---

73) John Murray, *The Epistle to the Romans* (Grand Rapids: Wm. B. Eerdmans, 1968), 301-302; Cranfield, Romans: *A Shorter Commentary*, 194; James D. G. Dunn, *Romans 1-8* (Word Biblical Commentary 38A; Dallas, TX: Word Books, 1988), 469; Joshep Fitzmyer, *Romans* (Anchor Bible 33; New York: Dou-bleday, 1993), 506; Douglas J. Moo, *Romans: The NIV Application Commentary* (Grand Rapid, MI: Zondervan Publishing House, 2000), 266. Schreiner, *Romans*, 435. Talbert, *Romans*, 214. 차정식, 『성서주석 로마서』 II (서울:대한기독교서회, 1999), 62; 박수암, 『신약주석 로마서』 (서울: 대한기독교서회, 2000), 214; 이한수, 『복음은 구원을 주시는 하나님의 능력』 (서울: 이레서원, 2008), 816.

의 현재적 고통의 상황을 설명하고 있고, 23절에서는 "우리들" 즉 그리스도를 믿는 자들에 대한 이야기로 진술의 방향을 선회하고 있다고 설명한다.[74] 하지만 바울은 22절에서 이미 인간을 주어로 하는 동사, 즉 "알다"는 뜻의 오이다멘(οἴδαμεν)을 사용하고 있다. 곧 이어서 바울은 "우리가 알고 있는" 내용을 설명하기 위해서 접속사 호티(ὅτι)를 사용하고 있는데 그 절에는 다시 크티시스가 주어로 등장하고 있다. 이런 이유로 바울이 23절에서 헤메이스라는 단어를 의도적으로 사용함으로 자신의 신학적 진술의 방향을 "인간 이외의 창조물"에서 "인간"의 현재적 상황으로 바꾸고 있다는 주장은 설득력이 떨어진다. 오히려 바울은 19절부터 22절까지 인간을 포함한 창조세계 전체가 고통의 상황 속에서 하나님의 구원을 기다리고 있음을 묘사한 후에, 고통받고 있는 창조세계의 일부로서 "성령의 처음 익은 열매를 받은 자들," 즉 믿는 자들이 경험하고 있는 고통의 상황을 좀더 구체적으로 설명하기 위해서 일인칭 복수 대명사를 의도적으로 사용하고 있다고 이해하는 것이 좀더 자연스러운 해석이다.

둘째, 지배적 해석은 "믿지 않는 자들"에 대한 언급을 배제하고 있다. 앞에서 잠깐 소개된 것처럼 일인칭 복수 대명사인 헤메이스를 크티시스와 대조되는 "그리스도를 믿는 자들"로 해석할 수 있다면, 그리스도를 믿지 않는 자들은 어디에 속해야 하는지에 대한 문제가 생겨난다. 지배적 해석에 의하면 크티시스는 인간을 제외한 창조물을 가리키는 개념이고 헤메이스는 믿는 사람들을 일컫고 있는데, 이런 측면에서 볼 때 믿지 않는 자들에 대한 언급은 철저하게 생략되

---

74) Moo, *Epistle to the Romans*, 518-19.

고 있다.

셋째, 지배적 해석은 창세기 3장의 일부분만을 배경으로 받아들여 해석하고 있다. 창세기 본문에서 하나님의 저주는 뱀과 땅에만, 즉 인간을 제외한 다른 피조물에게만 내려진 것이 아니라 인간인 아담과 하와에게도 내려졌다. 오히려 하나님의 심판의 초점은 불순종한 인간에게 있다고 이해된다. 창세기 저자는 하나님의 진노가 인간을 포함한 창조물 모두에게 내려지게 되었다고 분명히 묘사하고 있다(창 3:14-19). 하지만 지배적 해석은 인간을 제외한 다른 창조물들에 초점을 맞추면서 이들이 하나님의 진노의 주된 대상이 된 것처럼 이해할 수 있는 가능성을 열어 두고 있다. 츄무라(D. T. Tsumura)는 로마서 본문의 배경으로 인간을 제외한 다른 창조물이 저주를 받는 장면을 제시하는 지배적 해석에 의문을 제기한다. 츄무라는 8장 22절에서 사도 바울이 사용하고 있는 단어인 "함께 해산의 고통을 경험하고 있다"라는 뜻의 쉰오디네이(συνωδίνει)에 주목하면서[75] 땅이 저주를 받는 모습이 묘사되고 있는 창세기 3장 17절이 아니라 하와의 해산의 고통을 크게 할 것이라는 하나님의 말씀이 나오는 3장 16절이 본문의 배경이 되어야 한다고 주장한다.[76] 츄무라의 주장은 인간을 제외한 다른 창조물들을 마치 주된 심판의 대상인 것처럼 유도할 수 있는 지배적 해석의 한계를 지적한 것이라고 할수 있다.

---

75) 바울이 동사 쉰오디노(συνωδίνω)를 통해서 해산하는 여성의 이미지를 강조하고 있다는 설명은 이 글의 후반부를 참고하라.

76) D. T. Tsumura, "An OT Background to Rom 8.22," *NTS* 40 (1994): 620-21.

넷째, 지배적 해석은 본문 20절의 배경으로 창세기 3장 18-19절을 강조하는데, 인간을 제외한 창조물들이 "자신들의 잘못"이 아닌 "인간이 범한 죄"의 결과로 징벌을 받게 되었다는 것을 강조함으로 인간의 행위가 다른 창조물들의 삶을 결정하는 것처럼 이해하도록 돕고 있다. 인간의 행위가 자연의 운명을 결정한다고 하는 사고는 인간과 자연 사이에 "계층적 구조"가 있으며 인간이 자연 위에 군림한다고 하는 생각을 쉽게 받아들이게 한다. 구약성경에서 창조물들이 탄식하는 본문들을 연구한 로리 브라텐(Laurie Braaten)은 구약에 나타난 창조물의 탄식에는 일정한 질서가 있다고 주장한다. 그것은 인간이 죄를 지으면 그 인간의 범죄가 하나님의 진노와 징벌을 야기하고 이런 하나님의 진노의 결과로 창조물들은 심각한 고통을 겪게 된다. 그리고 만약 인간이 하나님 앞에서 회개하면 하나님의 심판이 멈추게 되고 그 결과로 다른 창조물들이 당하던 고통도 끝이 난다는 것이다.[77] 이런 해석에 따르면, 인간 이외의 다른 창조물들의 운명은 철저하게 인간의 행동에 달려 있는 것으로 이해된다. 인간이 올바르게 행동하면 다른 창조물들이 편안하고, 인간이 죄를 범하면 다른 창조물들이 고통을 받게 된다.

---

77) Laurie J. Braaten, "The Groaning Creation: The Biblical Background for Romans 8:22," *Biblical Research* Vol. L (2005): 19-39. 이스트만(Eastman)은 구약의 이사야 24장 4-7절과 예레미야 12장 4절 등을 살펴보면서 이스라엘 백성들이 자연과 깊이 연결되어 있다는 것을 밝혀낸다. 하지만 이스트만의 초점은 인간이 죄를 지으면 그 결과로 자연이 고통을 받는 관계, 즉 인간과 자연 사이에 존재하는 계층적 질서가 아니라 이스라엘 백성들과 자연이 운명 공동체처럼 서로 깊이 연관되어 있다는 것에 있다. 결론적으로 이스트만은 바울이 로마서 8장에서 사용하고 있는 개념인 크티시스를 인간과 구분되는 다른 창조물들로 보려는 시도는 설득력이 약하다고 주장한다. Susan Eastman, "Whose Apocalypse? The Identity of the Son of God in Romans 8:19," *Journal of Biblical Literature* 121/2 (2002): 272-75.

이런 견해는 인간을 다른 창조물들 위에 있는 존재로 생각하게 만들고, 인간과 다른 창조물들 사이에 계층적 질서가 있다고 하는 사상을 쉽게 받아들이게 한다. 인간과 자연에 대한 계층적 사고는 근대에 들어와서 많은 비판을 받고 있다. 린 화이트(Lynn White Jr.)의 유명한 논문 "우리 생태계 위기의 역사적 뿌리"[78] 이후로 많은 사람들은 전통적 기독교의 "자연에 대한 인간의 우월성"에 대한 강조가 인간이 자연을 착취하는 행위에 대하여 "면죄부"를 주는 결과를 가지고 왔다고 비판해왔다. 이런 관점에서 볼 때 지배적 해석이 본문 20절을 설명하기 위해서 아담의 죄의 결과로 다른 창조물들이 징벌을 받았다는 것을 강조하는 것은 인간과 자연 사이의 계층적 질서를 당연하게 받아들이게 하는 위험성을 가지고 있다.

2. 크티시스에 대한 포괄적 해석

그렇다면 이런 지배적 해석의 한계점들을 보완하면서 바울의 크티시스를 이해할 수 있는 방법은 무엇인가? 앞에서도 잠깐 언급한 것과 같이 모든 학자들이 지배적 해석에 동의하는 것은 아니다. 여러 가지 다른 해석들이 제시되어 왔는데 그중에 주목해서 보아야 할 이해가 "포괄적 해석"이라고 할 수 있겠다. 포괄적 해석이란 바울이 사용하고 있는 크티시스를 "인간을 제외한 다른 창조물"로 이해하는 것이 아니라 "인간을 포함하는 창조세계 전체"로 이해하는 것이다.

---

78) Lynn White Jr., "The Historical Roots of Our Ecologic Crisis," *Science* Vol. 155, Num. 3767 (1967): 1203-1207.

이런 포괄적인 이해를 좀더 세부적으로 나눈다면 두 가지의 입장으로 나누어 볼 수 있겠는데, 하나는 인간을 창조세계를 구성하는 온전한 일부로 이해하는 것이고, 다른 하나는 인간을 창조세계로부터 분리하지는 않지만 인간의 존재를 조금 더 강조하는 입장이라고 할 수 있겠다.

크티시스에 대한 이해에 있어 인간이 창조세계의 온전한 일부라는 이해(첫번째 입장)를 가장 분명하게 전개함으로 포괄적 해석의 가능성을 열어둔 대표적인 학자를 꼽는다면 에른스트 케제만(Ernst Käsemann)을 언급할 수 있다. 케제만은 크티시스를 인간과 다른 창조물 전체를 포함하는 포괄적인 개념으로 해석하면서 바울이 사용하는 이 개념은 인간만을 가리키는 것도, 인간을 제외한 다른 창조물만을 가리키는 것도 아니라 하나님께서 창조하신 창조물 전체를 가리키는 개념이라고 설명한다. 케제만은 "생명은 언제나 우주적인 차원을 가지고 있다. 왜냐하면 생명은 늘 창조 안에 통합되어 있기 때문이다. 22절의 빛 하에서 본다면 크티시스는 인류를 포함하는 모든 창조물이며 구분을 나타내는 어떤 날카로운 선도 존재하지 않는다"[79]라고 주장한다. 이런 케제만의 견해를 받아들이고 있는 학자는 페터 슈툴마허(Peter Stuhlmacher)인데, 그는 크티시스가 인간에게만 제한적으로 사용되는 단어가 아니라 하나님에 의해 창조되었을 뿐만 아니라 인간에게 끊임없이 영향을 끼치는 모든 창조된 세상을 가리키는 개념이라고 설명한다.[80] 로버트 주윗(Rober Jewett)은 비

---

79) Ernst Käsemann, *Commentary on Romans* (trans. Geoffrey W. Bromiley; Grand Rapids, MI: William B. Eerdmans, 1980), 233.

80) Stuhlmacher, *Paul's Letter to the Romans*, 134.

숫한 견해를 좀더 조직적으로 설명하고 있는데, 그에 의하면 바울에게 있어 크티시스는 "통합적"이며 "상호 의존적인 구조"로 이해되고 있기 때문에[81] 이 단어는 인간과 다른 창조물들 모두를 포함하는 개념으로 이해되어야 한다고 주장한다. 이런 학자들은 크티시스를 하나님께서 창조하신 모든 세상, 즉 인간을 포함하는 모든 창조물을 가리키는 개념으로 이해한다.

인간의 존재를 강조하는 두 번째 입장을 주장하는 학자는 아돌프 슐라터(Adolf Schlatter)이다. 슐라터는 크티시스를 집합적인 개념으로 이해한다. 슐라터는 이 개념이 하나님의 창조사역에서부터 왔다는 것을 언급하면서, 크티시스가 "인간에 대립되는 것을 나타내고 '인간을 제외한 피조물'을 일컫는 이름으로 사용되었다고 주장하는 것은 믿을 수 없다. 이러한 주장을 지지하는 그 어떤 언급도 [성경에서] 찾을 수 없었다"[82]고 주장한다. 슐라터는 19절에서 바울이 사용하고 있는 "간절한 열망"과 "간절히 기다리다"와 같은 표현에 집중하면서, 이런 표현들은 "인격적인 행동"으로 "의식적이면서 또한 의지적인 동기"를 표현하는 것이며[83] 창조세계의 일부로서의 인간의 모습을 사도 바울이 강조하고 있다고 주장한다.

---

81) Robert Jewett, *Romans* (Hermeneia; Minneapolis: Fortress Press, 2007), 516.
82) Adolf Schlatter, *Romans: The Righteousness of God* (trans. Siegfried Schatzmann; Peabody, Mass: Hendrickson Publishers, 1995), 184.
83) 위의 책.

3. 바울의 크티시스 사용용례 분석과 포괄적 해석의 가능성

필자는 지배적 해석을 받아들이는 학자들의 숫자에 비해 상대적으로 적은 숫자의 학자들이 지지하고 있는 포괄적 해석이 크티시스에 대한 바울의 개념을 좀더 정확하게 이해하는 입장이라고 주장하고자 한다. 그렇다면 이런 주장의 근거로 무엇을 제시할 수 있을까? 이 주장을 뒷받침하기 위해 필요한 작업은 사도 바울이 이 단어를 다른 본문에서는 어떻게 사용하고 있는가를 분석해보는 것이다. 먼저 크티시스가 사용되고 있는 로마서 구절들을 살펴보고, 다음으로 바울의 다른 서신[84]도 간략하게 살펴보고자 한다.

로마서에서 사도 바울이 크티시스를 가장 먼저 사용하고 있는 곳은 1장 20절이다. 바울은 아포 크티세오스 코스무(ἀπὸ κτίσεως κόσμου)라는 표현을 통해 "우주" 혹은 "세상"의 창조로부터 "하나

---

84) 이 글에서는 사도 바울의 저작에 대한 진정성 논란이 적은 로마서, 갈라디아서, 고린도후서를 중심으로 연구를 진행할 것이다. 하지만 비록 "후기 바울서신"으로 분류되기는 하지만 크티시스가 두 번 사용되고 있는 골로새서(1:15, 23)에서의 쓰임을 아주 간략하게 살펴보는 것도 연구에 도움이 될 수 있다. 먼저 골로새서 1장 15절에서 골로새서의 기자는 그리스도가 하나님의 형상일 뿐만 아니라 "피조물보다 먼저 나신 이"라고 말한다. 여기서 "만물보다 먼저났다"는 말은 "모든 만물의 처음" (프로토토코스 파세스 크티세오스, πρωτότοκος πάσης κτίσεως)이라는 표현인데, 여기에서 모든 만물은 인간과 인간을 제외한 다른 피조물들을 나누어서 설명하는 개념이기보다는, 인간을 포함해서 하나님의 창조의 섭리를 통해서 생겨난 모든 창조물을 가리키는 것이라고 이해하는 것이 훨씬 자연스럽다. 골로새서 1장 23절에 나타나는 크티시스도 비슷한 개념으로 이해할 수 있다. 이 구절에서 골로새서의 저자는 "이 복음은 천하 만민에게 전파된 바요"라고 말한다. 한글 개역개정 성경은 "모든 창조물에게" (파세 크티세이, πάσῃ κτίσει) 라고 번역되어야 하는 부분을 "만민"으로 번역하고 있다. 이 부분은 "하늘 아래 있는 모든 창조물에게 선포되어진" 복음에 대해서 말하고 있는 부분이다.여기서도 "하늘 아래에 있는 모든 창조물"을 이야기하기 위해서 사용된 크티시스를 인간을 제외한 창조물만을 지칭하는 것으로 이해하기는 어렵다. 오히려 인간을 포함한 전체 창조물이라고 해석해야 한다.

님의 영원하신 능력과 신성이 그가 만드신 만물에 분명히 보여졌나니"라고 말하고 있다. 이 구절에서 크티시스는 인간을 제외한 창조물만을 말하는 것이 아니라, 세상과 그 속에 있는 모든 것을 만드신 하나님의 창조행위를 표현하고 있다고 이해하는 것이 자연스럽다.

1장 25절에서 사도 바울은 크티시스를 다시 사용하고 있는데, 이 구절은 바울이 우상숭배에 대한 자신의 견해를 밝히는 부분이다: "이는 그들이 하나님의 진리를 거짓 것으로 바꾸어 피조물(크티세이, κτίσει)을 조물주보다 더 경배하고 섬김이라...." 여기서 말하는 "피조물"이 그 당시 사람들이 섬겼던 생명 없는 우상자체를 암시하고 있는지, 아니면 우상의 형상으로 만들어지기도 하였던 어떤 구체적인 사람이나 동물을 가리키는 것인지 분명하지 않다.[85] 이 구절은 앞의 23절과 연결되는데, 바울은 우상을 숭배하는 사람들이 "썩어지지 아니하는 하나님의 영광을 썩어질 사람과 새와 짐승과 기어다니는 동물 모양의 우상으로 바꾸었느니라"고 말하고 있다. 이 구절은 바울이 사용하는 크티시스가 로마시대 우상숭배의 대상이 되곤 하였던 것들, 즉 언젠가는 죽어 썩어질 수밖에 없는 사람과 새와 짐승, 기어다니는 동물, 혹은 그런 것들의 모양으로 만들어진 우상들을 가리키는 것으로 이해할 수 있도록 도와준다. 이런 측면에서 볼 때 크티시스는 우상의 대상이 되었던 인간을 포함한 창조물들을 지칭한다고 해석되어야 한다.

바울이 다시 크티시스를 사용하고 있는 곳은 8장으로 19-22절

---

85) Adam, *Constructing the World*, 157.

을 제외하고는 39절이다. 이 구절은 사도 바울이 35절부터 그 무엇도 그리스도의 사랑에서 우리를 끊을 수 없다는 것을 강조하고 있는 부분에 속해 있다. 바울은 우리를 하나님의 사랑으로부터 끊으려고 위협하는 것들을 나열하고 있는데, 이것들은 크랜필드가 지적하고 있는 것처럼 "사망"과 "생명," "천사들"과 "권세자들", "현재 일"과 "장래 일" 그리고 "높음"과 "깊음"과 같이 짝을 이루고 있고,[86] 짝이 없는 "능력"이 가운데 끼어있는 모습을 보여주고 있다. 마지막에 언급되고 있는 것이 "다른 어떤 창조물(크티시스)"인데, 주윗은 이 표현을 통하여 사도 바울이 앞에서 열거하고 있는 아홉 개의 범주 안에 들어가지 않는 다른 우주적, 인간적 혹은 비인간적 요소들을 언급하고 있는 것으로 설명한다.[87] "다른 어떤 창조물"이라는 포괄적인 표현을 마지막에 열거함을 통해서 바울은 믿는 자들을 위협하는 "이런 위험들이 이제는 하나님의 창조의 영역 안으로 그분의 통치의 영역 안으로 들어왔다"[88]고 선언하는 것으로 이해할 수 있다. 이런 측면에서 본다면, 크티시스는 하나님께서 창조하신 포괄적 의미의 창조물 전체를 언급하는 것이라고 말할 수 있다.

사도 바울은 갈라디아서 6장 15절과 고린도후서 5장 17절에서 크티시스를 사용하고 있는데, 이번에는 그 앞에 "새로운"이라고 하는 뜻의 형용사인 카이네(καινή)를 붙여서 카이네 크티시스(καινή

---

86) 크랜필드는 짝을 이루고 있지 않는 "능력"과 "다른 어떤 피조물"은 직접적인 짝은 아니지만 간접적인 짝을 이루고 있다고 설명하려고 노력한다. Cranfield, *Romans: A Shorter Commentary*, 211-13. 하지만 주윗은 이 "능력"이 다른 것들처럼 반드시 짝으로 연결되어 있다고 이해할 필요는 없다고 설명하면서 고전 15장 24절에 언급되어 있는 "능력"과의 연결 가능성을 언급한다. Jewett, *Romans*, 553.

87) Jewett, *Romans*, 554.

88) Adams, *Constructing the World*, 185.

κτίσις)라는 형태로 이 단어를 사용한다. 앞 장에서 구체적으로 살펴본 바와 같이 갈라디아서 6장에서 사도 바울이 말하고 있는 크티시스는 현재의 세상과는 다른 하나님의 새로운 통치의 영역과 연결되어 있다.

고린도후서 5장 17절에서 사도 바울은 갈라디아서와 마찬가지로 형용사를 붙인 형태인 카이네 크티시스를 사용하고 있다. 앞장에서 살펴본 것처럼 카이네 크티시스는 믿는 자 개인으로, 교회공동체로 혹은 종말론적 새 질서로 해석될 수 있다. 본 연구의 목적을 고려해볼 때 여기서 분명하게 알게 되는 것은 사도 바울이 갈라디아서에서나 고린도후서에서 "새로운" 이라는 형용사를 붙여서 크티시스를 사용할 때 이 개념이 인간을 제외한 다른 피조물만을 가리키는 것으로 사용되지는 않는다는 것이다.

이상의 연구에서 분명하게 드러나고 있는 것은 사도 바울이 우리가 연구하고 있는 본문(롬 8:18-25) 이외의 부분에서는 단 한 번도 크티시스를 "인간을 제외한 다른 창조물"이라는 개념으로 쓰고 있지 않다는 것이다. 그렇다면 사도 바울은 이 본문에서만 예외적으로 이 단어를 지배적 해석에서 말하는 것처럼 "인간을 제외한 창조물"을 가리키는 개념으로 사용하고 있는 것일까? 아니면, 더글라스 무(Douglas Moo)가 주장하는 것처럼 바울은 문맥에 따라 크티시스의 의미를 다르게 사용하고 있는 것일까?[89] 앞에서 잠시 언급되었듯이 필

---

89) 무(Moo)는 바울이 크티시스라는 단어를 사용함에 있어 일관성이 없다고 생각한다. 무에 의하면 바울이 8장 19-22절에서 사용하고 있는 크티시스의 의미는 다른 본문과는 구별된다. 무는 바울이 이 단어를 피조물로서의 인간을 가리키기 위해서 사용하기도 하고(갈 6:15, 골 1:23), 하나님의 창조물 전체를 지칭하기 위해서(롬 1:20,

자는 크티시스를 포괄적 개념으로, 다시 말해 "인간을 포함한 창조물 전체"로 이해하는 것이 좀더 논리적이라고 생각한다. 이런 생각을 뒷받침할 수 있는 근거를 세 가지로 설명해 보자.

첫째, 사도 바울은 하나님의 창조물을 통전적인(Holistic) 관점에서 이해하고 있기 때문에 인간과 다른 창조물 모두가 서로 깊이 연결되어 있음을 강조한다. 바울의 이런 관점을 가장 잘 나타내주고 있는 표현은 22절에 "모든 창조물"로 번역될 수 있는 파사 헤 크티시스(πᾶσα ἡ κτίσις)이다. 19절부터 22절까지 사도 바울은 크티시스를 매절마다 사용하고 있는데, 19절에서는 관사와 함께 소유격 형태로(테스 크티세오스, τῆς κτίσεως), 20절과 21절에는 관사와 함께 주격 형태로(헤 크티시스, ἡ κτίσις) 사용한다. 그리고 4번의 연속된 사용의 마지막인 22절에서는 앞의 두 절에서와 마찬가지로 관사와 함께 주격 형태로 사용하고 있지만, 이번에는 앞에 "모든"이라는 뜻의 형용사를 함께 붙여서 파사 헤 크티시스라는 형태로 사용하고 있다. "모든 창조물"로 번역될 수 있는 이 표현을 통해 바울은 인간도 하나님의 만드신 창조세계의 필수적인 한 부분임을 강조하고 있다.

위에서도 잠깐 언급한 것처럼 바울은 22절부터 사람을 주어로 하는 동사들을 사용하기 시작하는데(오이다멘, οἴδαμεν), 23절에서 일인칭 복수 대명사 헤메이스를 사용하면서 25절까지 사람을 주어로

25; 8:39; 고후 5:17; 골 1:15) 사용하기도 한다고 설명한다. 하지만 로마서 8장 19-22절에서 이 단어는 인간을 제외한 다른 피조물을 가리키는 것이라고 주장한다. 무의 주장에 의하면 바울은 크티시스를 "인간," "인간을 제외한 창조물," 그리고 "인간을 포함한 모든 창조물"을 가리키는 말로 사용하고 있으며 어떤 의미를 강조해서 말할 것인가는 그가 사용하고자 하는 본문의 문맥에 따라 달라진다. Moo, *Romans*, 266.

하는 문장을 사용한다. 바울이 이렇게 주어를 크티시스에서 "사람"으로 바꾸는 이유는 창조세계 전체가 경험하고 있는 고통의 일반적인 모습을 설명한 후에 그런 창조세계의 일부로 살고 있는 인간의 모습을 좀더 자세히 설명하기 위한 수사적 논리전개라고 할 수 있다. 바울은 인간과 다른 창조물이 깊이 연결되어 있을 뿐만 아니라 이들이 소원하는 것 또한 같다는 것을 표현해 주기 위해서 같은 동사를 반복적으로 사용하고 있는데, 그것이 "간절히 기다리다"는 뜻의 아포데코마이(ἀποδέχομαι, 19, 23, 25절)이다.[90] 이 동사를 통해서 바울은 인간과 다른 창조물이 모두 간절함 가운데 기다리고 있음을 말하고 있다. 동사 아포데코마이와 파사 헤 크티시스라는 표현을 통해서 사도 바울은 인간과 다른 창조물을 하나님의 창조세계에서 상호의존적 관계를 가진 공동체로 이해하는 통전적인 시각을 보여준다.

둘째, 사도 바울은 19절부터 22절까지 다섯 개의 동사를 크티시스를 주어로 사용하고 있는 문장의 서술어로 사용함으로 이 크티시스가 능동적이고 의지적인 행동을 하는 존재라는 것을 보여주고 있다. 그 동사들은 위에서 소개된 19절의 아포데코마이를 포함해서 20절에 "굴복하다"라는 뜻의 휘포타소(ὑποτάσσω); 21절에 "자유롭게 하다"는 뜻의 엘류데로오(ἐλευθερόω)이다. 22절에는 두 개의 동사가 연속적으로 사용되고 있는데, "함께 탄식하다"라는 뜻의 수스테나조(συστενάζω)와 "함께 출산의 고통을 겪다"는 뜻의 쉰오디노(συνωδίνω)가 그것이다. 위에서도 언급되었듯이 지배적 해석을 지지하는 학자들은 이 동사들을 시적인 표현이나 종말론적인 문헌에서

---

90) Leander E. Keck, *Romans* (Abingdon New Testament Commentaries; Nashville, TN: Abingdon, 2005), 210.

자주 등장하는 의인화된 표현[91]정도로 소홀히 취급한다. 하지만 뒤따르는 논의에서 충분히 설명되고 있는 것과 같이 이 단어들은 바울의 핵심적인 사상을 드러내는 중요한 표현들이다. 이 단어들은 스스로 생각하고 판단하고 행동할 수 있는 능력을 충분히 가진 인간들을 비롯한 다른 창조물들의 능동적인 행위를 보여주는 표현들이다.

셋째, 바울은 "함께"라는 뜻의 전치사 "쉰(συν)"을 반복적으로 사용함으로 인간과 다른 창조물의 연계성을 강조한다. 전치사 "쉰"을 가지고 있는 동사는 앞에서 소개된 것처럼 22절에 사용되고 있는 수스테나조와 쉰오디노이다. 단순히 탄식하고 해산의 고통을 겪는 것이 아니라 인간과 창조물이 "함께 탄식하고", "함께 해산의 고통을 겪는다"는 것을 강조하기 위해서 사도 바울은 전치사 "쉰"을 의도적으로 연속해서 사용하고 있다. 주윗은 바울이 "함께"라는 전치사를 사용함을 통해 인간과 자연만물 모두가 이 통곡에 동참하고 있음을 표현하고 있다고 설명한다.[92] 바울은 이런 반복적 표현을 통해서 인간과 다른 창조물이 하나님의 창조세계의 일원으로 고통을 함께 나누고[93] 함께 구원을 기다리는 유기적 공동체라는 것을 보여준다.

---

91) 바울이 로마서 8장에서 사용하고 있는 크티시스의 개념을 종말론적 유대문헌과의 비교를 통해서 이해하려고 노력한 헤네(Hahne)의 설명에 의하면, 종말론적 문헌에서 자연은 자주 "의인화"되어 표현된다. 종말론적 문헌에서 자연을 의인화 할 때에는 두 가지의 방법이 쓰이는데 주로 사용되는 방법은 자연의 일부를, 예를 들어 해, 달, 산, 비, 눈, 동물 등과 같은 개별 사물을 의인화하여서 표현하는 것이다. 가끔씩은 자연세계 전체가 의인화되어서 표현되기도 한다. 헤네의 판단에 의하면 로마서 8장 19-22절에서 사도 바울은 "전체로서의 창조물"을 의인화 하고 있다. Hahne, *Corruption and Redemption*, 217.

92) Jewet, *Romans*, 517.

93) Moo, *Epistle to the Romans*, 518.

이런 포괄적 해석은 위에서 살펴본 것과 같이 바울이 로마서 1장과 8장 39절, 그리고 갈라디아서와 고린도후서에서 나타나는 크티시스의 사용용례, 즉 크티시스를 인간을 제외한 다른 창조물을 가리키는 개념으로 사용하지 않는다는 분석과 맥을 같이한다. 이런 이해는 무(Moo)가 주장했던 것처럼, 사도 바울이 자신의 필요와 문맥에 따라 크티시스의 개념을 다르게 사용하고 있다는 주장이 설득력이 없음을 보여준다. 많은 학자들이 지배적 해석을 옹호함에도 불구하고 인간과 다른 창조물 모두가 현실적 고통을 함께 겪고 있으며, 이런 고통에서 구원되기를 함께 소망하며 기다리고 있다고 설명하는 포괄적 해석이 로마서 8장에서 사도 바울이 말하려고 하는 신학적 의도를 좀더 정확하게 표현하고 있음을 알 수 있다.

III. 종말론적 구원을 위한 탄식과 해산의 고통

인간과 다른 창조물들의 긴밀한 상호관계를 강조하는 크티시스에 대한 포괄적 해석은 로마서 8장 18-25절이 가지고 있는 또 다른 차원의 이해 가능성을 열어준다. 그것은 하나님께서 만드신 모든 창조물들이 현재적 고통 가운데 함께 탄식하고 함께 해산의 고통을 경험함을 통해 하나님의 종말론적인 구원을 갈망하고 있다는 것이다. 이런 갈망은 예수 그리스도께서 부활의 사건을 통해 이미 보여주신 미래적 구원과 연결되어 있다. 그렇다면 바울은 어떻게 현재적 고통과 미래적 구원사건을 연결해주고 있는 것일까? 22절에 쓰이고 있는 "함께 탄식하다"(수스테나조, συστενάζω)와 "함께 해산의 고통을 겪는다"(쉰오디노, συνωδίνω)는 표현을 살펴보자.

먼저, 사도 바울이 사용하고 있는 "함께 탄식한다"는 표현은 온 창조물이 함께 자신들을 억누르고 있는 악한 세력에 저항하는 것으로 해석될 수 있을 뿐만 아니라 하나님의 종말론적인 개입에 대한 열망으로 이해될 수 있다. 로마서 8장 22절을 종말론적인 시각으로 해석하고 있는 루지아 레만(Luzia S. Rehman)은 온 창조물들이 함께 탄식하고 있는 장면을 출애굽기 2장 23-25절에 나타나 있는 이스라엘 백성들의 탄식하는 모습과 연결시켜 해석한다. 레만은 이집트의 권력자들의 억압 아래에서 신음하던 이스라엘 백성들은 소리내어 탄식함으로 자신들이 당하고 있는 압제의 모습을 밝히 드러낼 뿐만 아니라 변화와 구원을 요구하고 있는데, 이런 측면에서 본다면 백성들의 탄식 자체가 불의한 권력에 대한 저항의 모습으로 이해될 수 있다고 설명한다.[94] 이런 레만의 설명은 온 창조물이 함께 탄식한다는 바울의 표현이 훨씬 더 적극적인 의미를 가지고 있음을 깨닫게 한다.

여기서 출애굽기의 본문을 좀더 자세히 살펴 볼 필요가 있다. 출애굽기의 저자는 "이스라엘 자손은 고된 노동으로 말미암아 탄식하며 부르짖으니 그 고된 노동으로 말미암아 부르짖는 소리가 하나님께 상달된지라"(출 2:23) 고 말한다. 이집트 땅에서 종으로 살고 있

---

94) Luzia Sutter Rehman, "To Turn the Groaning into Labor: Romans 8.22-23," in *Feminist Companion to Paul* (ed. Amy-Jill Levine; Cleveland: Pilgrim Press, 2004), 80-81.

던 힘없는 소수 민족인 이스라엘 백성들은 자신들이 당하는 고통을 하나님께 부르짖음으로 표현하고 있으며 자신들의 고통스러운 상태를 하나님께 아뢰고 있는 것이다. 이런 의미에서 그들의 탄식은 억압적인 사회 권력에 대한 저항인 동시에 하나님의 극적인 개입을 갈망하는 구원을 위한 탄식으로 이해될 수 있다. 로마서 8장 22절에 나오는 모든 창조물의 탄식과 이집트의 억압 속에서 부르짖었던 이스라엘 백성들의 탄식을 연결해서 생각해 본다면, 온 창조물이 함께 탄식하는 것은 자신들의 고통스런 상황을 밝히 드러내는 행위일 뿐만 아니라 그렇게 자신들을 억압하고 있는 악한 세력들에 대항해서 저항하는 것으로 이해될 수 있다. 그리고 이런 탄식은 하나님의 극적인 개입을 갈망하는 부르짖음으로도 이해될 수 있다.

이런 창조물들의 탄식은 그들만의 탄식으로 끝나는 것이 아니라 성령의 탄식으로 이어지고 있음을 사도 바울은 말한다: "성령이 말할 수 없는 탄식으로[스테나그모이스, στεναγμοῖς] 우리를 위하여 친히 간구하시느니라"(롬 8:26). 여기서 사도 바울은 성령의 탄식하심을 나타내기 위해서 스테나조(στενάζω)의 명사형인 스테나그모스(στεναγμός)를 사용하고 있다. 연약한 창조물이 어떻게 하나님 앞에 간구해야 할지를 알지 못할 때 성령님께서 인간의 언어로는 표현될 수 없는 깊은 탄식으로 이들을 돕고 계신다고 바울은 고백한다. 하나님의 종말론적인 구원을 갈망하며 탄식하는 가운데 기다리고 있는 온 창조물은 성령님의 간구하심의 은총을 덧입고 있음을 바울은 말하고 있다.

둘째, 바울은 "함께 해산의 고통을 겪는다"는 표현을 통해 하나님의 종말론적인 구원의 시간이 임박했음을 말해주고 있다. 학자들은 바울이 사용하고 있는 표현인 "함께 해산의 고통을 겪는다"는 것이 메시아가 세상을 심판하시기 위해서 강림하시기 전에 일어나는 여러 가지 환란과 천재지변 현상, 즉 소위 말하는 "메시아적 비통"(Messianic woes)이라는 개념으로 해석하는 경향을 보인다.[95] 하지만 이 표현은 새 생명을 낳기 위해 진통하고 있는 여성의 이미지로 이해하는 것이 훨씬 더 자연스럽다. 왜냐하면 바울은 갈라디아서에서 전치사 "쉰"이 붙지 않은 형태의 동사 오디노(ὠδίνω)를 사용하면서 아기를 낳는 어머니의 모습으로 자신의 목회적 수고를 표현하고 있기 때문이다(갈 4:19). "해산하는 여성"이라는 시각으로 이 구절을 해석하는 레만에 의하면, 바울은 해산의 과정 중에 괴로워하는 여인의 이미지를 사용함으로 창조물들의 고통을 표현하고 있으며, 이런 비유적 이미지는 "새로운 세상의 시작을 향한 종말론적인 희망"으로 이해되어야 한다고 주장한다.[96] 이런 관점에서 본다면 해산 과정의 고통스런 부르짖음은 출산이 임박해옴을 알리는 역할을 하는 것과 같이, 창조물들의 깊은 탄식은 하나님께서 곧 허락하실 해방을 향한 부르짖음으로 이해될 수 있겠다. 즉 고통 중의 부르짖음은 하나님께서 허락하실 새로운 세상에 대한 희망과 연결되어 있는 구원을 위한 탄식으로 해석될 수 있다.

구약성경에도 출산하는 여성의 이미지가 하나님의 구원의 역사와 연결되어 사용된다. 때때로 해산의 고통 중에 있는 여성의 이

---

95) Stuhlmacher, *Paul's Letter*, 132-33; Jewet, *Romans*, 517.
96) Rehman, "To Turn the Groaning into Labor," 78.

미지가 하나님의 임박한 심판을 나타내기도 하지만[97] 같은 이미지가 하나님께서 허락하시는 변화와 구원의 역사와 연결되기도 한다.[98] 예를 들어 미가 4장 9-10절은 "이제 네가 어찌하여 부르짖느냐 너희 중에 왕이 없어졌고 네 모사가 죽었으므로 네가 해산하는 여인처럼 고통함이냐. 딸 시온이여 해산하는 여인처럼 힘들여 낳을지어다 이제 네가 성읍에서 나가서 들에 거주하며 또 바벨론까지 이르러 거기서 구원을 얻으리니 여호와께서 거기서 너를 네 원수들의 손에서 속량하여 내시리라"라고 말한다. 이 부분에서 하나님께서 이스라엘 백성에게 허락하시는 구원의 역사는 해산하는 여인의 이미지와 연결되어 있다. 이런 의미에서 현재의 고통스런 상황 속에서 온 창조물이 겪고 있는 해산의 진통은 새로운 세상의 도래에 대한 강한 기대와 연결되어 있음을 알 수 있다.

정리하자면, 사도 바울은 로마서의 이 본문을 통해 온 창조물이 경험하고 있는 현재적인 고통이 미래적이면서 또한 우주적인 하나님의 구원의 희망과 연결되어 있음을 말해주고 있다. 창조물들의 현재적 고통으로 인한 부르짖음은 마치 해산하는 여인이 진통의 어려움을 이겨내고 새 생명을 얻는 기쁨으로 치유와 회복을 경험하듯이, 하나님께서 곧 허락하실 종말론적 구원을 위한 탄식이다. 이 하나님의 종말론적인 구원은 단순히 미래적인 사건으로 머물러 있는 것이 아니라 고통받고 있는 모든 창조물들의 현재적 부르짖음 속에서 이미 시작되고 있다. 현재적 고통 때문에 탄식할 수밖에 없는 상황 속

---

97) David Schnasa Jacobsen, *Preaching in the New Creation* (Louisville: Westminster John Knox Press, 1999), 99-104.

98) Sylvia C. Keesmaat, *Paul and his Story: (Re)Interpretation the Exodus Tradition* (Sheffield: Sheffield Academic Press, 1999), 102-114.

에서도 희망을 가질 수 있는 것은 곧 이루어질 하나님의 종말론적 개입하심의 역사를 바라보고 있기 때문이다. 이런 의미에서 로마서 8장 19-25절에 나타나는 바울의 사상은 공동체적이면서도 종말론적이라고 할 수 있다.

IV. 결 론

우리는 이상에서 로마서 8장 18-23절에 나타난 바울의 사상을 종말론적이면서 동시에 공동체적인 시각으로 해석해 보았다. 바울의 크티시스를 인간을 제외한 다른 창조물로 이해하는 지배적 해석의 한계를 지적하면서 온 창조물의 유기적 공동체성을 강조하는 포괄적 해석의 가능성을 제시하였다. 이런 포괄적인 해석은 사도 바울이 로마서 1장과 8장 39절, 그리고 갈라디아서와 고린도후서에서 사용하고 있는 크티시스의 개념과 훨씬 자연스럽게 연결되어 있다는 것을 논증하였다. 사도 바울이 사용하는 "함께 탄식한다"와 "함께 해산의 고통을 겪는다"는 표현을 구약에 나타난 본문들과의 연관성 속에서 살펴보면서 사도 바울이 고통스런 현재의 상황 속에서도 하나님의 종말론적 구원의 희망을 바라보고 있다는 것을 구체적으로 설명하였다. 힘든 현재의 상황을 극복해가는 방법으로 사도 바울이 제시하고 있는 것이 함께 탄식하고 함께 고통에 동참함을 통해 하나님의 종말론적인 구원을 기대하는 것이며, 그 영광의 날을 함께 기다리는 것이라고 설명하였다. 바울은 창조세계 전체가 경험하고

있는 현재적 고난을 하나님께서 허락하시는 종말론적 구원의 소망
으로 극복해가라고 권면하고 있다.

3장
교회의 정체성 위기와
바울의 새로운 성경해석

I. 교회의 위기와 정체성[99]

1. 한국교회의 위기와 정체성

　많은 교계 지도자들과 전문가들은 "한국교회의 위기"를 말하고 있는데, 이들이 지적하는 위기의 현상과 진단은 다양한 모습으로 나타나고 있다.[100] 한국교회가 직면하고 있는 위기중의 하나는 한국사회 속에서 교회의 신뢰도와 호감도가 지속적으로 감소하고 있

---

99) 이 글은 "교회의 위기와 정체성"이라는 제목으로 제 21차 기독교통합신학회 학술발표회(2013년 6월 24일, 장로회신학대학교 세계교회협력센터)에서 발표한 것을 수정 보완한 것이다.

100) 한국교회의 위기와 관련되어 언급되곤 하는 것은 신천지와 같은 이단 세력들의 조직적 교회 공격과 반(反)기독교적 성향을 가진 개인이나 단체들이 인터넷을 포함한 다양한 매체를 통해 기독교를 비판하는 글이나 동영상을 퍼뜨리는 외부적인 요인과 일부 교회의 성도들이 두 파로 나누어져서 심각한 갈등을 표출하는 것이나, 일부 목회자들이 윤리적 문제 (성적, 금전적 문제, 그리고 학위와 관련해서)를 일으키는 등의 내부적인 요인으로 나누어 볼 수 있다. 이런 교회 내부적인 요인과 외부적이 요인에 대한 좀더 구체적인 소개는 하도균, "전도를 어렵게 만드는 것들," 『목회와 신학』 11 (2012), 54-61을 참고하라.

다는 것이다. 기독교윤리실천운동(이하 기윤실)은 지난 2008년부터 2010년까지 3년 동안 매년, 그리고 2013년에 다시 "한국교회의 사회적 신뢰도" 조사를 실시하였고, 그 결과를 발표하였다. 이 조사 결과들은 교회 지도자들이 가지고 있는 위기의식이 기우(杞憂)가 아니라 심각한 현실에 기초하고 있다는 것을 보여준다. 기윤실이 발표한 "2010년 한국교회의 사회적 신뢰도 여론조사 결과발표"에 따르면[101] 한국교회(개신교회)를 "신뢰 한다"고 대답한 사람은 17.6%에 불과한 반면, "신뢰하지 않는다"고 응답한 사람은 48.4%에 달한다.[102] 2013년 조사에 의하면 "신뢰 한다"는 비율은 19.4%, "신뢰하지 않는다"는 비율은 44.6%이다.[103] 한국교회에 대한 신뢰도를 다른 종교기관의 그것과 비교한 내용은 좀더 충격적이다. 2010년 조사에 응한 사람들은 "가장 신뢰하는 종교 기관"으로 가톨릭교회(41.4%)를 꼽았는데, 개신교회(20%)는 불교 사찰(33.5%)보다도 신뢰도가 한참이나 떨어지는 것으로 조사되었다.[104] 2013년 조사에서는 다른 종교와의 격차가 조금 줄어들기는 하였지만, 여전히 사람들은 "가장 신뢰하는 종교 기관"으로 가톨릭교회(29.2%), 불교사찰(28%) 그리고 개신교회(21.3%) 순으로 선택하였다.[105]

2010년 조사에 의하면, 종교를 믿는 것과 관계없이 호감을 가

---

101) 인용된 자료는 기독교윤리 실천운동 (이하 기윤실)에서 제작 배포한 "2010년 한국교회의 사회적 신뢰도 여론조사 결과발표 세미나"(2010년 12월 15일 발표) 자료를 기윤실 홈페이지 (http://www.cemk.org) 자료실에서 다운로드 받아 사용하였다.
102) 위의 자료, 11.
103) 기윤실에서 제작 배포한 "2013년 한국교회의 신회적 신뢰도 여론조사 결과발표 세미나 자료집," 11.
104) 2010년 자료, 17.
105) 2013년 자료, 16.

지고 있는 종교를 묻는 질문에서 가톨릭교는 35.5%로 호감도가 지속적으로 상승하고 있는 것으로 나타난 반면에, 기독교는 22.4%로 불교의 32.5%에도 크게 미치지 못하고 있는 것으로 조사 되었고,[106] 20-30대 젊은 세대의 교회에 대한 신뢰도가 가장 낮다는 조사결과는 교회의 미래가 밝지 않음을 보여준다고 말할 수 있다.[107] 2013년 조사에 의하면, 종교가 없는 사람들이 가장 신뢰하는 종교는 가톨릭(32.7%), 불교(26.6%) 그리고 개신교(8.6%) 순서로 조사되어 앞으로 새롭게 개신교회에 참여할 가능성이 있는 사람이 다른 종교에 비해 현격하게 적은 것으로 나타났다.[108] 2010년 조사의 책임 연구원으로 활동한 김병연은 "비기독교인의 개신교회에 대한 낮은 신뢰도는 개신교회 성장에 중요한 제약요인으로 작용할 것이다"[109]라고 평가하였는데, 2013년 조사에서도 개신교회의 미래는 어둡게 평가되었다.[110]

이런 부정적 평가는 대한예수교장로회 통합교단(이하 통합측)의 97차, 98차, 99차 총회에서 보고된 교세변화를 살펴보게 한다. 2012년 9월에 열린 97차 총회에서는 2011년 한 해 동안 교세통계가 작성된 이후 처음으로 교인 숫자가 줄었고 186명의 교인이 감소했다고 보고하였다. 98차 총회에서는 2012년 한 해 동안 전년 대비 1.46%인, 41,596명의 교인이 감소하였다고 보고하였고, 99차 총회에서는 2013년 한 해 동안 전년 대비 0.06%인 1,619명이 감소하였다고 보고

---

106) 2010년 자료, 18.
107) 명성훈은 청년들이 교회를 떠나는 이유를 "청년이라는 세대적 정체성의 문제"의 측면에서 살피려고 한다. 명성훈, "한국교회 청년이 희망이다." 『월간 목회』 11 (2012), 20-25.
108) 2013년 자료, 62.
109) 2010년 자료, 51.
110) 2013년 자료, 63.

하였다.[111] 개신교회에 대한 신뢰도 하락과 부정적인 이미지의 확산은 개교회에서 교인 숫자의 감소로 나타나고 있음을 분명히 알 수 있다.

이런 한국교회의 위기를 분석하고 그 원인을 제시하려는 학자들의 노력들이 계속되고 있는데,[112] 그중에 주목해보아야 할 것은 교회의 위기가 정체성의 혼란과 관련되어 있다는 주장이다. 한국교회가 경험하고 있는 위기의 현실을 분석한 임성빈은 그 원인을 여섯 가지로 분석하고 있는데, 그중에서 가장 근본적인 것이 교회의 정체성과 관련된 신앙과 신학의 위기라고 설명한다: "오늘 한국교회 위기의 근본 원인은 한국교회의 현실과 문화가 복음적 정체성에 확고한 토대를 내리지 못함에 있다." 이런 위기의 현실을 극복하기 위해서 한국교회가 해결해야 하는 과제로 임성빈이 강조하는 것은 교회의 정체성 확립을 위한 신학을 정립하는 것이다: "교회의 위기를 극복하기 위한 우리의 노력은 무엇보다도 먼저 교회의 복음적 정체성 확립을 위한 신학적 토대강화이다."[113] 비슷한 맥락에서 최주훈도 한국교회와 목회자들에 대한 신뢰도 추락과 교회 쇠퇴의 주요한 원인으로 "정체성 문제"를 지적하면서, 한국교회의 위기는 "자신이 누구인지 모르고 또는 알기는 알아도 머리 따로 가슴 따로 움직이기

---

111) http://pck.or.kr/PckInfo/Statistics.asp

112) 기윤실의 2013년 조사보고서는 한국교회가 경험하고 있는 사회적 불신의 근본이유가 "부도덕성"이라고 진단한다. 2013년 자료, 13, 63.

113) 임성빈이 분석하는 한국교회 위기의 원인은 1) 교회의 문화와 복음적 정체성이 흔들리는 "신앙/신학의 위기"; 2) 급변하는 사회의 모습을 제대로 파악하고 대처하지 못하는 "지도력의 위기"; 3) 교회내의 인적 · 물적 자원을 효율적으로 사용하지 못하는 "자원 활용의 위기"; 4) 사회의 변혁을 주도할 만한 전문적 능력이 부족한 "전문성의 위기"; 5) 세속적 개념을 무비판적으로 받아들이는 "세속화의 위기"; 그리고 6) "소통의 위기"이다. 임성빈, "기업과 사회의 갱신을 위한 기독교단체/기경원의 역할," 『기독경영연구원 창립 15주년 기념 세미나 자료집』(2011년 11월 4일, 청어람 소강당), 31-33.

때문에 일어나는 현상들"[114]이라고 주장한다.

한국교회의 위기와 관련하여 자주 언급되고 있는 "담임목회직 세습"도 교회 정체성의 혼란, 즉 교회의 교회다움을 잃어버림과 관계되어 있다는 의견이 지속적으로 제기되고 있다. "세습"의 부당성을 지적하는 교회 지도자들은 세습이 "교회의 공공성"이 훼손되고 "교회의 사유화"가 진행된 결과라고 설명한다. "세습 반대운동"을 전개해 나가고 있는 김동호는 담임목회직 세습이 교회의 본질적인 성격인 "공정성과 공평성"을 무너뜨리고 있음을 지적하고 있으며,[115] 강영안은 담임목회직 세습의 가장 핵심적인 문제를 "교회의 사유화"와 "개(個)교회주의"의 확산으로 이해한다.[116] 담임목회직 세습의 가장 핵심적인 쟁점을 "영광과 특권의 세습"이라고 분석하는 김회권은 "세습은 교회를 사기업이나 주식회사처럼 변질시켜 선교사역

---

114) 최주훈, "종교개혁(Reformation)의 의미와 'SOLA주의'에 대한 비판적 고찰,"『한국교회 미래를 준비하는 신학토론회』(2013년 5월 28일, 장로회신학대학교), 2.

115) 김동호는 자신의 SNS(Social Networking Service) 홈페이지 등을 통해 세습에 대한 자신의 생각을 표현하고 있다. 그에 따르면 기독교가 들어오기 이전 조선 땅은 "양반과 상놈의 불공정한 제도"가 있었고, 이로 인해 "누구의 자녀로 태어나느냐에 따라 운명적으로 기회가 차별적으로 주어지는 불공정한 세상"이었는데, 기독교가 들어오면서 차별이 무너지고 "공정한 세상"이 열렸다는 것이다. "그런데 안타깝게도 그 기독교 복음의 핵심인 공정성과 공평성이 대형교회의 세습으로 무너져가고" 있다고 진단하면서, 세습을 "복음의 정신을 근본으로부터 무너[뜨]리는 반기독교적인 행위"라고 규정한다. 그리고 이런 세습으로 인해 나타나는 현상으로 "세상사람들은 우리 기독교를 세상을 불공정한 사회로 몰아가는 미개한 종교로 인식하고 교회를 포기하게 될 것"이라고 주장한다. 김동호의 주장의 핵심은 담임목사직 세습이 반기독교적이며, 이로 인해 "한국교회가 세상으로부터 지탄을 받고 모멸을 받고 있다"는 것이다. http://www.facebook.com/dongho222?fref=ts. 2012년 9월 15일, 9월 16일 참조.

116) 강영안은 담임목회직 세습은 교회가 담임목사를 중심으로 "사유화"된 결과이며, 이로 인해 교회에 대한 공동체적 이해가 약화되고, "내 교회," "우리 교회"만을 생각하는 풍토가 조성되었기 때문이라고 설명한다. 강영안, "담임목사직 세습, 왜 문제인가," 기윤실 e-도서관, http://blog.naver.com/e_library?Redirect=Log&logNo=120054853951&from=postView. 2013년 5월 8일 접속.

의 문을 닫는 효과"를 가져온다고 주장한다.[117] 정리해 본다면, 담임 목회직 세습은 담임목사를 중심으로 한 일부 세력이 교회를 "사유화" 시킨 것의 산물이며, 이는 교회의 가장 중요한 정체성 중의 하나인 교회의 "공교회성"을 무너뜨리는 일로, 현재 한국교회 위기에 일조(一助)하고 있다고 평가할 수 있다. 이런 상황 속에서 많은 교회들은 "초대교회로 돌아가자"라고 외치며 초대교회의 영성을 회복하려고 노력하고 있는 것이 사실이다. 그렇다면 초대교회의 상황은 어떠하였을까?

2. 위기의 초대교회와 정체성

사도 바울이 갈라디아교회에[118] 편지를 보낸 중요한 이유 중의 하나는 그 교회가 위기에 처해있다고 판단하였기 때문이다. 갈라디아교회가 경험하고 있던 위기는 교회의 설립자였던 바울이 떠난 이후에 그 지역에 들어온 어떤 사람들이 바울이 전한 것과는 다른 내용의 "복음" [119]을 전달함으로 해서 생긴 혼란과 깊이 관련되어 있다.

---

117) 김회권, "교회 세습이 부당한 신학적 근거," 『목회와 신학』 12 (2012), 156-63.
118) 갈라디아서는 바울이 "갈라디아지역에 있는 교회들"에게 보낸 편지이다. 여기서 "교회들"이라는 복수형을 사용하고 있는 것으로 보아 사도 바울은 이 편지가 그 지역에 있는 교회들에 회람되어 낭독되기를 원했다고 생각해볼 수 있다.
119) 사도 바울은 갈라디아에 들어와서 교회를 혼란스럽게 한 무리들이 전한 것을 "다른 복음"(1:6)이라고 부르면서, 이들이 갈라디아 교인들을 혼란케 함을 통해 그리스도의 복음(1:7)을 변질시키려 한다고 주장한다. 바울은 자신이 갈라디아인들에게 전한 복음 이외의 다른 복음을 전한다면, 하늘에서 내려온 천사라도 저주를 받을 것이라고 말한다. 사도 바울은 "복음"이라는 명사를 2번(1:6, 7), "복음을 전하다"는 동사를 3번(1:8*2, 9) 사용함으로 갈라디아로 온 일단의 무리들이 자신들의 가르침을 "복음"이라고 말하였고 가르치는 행동을 "복음을 전하는 것"이라고 하였다는 것을 말해준다.

갈라디아교회에 혼란을 가져온 그 "다른 복음"의 내용이 구체적으로 무엇이었는지 우리는 정확하게 알지는 못한다. 다만 갈라디아서를 쓴 바울이 사용하고 있는 단어들과 표현들을 통해서 그들이 누구였으며,[120] 어떤 가르침을 전달하였는지를 유추해볼 수 있을 따름이다.[121] 분명한 것은 이들의 주장은 상당한 설득력이 있었고, 일부의 갈라디아 교인들이 그들의 주장에 동의할 뿐만 아니라 그들의 가르침에 따라 할례를 받고 유대적 관습들을 지키기 시작했다는 것이다.[122] 교회 내에서의 이러한 일련의 행동들은 교회를 혼잡하게 만들었고 이런 소식을 전해들은 사도 바울은 감정적으로 흥분한 상태[123]에서 갈라디아교회에 편지를 보내게 된다. 사도 바울은 자신의 서신을 통해 갈라디아교회 내에서 일어나고 있는 분열의 양상을 진정시키고자 여러 노력을 기울이고 있는데, 그 중의 하나가 갈라디아인들의 정체성을 재확립시키려는 시도이다. 편지의 중간부분에서 바울

---

120) 바울의 대적자들의 정체성에 대한 학자들의 견해는 매우 다양하지만 많은 학자들이 동의하는 부분은 그들은 갈라디아 지역에 있던 사람들이 아니라 다른 지역에서 온 "외부인들"이었으며, 유대교의 율법과 전통을 강조하였던 "유대인들"이었고 예수님의 말씀과 가르치심을 알고 있었던 "믿는 자들"이었다고 생각한다. 하지만 이에 대해서 반론을 제기하는 학자들도 상당수 있다. 이런 논의들에 대해서는 Mark Nanos, *The Irony of Galatians: Paul's Letter in First-Century Context* (Minneapolis: Fortress Press, 2002), 115-131 와 Jerry Sumney, "Studying Paul's Opponents: Advances and Challenges," in *Paul and His Opponents*, ed. Stanley Porter (Atlanta: Society of Biblical Literature, 2005): 7-58을 참고하라.

121) 권연경은 바울의 대적자들이 할례를 강조하면서 "'유대인에게만 구원이 있다'는 신학을" 갈라디아인들에게 가르쳤다고 설명한다. 권연경, "갈라디아의 선동자들은 율법준수를 요구하였는가?"「한국기독교신학논총」56 (2008), 80. 할례와 구원과의 관계에 대한 논의는 최흥식, "왜 바울은 '율법의 행위들'을 통한 칭의를 부정하는가?: 갈라디아서를 중심으로,"「신약논단」11/1 (2004), 181-203을 참고하라.

122) Hans Dieter Betz, *Galatians*(Hermeneia; Philadelphia: Fortress Press, 1979), 7-9.

123) 사도 바울이 감정적으로 흥분해 있다는 것을 보여주는 몇 가지 표현들을 살펴볼 수 있는데 그 대표적인 것이 "저주를 받으라"(1:8, 9)는 표현이다. 이외에도 갈라디아인들을 "어리석다"(3:1)고 표현하고 있는 것이나 "여종과 그 아들을 내 쫓으라"(4:30)는 표현들도 그런 예로 볼 수 있다. .

은 여러 표현들을 통해 갈라디아 교인들의 정체성을 말하고 있는 것으로 보아 교회의 위기와 정체성의 혼란이 연결되어 있다고 판단하고 있는 것으로 이해할 수 있다.

II. 바울의 성경해석

1. 바울의 알레고리적 재해석

갈라디아 교인들의 정체성에 대한 사도 바울의 설명은 편지의 중간 부분인 3-4장에 집중되어 있다. 바울은 갈라디아교회에 있는 이방인 교인들을 "아브라함의 자녀"(3:7); "하나님의 아들"(3:26); "그리스도의 것"(3:29); "아브라함의 자손"(3:29); "약속대로 유업을 이을 자"(3:29; 4:1,7); "아들"(4:6,7); "약속의 자녀"(4:28); 그리고 "자유 있는 여자의 자녀"(4:31)라고 가르친다. 사도 바울은 이렇게 다양한 표현들과 이미지들을 사용하여서 갈라디아인들의 정체성을 설명하고 있는데, 이중에서도 반복적으로 사용하고 있는 것은 "자녀" 혹은 "아들", "아브라함" 그리고 "약속"이다. 이런 표현들이 집중적으로 함께 사용되고 있는 본문은 4장 후반부에 등장하는 아브라함의 두 아들 이야기에 대한 바울의 재해석 부분이다. 이런 재해석을 통해서 바울은 갈라디아인들의 정체성을 확립하려고 노력하고 있을 뿐만 아니라 혼란 가운데 있는 교회에 목회적 가르침을 주고 있다.

여러 학자들은 바울이 새롭게 해석하고 있는 아브라함과 그의 아들들에 대한 이야기는 갈라디아 교인들이 바울의 대적자들로 부터 이미 들었던 이야기라고 믿는다.[124] 그렇기 때문에 바울은 구약성경의 내용을 잘 알지 못하는 이방인 성도들에게 아브라함과 관련된 설명을 특별히 붙이지 않고, 해석을 전달하고 있다고 이해한다. 이런 이해에 따르면, 바울의 대적자들은 갈라디아 교인들에게 이삭처럼 아브라함의 진정한 계승자가 되려면 복음과 함께 할례를 받아야 한다고 가르쳤다. 그들은 창세기 17장의 본문을 근거로[125] 자신들의 주장을 전개하면서 할례의 중요성을 가르치지도, 할례받을 것을 요구하지도 않는 바울의 복음은 아직 초보 단계의 가르침으로 좀더 온전한 가르침을 필요로 하고 있는데,[126] 자신들이 전하는 복음 즉 예수 그리스도를 믿는 것과 함께 할례를 받는 것이 올바른 것이라고 주장했다. 믿는 자들의 몸에 행함으로 눈에 보이는 할례는 유대인들이 아닌 이방인들이 아브라함의 자녀로, 하나님의 언약의 백성으로 인정되는 증표의 역할을 한다고 설명하였다.[127] 그리고 자신들은 초대교회들 가운데 가장 중심이 되는 교회, 즉 "어머니" 역할을 감당하고 있는 예루살렘교회의 파송을 받은 권위 있는 자들로 홀로 떠돌아다니며 복음을 전하는 바울과는 다르며 "예루살렘은 우리의 어머니"라는 주장을 펼쳤다.[128]

---

124) J. Louis Martyn, *Galatians*, (AB 33a; New York: Doubleday, 1997), 434.
125) 창세기 17장에 보면 하나님께서는 아브라함과 언약을 맺으신 후에 그 언약의 징표로 할례를 행할 것을 명령하신다(창 17:10-11).
126) Bruce W. Longenecker, *The Triumph of Abraham's God: The Transformation of Identity in Galatians* (Nashville: Abingdon Press, 1998), 29.
127) J. Louis Martyn, "A Law-Observant Mission to Gentiles," in *The Galatians Debate: Contemporary Issues in Rhetorical and Historical Interpretation*, ed. Mark D. Nanos (Peabody, Mass: Hendrickson Publishers, 2002), 352-53.
128) Martyn, *Galatians*, 462-63.

이런 소식을 전해들은 바울은 대적자들이 사용한 아브라함과 그의 아들들에 대한 이야기를 다시 언급하면서, 이에 대한 알레고리적 재해석을 제공하고 있다. 바울의 재해석은 두 개의 대립되는 부분으로 나누어질 수 있는데, 묘사되는 순서에 따라 정리해보면 다음과 같은 대조표가 만들어진다.[129)]

22절: 아브라함에게 두 아들이 있으니	
22절: 하나는 여종에게서	22절: 하나는 자유 있는 여자에게서
23절: 여종에게서는	23절: 자유 있는 여자에게서는
23절: 육체를 따라 났고	23절: 약속으로 말미암았느니라
24절: 이것은 비유니 이 여자들은 두 언약이라	
24절: 하나는 시내산으로부터 종을 낳은 자니	
25절: 이 하갈은 아라비아에 있는 시내산으로서	
25절: 지금 있는 예루살렘과 같은 곳이니	26절: 오직 위에 있는 예루살렘은
25절: 그가 그 자녀들과 더불어 종 노릇하고	26절: 자유자니
	26절: 우리 어머니라
	28절: 너희는 이삭과 같이 약속의 자녀라
29절: 육체를 따라 난 자가	29절: 성령을 따라 난 자를
30절: 여종의 아들이	30절: 자유 있는 여자의 아들과
30절: 내쫓으라. 유업을 얻지 못하리라	
31절: 여종의 자녀가 아니라	31절: 자유 있는 여자의 자녀니라

---

129) 여러 학자들도 자신들 나름의 대조표를 제공하고 있다. Joseph B. Lightfoot, *The Epistle of St. Paul to the Galatians*, 2nd ed. (Grand Rapids, MI: Zondervan Publishing House, 1957), 17; Martyn, *Galatians*, 439-40; 448-50; Susan Eastman, *Recovering Paul's Mother Tongue: Language and Theology in Galatians* (Grand Rapids, MI: William. B. Eerdmans, 137-38.

이 대조표를 살펴보면, 사도 바울은 여종과 자유 있는 여자를 대조하면서 여종은 육체를 따라 자녀를 낳았고, 자유 있는 여자는 성령을 따라 약속을 통해 자녀를 낳았다고 말한다. 여종인 하갈은 지금 있는 예루살렘과 자유 있는 여자는 위에 있는 예루살렘과 연결되는데, 하갈은 자녀들과 함께 종노릇하는 사람이며 그녀를 따르는 자들은 육체를 따라 난 여종의 아들이라고 말한다. 이에 비해 갈라디아인들의 어머니로 소개되는 자유 있는 여자의 아들들은 성령을 따라 난 약속의 자녀들이기 때문에 갈라디아인들은 여종의 자녀가 아니라 자유 있는 여자의 자녀들이라고 말한다. 이런 논의를 좀더 단순화시켜 본다면, 바울은 몇 가지 개념을 극적으로 대조하고 있는데, "여종과 자유 있는 여자,"[130] "육체와 성령/약속," "지금 있는 예루살렘과 위에 있는 예루살렘"이 그것이다. 여종인 하갈은 육체를 따라 종 된 자녀들을 낳고 그 자녀들과 함께 종노릇하고 있는데, 이 여인은 현재의 예루살렘과 연결되어 있다. 자유 있는 여인은 성령을 따라 약속의 자녀들을 낳았는데 이 여인은 위의 있는 예루살렘과 연결된다.

바울의 이 알레고리적 재해석의 목적은 비교적 분명해보인다. 바울의 의도는 갈라디아인들이 자신의 적대자들로 부터 이미 들었던 주장, 즉 아브라함이 받았던 언약의 증표인 할례를 강조하는 자신들이 이삭과 같이 아브라함의 참된 계승자라는 주장을 자신의 재해석을 통해 완전히 뒤집는 것이다. 바울은 자신의 재해석을 통해 육체에 받는 할례를 중요하게 여기는 자들은 육체를 따라난 하갈의

---

130) 사도 바울은 본문에서 "여종"이라는 뜻의 파이디스케(παιδίσκη)를 5번(4:22, 23, 30＊2, 31), 그리고 "자유 있는 여자"로 해석되는 엘류데로스(ἐλεύθερος)를 5번 (4:22, 23, 26, 30, 31) 사용하고 있다.

자녀들이며, 하나님의 약속을 따라 성령을 통해 자유 있는 여인의 자녀로 난자들이 이삭과 같은 참된 아브라함의 자녀라고 주장한다. 이런 논증의 결론으로 31절에서 바울은 갈라디아인들이 여종의 자녀가 아니라 자유 있는 여자의 자녀라고 강조한다. 이런 결론을 도출하기 위해서 바울이 핵심적으로 사용하는 두 가지의 비유적인 이미지는 "현재 있는 예루살렘"과 "위에 있는 예루살렘"이다. 그렇기 때문에 이 두 비유적 표현에 대한 이해는 바울이 어떻게 자신의 결론을 도출해내고 있는지를 알 수 있는 중요한 부분으로 좀더 집중적인 이해를 필요로 하는 부분이다.

2. 위에 있는 예루살렘과 종말론적 정체성

바울이 사용하고 있는 "위에 있는 예루살렘"에 대한 해석은 27절에서 바울이 인용하고 있는 이사야 54장 1절의 의미를 이해하는 것과 깊이 연관되어 있다. 사도 바울의 이사야 인용구절에 대한 학자들의 연구는 "왜 사도 바울이 이사야 54장 1절을 인용하고 있는가" 하는 것과 이 구절이 "아브라함의 아내인 사라와 어떻게 연결될 수 있는가" 하는 것이다. 바울은 알레고리적 재해석에서 아브라함이 취하였던 여종인 하갈의 이름은 두 번이나(24, 25절) 언급하고 있지만, 아브라함의 본처인 사라의 이름은 언급하지 않는다. 단지 "자유 있는 여인"이라는 표현만을 여러 번 사용할 뿐이다. 또 재미 있는 것은 여종 하갈의 이름은 언급되지만, 하갈이 나은 아들인 이스마엘의 이름은 구체적으로 밝히지 않고 있는 반면, 사라의 이름은 언급하지 않으면서도 사라가 낳은 아들인 이삭(28절)은 구체적으로 밝히고 있다는 것이다. 학자들은 이렇게 바울이 하갈과 이삭의 이름을 구체적으로 밝히는 것에 근거하여서 자유 있는 여자가 사라를 의미하는 것이라고 해석한다. 바울이 인용하고 있는 이사야 54장 1절에도 사라의 이름은 등장하지 않고 있음에도 불구하고 이런 해석을 가능하게 하는 중요한 단어가 인용문에 등장하는데, 그것은 바울이 인용하고 있는 칠십인역에 사용되고 있는 "잉태치 못하는"이라는 뜻의 단어 스테이라(στεῖρα)이다.

  그렇다면 바울이 사용하고 있는 표현 "위에 있는 예루살렘"과 이사야 54장 1절에 나오는 "잉태하지 못하는 여인"과는 어떤 관련을 가지고 있는 것일까? 이사야 54장 1절에 사라의 이름이 언급되지 않고 있음에도 불구하고 사라가 임신하지 못하는 여인(창 11:30)이었다는 사실은 이사야의 저자로 하여금 "잉태하지 못하는 여인"과 사라를 연결시킬 수 있는 근거가 되었다. 이 구절에서 "잉태하지 못하는 여인"은 일반적으로 포로기의 황폐함을 경험하고 있었던 예루살렘을 나타낸다고 이해된다. 이사야는 포로기를 통해 황량해진 그래서 잉태하지 못하는 여인처럼 좌절 가운데 있는 예루살렘이 하나님의 전적인 은혜로 기쁨의 도시로, 많은 백성들이 그 품속에서 즐거워하며 살아가는 성읍으로 바뀌게 될 것이라고 말한다(사 66:7-14). 이렇게 황폐했던 예루살렘이 하나님의 전적인 은혜로 많은 자녀들을 품는 생명의 도시로 거듭나게 될 것이라는 이사야의 예언과 잉태하지 못했던 사라가 하나님의 기적으로 이삭을 낳고(창 21:2), 더 나아가 많은 이스라엘 백성들의 어머니가 된다는 사실 은 바울로 하여금 이사야 54장 1절을 인용할 수 있는 근거를 제공하였다. 바울은 잉태하지 못했던 사라와 포로 생활로 황폐해진 도시 예루살렘을 백성들의 "어머니"라는 이미지로 연결하고 있다.

이사야에 나타난 "잉태하지 못하는 여인"에 대한 본문을 분석한 메리 칼라웨이(Mary C. Callaway)의 연구는 이사야가 어떻게 잉태치 못하는 여인에 대한 이야기를 이스라엘 전체의 정체성을 제시하는 본문으로 발전시켰는지에 대한 좋은 이해를 제공한다. 칼라웨이는 이사야가 잉태치 못하는 여인이라는 개인의 이야기를 이스라엘 공동체의 것으로 발전시켰다고 지적한다. 아이를 낳지 못하는 여인에 대한 이야기가 이사야 전체에서 볼 때 아주 적은 일부에 불과하지만 이런 여인에 대한 이야기는 "이제 형성되기 시작한 제 2 성전 시대(Second Temple period)에 이스라엘 백성들이 자신들이 누구인가를 이해할 수 있는 핵심적인 주제를 제공하였다" 고 칼라웨이는 주장한다. 포로기 이후 새로운 나라를 형성해가는 중요한 시점에 이사야는 이삭의 어머니로서의 사라를 이스라엘의 어머니로 재해석함을 통해서 이스라엘 백성들 가운데 생겨나고 있었던 자신들의 정체성에 대한 질문에 대답하고 있다.

칼라웨이는 이사야가 54장 1–3절을 기록하면서 이스라엘 백성들이 알고 있었던 믿음의 어머니 사라에 대한 이야기에 두 가지의 변화를 주었는데, 첫째는 태어난 아들인 이삭에게 맞추어져 있던 초점을 어머니에게로 돌린 것이고, 둘째는 "과거에 일어났던 일에 대해 이야기하는 것에서 앞으로 일어날 일에 대한 이야기로 전환시켰다"는 것이다. 이런 변화를 통해 이스라엘 역사에 있었던 한 명의 영웅 이야기는 "이스라엘 백성의 미래에 대한 선포"로 변화되었다. 특히 사라의 이야기를 어머니로서의 예루살렘과 연결시킴으로

써 포로기 생활을 마치고 피폐해진 고향으로 돌아온 이스라엘 백성들에게 공동체적 정체성을 부여할 뿐만 아니라 미래적 회복에 대한 희망을 제공하는 역할을 하였다고 설명한다. 이런 칼라웨이의 주장은 바울이 이사야 54장 1절을 자신의 중요한 주장인 "위에 있는 예루살렘은 자유자니 우리의 어머니라"(26절)는 구절 다음에 인용한 것에 대해 좀더 쉽게 이해하도록 도와준다. 마치 이사야가 어머니로서의 예루살렘 이미지를 통해 포로기 이후의 혼란한 시대를 살아가던 이스라엘 백성들에게 공동체적 정체성을 제공하였던 것처럼, 바울도 혼란을 경험하고 있는 갈라디아 교인들에게 그들의 분명한 정체성을 제공할 목적으로 위에 있는 예루살렘을 그들의 어머니라고 선언하고 있으며 "잉태치 못하는 여인"에 대한 이사야의 예언을 인용하고 있다고 이해할 수 있다.

바울이 사용하고 있는 표현인 "위에 있는 예루살렘"은 종말론적인 이미지를 가지고 있을 뿐만 아니라 풍부한 유대적 배경을 가지고 있다. 리차드 롱제네커(Richard Longenecker)는 특히 이런 표현이 빈번하게 사용되는 문헌들은 주로 제2성전시대에 기록된 것들이며, 현재의 예루살렘과 비교되어 사용되기도 한다고 설명한다. 하늘에 있는 혹은 하늘로부터 내려오는 예루살렘에 대한 이미지는 신약성경의 다른 저자들도 사용하고 있는데, 예를 들어 히브리서의 저자는 "하나님의 도성인 하늘의 예루살렘"이라고 표현하면서, 이를 예루살렘에 있는 시온산과 연결시키고 있다(히 12:22). 하늘로부터 내려오는 새 예루살렘의 이미지는 요한계시록에서 두 번이나 사용되고 있는데(계 3:12; 21:2), 특히 21장에서는 하나님께서 허락하실 새로운 세상의 중심적인 이미지로 사용되고 있다. "위에 있는 예루살렘"이라는 종말론적인 이미지는 바울로 하여금 이방인인 갈라디아 교인들이 아브라함에게 주어진 약속의 자녀가 되었다는 것을 깨닫게 한다. 즉 바울은 아브라함의 아내 사라를 위에 있는 예루살렘과 연결하고 갈라디아 교인들을 그녀의 자녀로 소개함으로써 갈라디아인들이 하나님의 기적으로 탄생한 자녀인 "이삭과 같이 약속의 자녀라"(4:28)고 설명한다.

바울에게 있어 약속의 자녀로서 갈라디아인들의 새로운 정체성은 하나님께서 아브라함과 사라에게 하셨던 약속의 종말론적 성취에 대한 표시로 이해된다. 갈라디아 교인들은 이렇게 새로운 정체성을 부여받음을 통해 하나님의 종말론적인 새 세상에 자신들이 이미 참여하고 있음을 분명하게 깨닫게 된다. 이런 관점에서 볼 때 바울의 이사야 54장 1절의 인용과 "위에 있는 예루살렘"을 "우리의 어머니"라고 선언하고 있는 것은 갈라디아인들이 예수 그리스도 사건을 통해 이미 시작된 종말론적 하나님의 새 세상에 속해 있는 자녀로서의 정체성을 바르게 가지고 살아가라고 하는 의미로 이해되어야 한다.

3. 현재 있는 예루살렘과 교회의 위기

앞에서 살펴본 대조표에도 분명하게 나타나듯이, 바울은 "위에 있는 예루살렘"과 대조되는 이미지로 "현재 있는 예루살렘"을 언급하고 있고 이를 여종인 하갈과 연결시키고 있다. 바울은 "현재 있는 예루살렘"이라는 표현을 통해 예루살렘에 있는 교회의 모습을 비판한다. 바울은 예루살렘교회가 여종인 하갈과 같이 자녀들과 함께 종노릇 하고 있는데 그 이유는 육체를 따라 자녀를 낳기 때문이라고 설명한다. 여기서 바울은 "육체를 따라"라는 표현을 "약속을 통해"라는 표현과 대립되는 개념으로 사용하기도 하고(4:23) "성령을 따라"라는 것과 대립적인 의미로 사용한다(4:29). J. 루이스 마틴(Louis Martyn)은 전치사 카타(κατὰ)를 "…의 힘의 결과로"라고 설명하는데, 그렇기 때문에 "육체를 따라서"라는 표현은 "아브라함이 인간의 육체적 힘을 이용해서…이스마엘을 낳았다"는 뜻이고, "성령을 따라서"라는 표현은 "약속된 성령의 힘에 의해 낳았다"라는 뜻으로 해석한다. 그리고 "약속을 통해서"라는 표현은 "하나님의 약속의 힘에 의해서 일어난 사건인 이삭의 출산에 있어 하나님께서 중심적인 역할을 하셨다"는 뜻이라고 설명한다. "현재 있는 예루살렘"이 육체를 따라 종의 자녀들을 생산하고 있다는 바울의 비판을 좀더 구체적으로 해석하기 위해서는 바울과 예루살렘교회간의 역학관계에 대한 간략한 이해가 필요하다.

바울과 예루살렘교회와의 역학관계를 연구한 학자들에 의하면 그 당시 예루살렘교회 내에는 두 개의 그룹이 있었다고 한다. 하나는 바울이 "기둥 같이 여기는"(2:9)이라고 표현하는 야고보, 게바, 요한 중심의 교회 리더 그룹이었고, 다른 하나는 바울이 "거짓 형제들"(2:4)이라고 부르는 율법주의자들을 중심으로 한 그룹으로 이들은 "할례당"이라고 불릴 수 있는 단체를 만들어 교회 리더들을 압박하면서 자신들의 주장을 펼치는 사람들이었다. 이들은 이방인 그리스도인들도 할례를 받고 율법을 지켜야 한다고 확신하고 있던 사람들로 예루살렘교회 지도자였던 야고보에게 압력을 행사하여 일단의 무리들을 "감시단"으로 각 교회에 파송하도록 하였고, 이 감시단의 활동으로 일어난 것이 저 유명한 안디옥 사건(2:11-14)이다. 이 사건으로 인해 바울은 게바와 단절하게 되고 동역자였던 바나바와도 이별하게 되면서 초대교회 선교의 "외톨이"로 전락하여 안디옥을 떠나게 된다. 안디옥에서 돌아온 감시단이 전한 이런 "승전보"에 힘을 얻은 할례당은 야고보로 하여금 더욱 넓은 지역에 감시단을 파견하게 하는데, 그 결과로 일단의 무리들이 갈라디아 지역으로 파견되었으며 이들이 전한 "다른 복음"의 여파로 갈라디아 교인들이 할례를 받고 유대절기를 지키는 혼란이 시작되었다. 이런 배경적 역학 관계의 관점에서 본다면, 예루살렘교회가 여종인 하갈처럼 육체를 따라 종의 자녀를 생산한다는 바울의 비판은 예루살렘에서 파견되어온 감시단이 갈라디아인들에게 할례와 율법준수를 강요함으로 그들을 "율법 아래에 매인 바"(3:23) 되도록 하고 있다는 비판으로 이해할 수 있겠다. 이렇게 이방 그리스도인들을 율법 아래에서 종노릇하게 만들고 있는 예루살렘교회의 모습을 바울은 육체를 따라 종의 자녀를 생산할 뿐만 아니라 그 자녀들과 함께 종노릇하고 있다고 비판한다.

바울의 현재 예루살렘교회에 대한 비판은 마치 그 당시 지배 권력인 로마정부가 자신들이 정복한 지역에 군대를 파견하여 그 지역에 있는 사람들을 지배하고 억압하였듯이, 예루살렘교회가 "할례당"의 압력에 굴복하여 감시단을 파견함을 통해 갈라디아 교인들을 자신들의 통제 하에 두려고 할 뿐만 아니라 그들이 율법 아래에 묶인 종과 같은 삶을 살도록 하고 있다는 것이다. 이런 측면에서 볼 때 "현재 있는 예루살렘"은 사도 바울이 편지의 첫 부분에서 이야기하고 있는 "이 악한 세대"(1:4)와도 비슷한 점을 가지고 있다고 설명하는 마틴의 주장은 설득력을 가진다. 비판 받아야 마땅한 그 당시의 세속권력의 통치 형태를 따라하고 있는 "현재 있는 예루살렘"을 바울은 하갈과 연결시키며 비판한다. 바울은 예루살렘으로부터 온 감시단이 전한 "다른 복음"으로 인해 갈라디아교회 안에 분파가 생기고 교인들의 정체성이 흔들림으로 교회가 위기에 직면하고 있는 것을 지적한다. 스스로 자신을 낮추시고 십자가에 달리시기까지 겸손하게 섬기신 예수님의 모습을 따르는 것이 아니라, 세상의 권력 기관들처럼 자신들의 우월한 위치를 유지하려고 노력하면서 감시단을 통해 다른 지역에 있는 교회들을 통제하려고 하는 예루살렘교회의 모습은 영적 위기에 처한 교회의 모습이라고 바울은 생각하고 있었다. 그래서 바울은 이런 예루살렘교회를 육체를 따라 종을 생산하는 하갈과 연결하고 있을 뿐만 아니라 이 교회를 대체하는 종말론적인 하나님의 새로운 공동체의 모습으로 "위에 있는 예루살렘"을 제시하고 있다.

정리해 본다면, 바울은 아브라함의 두 아들에 대한 알레고리적 재해석을 통해 현재의 예루살렘교회가 교회 내에 있던 할례당과 같은 일단의 무리들에 의해서 사유화되어 가고 있으며, 교회의 본래적인 모습을 잃어버리고 세속적인 권력의 모습으로 변질되어 가고 있음을 지적하고 있다. 성령을 따라 하나님의 약속을 통해 자녀들을 생산하지 않고, 육체를 따라 인간적인 방법으로 자신의 우월한 지위를 지켜나가려고 하였던 예루살렘교회를 바울은 비판한다. 초대교회의 중심역할을 했던 예루살렘교회의 변질은 갈라디아교회를 비롯한 다른 초대교회들 안에 혼란을 초래하는 결과를 가지고 왔고 율법의 멍에에 속박된 종의 자녀들을 생산하는 결과를 낳았다. 이런 예루살렘교회의 모습을 비판하면서 바울이 제시하고 있는 것이 "위

에 있는 예루살렘"이다. 그리고 이 예루살렘을 갈라디아 교인들의
어머니로 제시하며 바울은 이방 그리스도인들이 종말론적인 자기
정체성을 분명히 가지도록 돕고 있다.

III. 결 론

이상에서 우리들은 한국교회가 경험하고 있는 위기가 "교회의
교회답지 못함" 즉 교회의 정체성의 위기와 관련되어 있음을 살펴
보았다. 그리고 이런 위기의 상황은 비단 한국교회만의 문제가 아니
라 바울이 세웠던 갈라디아교회 그리고 예루살렘교회도 경험하고
있었던 어려움이었다. 바울은 갈라디아교회가 겪고 있던 위기의 상
황을 해결하기 위해 갈라디아 교인들의 정체성을 분명히 하고자 하
였고, 이를 위해 아브라함의 두 아들에 대한 이야기를 재해석한다.
이런 바울의 재해석 가운데 강조되는 것은 갈라디아 교인들이 "위
에 있는 예루살렘"의 자녀들이라는 것이다. 바울은 위에 있는 예루
살렘을 하나님의 놀라운 은혜로 수많은 백성들의 어머니가 되었던
사라와 연결하면서 갈라디아 교인들이 성령의 역사로 말미암아 아
브라함과 사라의 자녀, 즉 약속의 자녀들이 되었다는 것을 강조한
다. 바울은 예루살렘교회가 "할례당"이라고 불릴 수 있었던 일부 강
경파의 영향으로 감시단을 파견하여 갈라디아 교인들에게 할례와
율법을 강요하는 것은 여종이었던 하갈과 같이 "육체를 따라" 자녀
들을 생산하는 것과 같다고 비판한다. 바울의 시각에서 볼 때 현재

의 예루살렘교회는 "교회의 교회다움"을 많이 잃어버린 위기의 교회였고, 이 위기의 교회를 대체할 수 있는 새로운 대안적 공동체로 "위에 있는 예루살렘"을 제시하고 있다.

바울의 이런 모습을 통해 얻을 수 있는 중요한 교훈은 위기에 직면한 한국교회가 집중해야 하는 것 가운데 하나가 교회의 정체성을 바르게 재정립함을 통해 "교회의 교회다움"을 회복하는 것이라는 사실이다. 이런 정체성의 재정립에 있어 중요한 것은 하나님의 말씀에 대한 통찰력 있는 해석, 즉 예수 그리스도를 통해 시작된 하나님의 종말론적 통치의 시각으로 성경을 해석하는 것이다.

나가는 말

　　지금까지 신유목민적이고 하이브리드적인 특징을 가지고 있는 21세기 대한민국 사회 속에 존재하는 한국교회에서 하나님의 말씀인 신약성경을 읽는다는 것은 무엇인가 생각해 보았다. 특히 신학자요, 선교사요, 위대한 목회자였던 바울의 생애를 간략하게 살펴보고, 그의 신학적 사고와 사상, 그리고 위기의 한국교회를 향한 바울의 가르침이 무엇인가를 함께 생각해 보았다. 특히 바울을 "하이브리드"라는 시각으로 바라보려고 시도해 보았다. 부모님으로부터 유대인으로서의 혈통과 전통을 물려받았을 뿐만 아니라 율법에 대한 중요성을 배우면서 자랐던 바울은 정규교육 과정을 거치면서 전형적인 로마 도시였던 다소의 헬라 문화를 자연스럽게 익히게 되었다. 코이네 헬라어를 익히면서 헬라의 철학과 수사학, 그리고 글쓰기 훈련을 받았으며 다소에서 많이 생산되었던 천막 만드는 기술도 자연스럽게 익혔다. 디아스포라 유대인의 아들로 성장하면서 혈통과 문화가 다른 여러 민족 사람들을 만났고, 직물 무역의 중심지였던 다소를 통해 세계를 향한 개방성을 체득하였다는 그닐카의 설명은[131] 충분히 공감된다.

　　바울은 유대와 헬라 세계의 경계를 자유롭게 넘나들며 교육과

---

131) 요아힘 그닐카, 이종한 역, 『바울로: 사도요 증인』 (왜관: 분도 출판사, 2008), 35.

훈련을 받았을 뿐만 아니라 그리스도의 십자가 복음을 전함을 통해 하나님 나라의 새로운 질서를 이 세상의 질서인 로마 제국 가운데 세워나갔던 하이브리드적 리더였다. 바울은 예수 그리스도를 통해 이미 시작된 하나님 나라의 종말론적 질서와 자유를 선포하였고, 믿는자들의 공동체였던 교회를 세워나감을 통해 이 새로운 질서가 이 땅위에 건설되어 가는데 자신의 생명을 바쳤다. 그를 통해 하나님 나라의 복음은 로마의 거점 도시들로 그리고 헬라 문화권 전체로 전파되었다. 바울은 유대의 전통과 헬라의 문화를 자신의 것으로 자연스럽게 받아 들이는 수용성을 가지고 있었고, 유대인을 만나면 철저히 유대인이 되고 헬라인을 만나면 철저히 헬라인이 되어 복음을 전할 수 있는 융통성을 가지고 있었다. 그리고 이런 수용성과 융통성은 다양한 민족들과 문화가 공존하고 있었던 로마 제국 안에서 하나님 나라의 질서를 구현해 낼 수 있는 대안적 공동체인 교회를 세워나갈 수 있는 창조성으로 나타났다.

한국교회는 지금 위기를 경험하고 있다. 이 위기의 교회를 하나님께서 기뻐하시는 믿음의 온전한 공동체로 섬겨가는 것이 우리 기독교인들의 사명이다. 한국교회를 향해 바울은 어떤 가르침을 주고 있을까? 하이브리드적 융통성과 창조성으로 하나님의 종말론적 공동체인 교회의 본질적인 모습을 회복시켜 나갈 뿐만 아니라 복음의 효과적인 선포와 실천을 통해 이 땅 가운데 하나님 나라를 건설해 가라고 권면하고 있는 것은 아닐까?